Marta Runowska
Ewelina Białko

Rosyjski

Gramatyka

Praktyczne repetytorium
z ćwiczeniami

EDGARD
JEZYKIOBCE.PL

Warszawa 2011

Redakcja: **Ewa Norman**
Konsultacja metodyczna: **Ewa Skrobisz**
Korekta: **Katerina Przybylska**

Opracowanie koncepcji graficznej okładki: **Piotr Fajker, Emilia Szulewa**
Projekt okładki: **Bartosz Kaliszewski**
Zdjęcie na okładce: **© metlion - Fotolia.com**
Skład i łamanie: **Maciej Łukaszewicz**

www.jezykiobce.pl

EDGARD
JEZYKIOBCE.PL

Wydawnictwo Edgard
ul. Belgijska 11
02-511 Warszawa
Tel. / Fax (22) 847 51 23
edgard@edgard.pl

ISBN 978-83-7788-064-7
Wydanie I
Warszawa 2011

Spis treści

Wstęp

Rosyjski Gramatyka. Praktyczne repetytorium z ćwiczeniami to napisany przystępnym językiem podręcznik objaśniający najważniejsze zagadnienia z zakresu gramatyki języka rosyjskiego. Książka kierowana jest do wszystkich, którzy pragną usystematyzować, utrwalić i pogłębić wiedzę o gramatyce współczesnego języka rosyjskiego. Niniejszą publikację opracowano z myślą zarówno o tych, którzy rozpoczynają przygodę z językiem rosyjskim, jak i maturzystach oraz studentach przygotowujących się do uniwersyteckich egzaminów językowych. Stanowi również znakomitą pomoc dla osób, które pragną uwieńczyć naukę języka rosyjskiego certyfikatem *TORFL* (*Test of Russian as a Foreign Language*).

Praktyczne repetytorium z ćwiczeniami wprowadzi wszystkich rozpoczynających naukę języka rosyjskiego w najważniejsze zagadnienia gramatyczne, a średnio zaawansowanym i zaawansowanym pomoże usystematyzować i odświeżyć wiedzę. Przejrzysta struktura podręcznika pozwoli z powodzeniem opanować gramatykę rosyjską także osobom zdecydowanym uczyć się samodzielnie.

Każdy z działów został podzielony na mniejsze sekcje, aby uporządkować obszerny materiał i ułatwić czytelnikowi skuteczne korzystanie z repetytorium. Teoretyczne wyjaśnienia uzupełniają przykłady pokazujące praktyczne funkcjonowanie wyłożonych reguł. Ponad 250 ćwiczeń o różnym stopniu trudności umożliwia zweryfikowanie postępów w nauce, a umieszczony na końcu książki klucz z odpowiedziami pozwala samodzielnie sprawdzić czy poprawnie rozwiązaliśmy zadanie. Liczba ćwiczeń w poszczególnych rozdziałach jest proporcjonalna do objętości i stopnia trudności przedstawionej w nich teorii. Owoce pracy z podręcznikiem można sprawdzić, rozwiązując umieszczone na końcu repetytorium testy podsumowujące.

W podręczniku znajdują się także praktyczne tabele, m.in. koniugacyjne i deklinacyjne prezentujące odmianę czasowników przez osoby, czasy i rodzaje oraz odmianę rzeczowników i przymiotników przez przypadki.

Wszystkich zainteresowanych nauką języka rosyjskiego zachęcamy do zapoznania się z ofertą naszych kursów audio i programów multimedialnych. Początkującym polecamy *Rosyjski Kurs Podstawowy* oraz program *Profesor Borys*, a średnio zaawansowanym *Repetytorium leksykalno – tematyczne*. Pełna oferta naszych publikacji znajduje się na stronie internetowej **www.jezykiobce.pl.**

Życzymy przyjemnej nauki!

Alfabet – pisownia, wymowa i przykłady

Alfabet i wymowa i – podstawowe informacje

■ Alfabet

Alfabet rosyjski składa się z 33 znaków i opiera się na alfabecie stworzonym przez uczniów Cyryla i Metodego. W poniższej prezentacji kursywą wyróżniony jest zapis odręczny.

А а	*А а*	[a]	**К к**	*К к*	[ka]	**Х х**	*Х х*	[ha]
Б б	*Б б*	[be]	**Л л**	*Л л*	[el]	**Ц ц**	*Ц ц*	[ce]
В в	*В в*	[we]	**М м**	*М м*	[em]	**Ч ч**	*Ч ч*	[cie]
Г г	*Г г*	[ge]	**Н н**	*Н н*	[en]	**Ш ш**	*Ш ш*	[sza]
Д д	*Д д*	[de]	**О о**	*О о*	[o]	**Щ щ**	*Щ щ*	[ścia]
Е е	*Е е*	[je]	**П п**	*П п*	[pe]	**Ъ ъ**	*Ъ ъ*	[twiordyj znak]
Ё ё	*Ё ё*	[jo]	**Р р**	*Р р*	[er]	**Ы ы**	*Ы ы*	[y]
Ж ж	*Ж ж*	[że]	**С с**	*С с*	[es]	**Ь ь**	*Ь ь*	[miagkij znak]
З з	*З з*	[ze]	**Т т**	*Т т*	[te]	**Э э**	*Э э*	[e]
И и	*И и*	[i]	**У у**	*У у*	[u]	**Ю ю**	*Ю ю*	[ju]
Й й	*Й й*	[i kratkoje]	**Ф ф**	*Ф ф*	[ef]	**Я я**	*Я я*	[ja]

■ Wymowa

в

– dźwięk pośredni między polskim **b** i **w**, np.
- **валенки** (walonki),
- **вялый** (zwiędły, niemrawy),
- **Вадим** (Wadim);

г

– wymawia się jak polskie **g**, np.
- **гусь** (gęś),
- **гипноз** (hipnoza),
- **грек** (Grek);

д

– wymawia się jak polskie **d**, np.
- **дядя** (wujek),
- **дом** (dom);

е

wymawia się jak **je** na początku wyrazu, po samogłosce oraz po twardym i miękkim znaku, np.
- **Егор** (Igor),
- **ехать** (jechać),
- **еда** (jedzenie);

– po spółgłosce, której nadaje miękkość wymawia się jak **e**, np.
- **телефон** (telefon),
- **небо** (niebo);

ё

– wymawia się jak **jo** na początku wyrazu, po samogłosce oraz po twardym i miękkim znaku, np.
ёлка (choinka),
ёж (jeż),
своё (swoje);

– po spółgłosce, której nadaje miękkość wymawia się jako **o**, np.
тётя (ciocia),
калёса (koła);

– samogłoska **ё** jest zawsze akcentowana!

ж

– wymawia się jak polskie **ż**, np.
житель (mieszkaniec),
жажда (pragnienie),
жизнь (życie);

з

– wymawia się jak polskie **z**, np.
звезда (gwiazda),
зима (zima),
зонт (parasolka);

и

– wymawia się jak polskie **i** z wyjątkiem wyrazów, w których występuje po spółgłoskach: **ш**, **ж**, **ч**, **щ** lub **ц**, np.
игла (igła),
Ира (Ira),

ale
широко (szeroko),
живот (brzuch);

л

– dźwięk pośredni pomiędzy polskim **l** a **ł** (tzw. tylnojęzykowe lub kresowe), np.
лист (kartka, liść),
Латвия (Łotwa);

н

– wymawia się jak polskie **n**, np.
нищий (żebrak),
нужда (potrzeba),
нож (nóż);

р

– wymawia się jak polskie **r**, np.
Россия (Rosja),
редиска (rzodkiewka),
рука (ręka);

с

– wymawia się jak polskie **s**, np.
сестра (siostra),
супруга (małżonka),
собака (pies);

у
– wymawiane jak polskie **u**, np.
утка (kaczka),
минута (minuta),
успевать (zdążać),
узел (węzeł, supeł),
уметь (umieć);

ф
– wymawia się jak polskie **f**, np.
фарфор (porcelana),
Фёдор (Fiodor);

х
– wymawia się jak polskie **ch**, np.
хохлома (*chochłoma*[1]),
хитрый (przebiegły);

ц
– dźwięk między **c** a **ts**, np.
церковь (cerkiew),
царь (car);

– w końcówkach rzeczowników po **ц** piszemy **ы**, np.
огурцы (ogórki),
китайцы (Chińczycy);

ч
– jak **cz** ale wymawiane bardziej miękko niż w języku polskim, bliższe **ć**, np.
Чебурашка (Kiwaczek, Czeburaszek[2]),
частушка (czastuszka[3]);

ш
– wymawia się podobnie jak polskie **sz**, ale z bardziej zaokrąlonymi wargami, np.
шишка (szyszka),
шуршать (szurać);

щ
– dźwięk pośredni między polskim **ś/si** i **szcz**, np.
щипцы (szczypce),
щука (szczupak);

ю
– wymawia się jak **ju** na początku wyrazu, po samogłosce oraz po twardym i miękkim znaku, np.
Юрий (Jurij),
юбилей (jubileusz),
юноша (młodzieniec);

---

[1] Rodzaj sztuki ludowej, początki której datuje się na XVII w. Są to bogato zdobione drewniane przedmioty użytkowe i ozdobne (naczynia, sztućce, figurki itp.).
[2] Bohater opowiadań dla dzieci autorstwa Eduarda Uspienskiego.
[3] Ludowa piosenka. Najczęściej ma formę żartobliwego czterowiersza, nierzadko improwizowanego.

– po spółgłosce, której nadaje miękkość wymawiane jest jako **y**, np.
бюро (biuro)
кастрюля (garnek)

я

– wymawiane jak **ja** na początku wyrazu, po samogłosce oraz po twardym i miękkim znaku, np.
моя (moja)
ясли (żłobek)
январь (styczeń)

– po spółgłosce, której nadaje miękkość wymawiane jest jako **a**, np.
тянуть (ciągnąć)
Коля (imię męskie)

ъ

– twardy znak, np.
подъезд (podjazd)
объём (objętość)

ы

– wymawiane jak polskie **y**, np.
тысяча (tysiąc)
вызывать (wzywać)

ь

– miękki znak zmiękcza poprzedzającą go spółgłoskę, np.
платье (sukienka)
бить (być)
осьминог (ośmiornica)

э

– wymawiane jak polskie **e**, np.
эшелон (wagon)
элемент (element)

Spółgłoski **ж**, **ш**, **ц** wymawia się twardo: **жена** (żona), **шёл** (szedł).
Spółgłoski **ч**, **щ** wymawia się miękko: **чай** (herbata), **щека** (policzek).

Po spółgłoskach **ш**, **ж**, **ч**, **щ**, **ц**, **к**, **г**, **х** zazwyczaj piszemy **и**, **у**, **а**. Wyjątek stanowią wyrazy obcego pochodzenia takie jak:
парашют (spadochron),
брошюра (broszura),
жюри (jury),
цыган (cygan).

Akcent

W języku rosyjskim akcent jest ruchomy i może padać na różne sylaby w wyrazie.
Należy pamiętać, że nieakcentowane **o** i **a** wymawia się najczęściej jak krótkie [**a**], natomiast **o** akcentowane czytamy zawsze jako [**o**], np.

молоко [małako] (mleko),
она [ana] (ona),
хорошо [charaszo] (dobrze).

Nieakcentowane **e** i **я** wymawia się jako krótką samogłoskę, podobną do [**и**], np.

язык (język) – **[и]зык**,
декабрь (grudzień) – **д[и]кабрь**,
Петербург (Petersburg) – **П[и]т[и]рбург**.

Akcent często zmienia swoje miejsce w różnych formach tego samego wyrazu, np.

голова (mianownik, liczba pojedyncza) – (głowa),
голову (biernik, liczba pojedyncza) – (głowę),
голов (dopełniacz, liczba mnoga) – (głów).

Zmiana lokalizacji akcentu może również wpływać na zmianę znaczenia wyrazu, np.

мука (mąka) – **мука** (męka),
замок (zamek) – **замок** (kłódka).

1. Rzeczownik *Имя существительное*

Rzeczowniki (**имя существительное**) w języku rosyjskim możemy podzielić ze względu na funkcje leksykalno-gramatyczne[1] na:

- rzeczowniki żywotne (**одушевлённые**), czyli nazwy ludzi i zwierząt, np.
  обезьяна (małpa),
  сестра (siostra),
  стрекоза (ważka);

  oraz rzeczowniki nieżywotne (**неодушевлённые**), np.
  дом (dom),
  дискотека (dyskoteka),
  тетрадь (zeszyt).

Zarówno rzeczowniki żywotne, jak i nieżywotne dzielą się dalej na trzy sposoby:

- na rzeczowniki własne (**собственные**), do których należą imiona i inne nazwy własne, np.
  Валера, **Париж** ,
  Марина, **Луна**;

- i rzeczowniki pospolite (**нарицательные**), które nie są nazwą własną, lecz charakteryzują dany przedmiot jako jeden z grupy jednorodnych obiektów, określają cechy danej grupy, np.
  деревня (wieś),
  река (rzeka),
  юноша (młodzież),

- na rzeczowniki zbiorowe (**собирательные**) określające zbiorowości; występują wyłącznie w liczbie pojedynczej i nie łączą się z liczebnikami, np.
  казачество (kozactwo), **пьянство** (pijaństwo),
  бабьё (babiniec), **старина** (spuścizna);

  i rzeczowniki materialne (**вещественные**), które określają jednostki miar wielkości fizycznych – wagi, długości itp. oraz nazwy tkanin, pierwiastków i związków chemicznych, np.
  килограмм (kilogram), **морфин** (morfina),
  километр (kilometr), **алкоголь** (alkohol),
  бархан (barchan), **сероводород** (siarkowodór);

- lub na rzeczowniki konkretne (**конкретные**), które nazywają osoby, przedmioty, pojęcia i zjawiska rozpoznawalne zmysłami; łączą się z liczebnikami głównymi, porządkowymi i zbiorowymi; występują w liczbie pojedynczej lub mnogiej (poza wyjątkami występującymi tylko w liczbie mnogiej), np.
  девушка (dziewczynka), **дерево** (drewno, drzewo),
  ребёнок (dzieciak), **диван-кровать** (wersalka);

  i rzeczowniki abstrakcyjne (**абстрактные**), które odnoszą się do desygnatów nieuchwytnych zmysłami: cech, uczuć, pojęć itp., np.
  страсть (namiętność),
  свобода (wolność),
  гласность (jawność);

---

[1] Funkcje związane ze słownictwem (leksykalne) oraz budową i rolą wyrazu w zdaniu (gramatyczne).

W języku rosyjskim istnieje grupa rzeczowników zwanych **pluralia tantum**, występujących jedynie w liczbie mnogiej. Większość z nich należy do następujących kategorii:

- **rzeczowniki abstrakcyjne** pluralia tantum oznaczające wydarzenia, zjawiska przyrodnicze, obrzędy i imprezy, tradycyjne gry i zabawy oraz przedziały czasowe, np.
  выборы (wybory),
  проводы (pożegnanie),
  потёмки (ciemności),
  сумерки (zmierzch),
  именины (imieniny),
  жмурки (ciuciubabka),
  прятки (zabawa w chowanego),
  день (doba),
  каникулы (wakacje);

- **rzeczowniki materialne** pluralia tantum, oznaczające surowiec lub tworzywo, a także odpadki, np.
  белила (bielidło, biała farba),
  макароны (makaron),
  консервы (konserwy),
  опилки (trociny);

- **rzeczowniki konkretne** pluralia tantum, oznaczające przedmioty parzyste, np.
  брюки (spodnie),
  ножницы (nożyczki),
  качели (huśtawka – waga),
  очки (okulary);

- **nazwy własne** pluralia tantum, tj. nazwy geograficzne i astronomiczne występujące tylko w liczbie mnogiej, np.
  Альпы (Alpy),
  Карпаты (Karpaty),
  Балканы (Bałkany),
  Близнецы (Bliźnięta);

1.1. Pisownia rzeczowników

Wielką literą piszemy:

- imiona własne, np.
  Зигмунд Фрейд,
  Памела Андерсон;

- imiona odojcowskie (otczestwa), np.
  Георгий Иванович Гурджиев,
  Елена Петровна Блаватская;

- imiona zwierząt i postaci z bajek/kreskówek, np.
  Чебурашка (Czeburaszek),
  Мышонок Микки (Myszka Miki);

- nazwy bóstw, bohaterów mitów i legend, postaci literackich, np.
  Торгал Эгирссон (Thorgal Aegirsson),
  Хануман (Hanuman);

- oficjalne nazwy instytucji, partii, międzynarodowych odznaczeń, np.
  Европейский Союз (Unia Europejska),
  Орден Улыбки (Order Uśmiechu);

- nazwy geograficzne, np.
  Африка (Afryka),
  Кингстон (Kingston);

- skrótowce np.
  КГБ (KGB), **США (USA)**

Małą litery piszemy nazwy narodowości, np.
австриец (Austriak),
француженка (Francuzka).

ĆWICZENIA

1 Uzupełnij tabelkę, określając typ rzeczownika.

	Никита	доброта	кислород	ученичество	детка	старьё
собственные						
нарицательные						
собирательные						
вещественные						
конкретные						
отвлечённые						
одушевлённые						
неодушевлённые						

2 Popraw błędy w pisowni podanych rzeczowników.

1. **Лев николаевич Толстой** ....
2. **Волк и ягнёнок** ....
3. **кот мурзик** ....
4. **Организация объединённых наций** ....
5. **будда** ....
6. **жанна бичевская** ....
7. **винний пух** ....

3 Wykreśl nieprawidłowo zapisane rzeczowniki.

Илья Муромец, мата хари, Масленица, Грамота, новоселье, имам, Чешка, Эрл Грей, Золушка, Триллер, Созвездие, домовой, Баба-Яга, иисус из назарета, Болеслав III Кривоустый, ганеша, Доктор Наук, Принтер, Великая Отечественная Война

4 Połącz nazwy państw z nazwami narodowości.

1. **Польша**	a. **американец**
2. **США**	b. **латыш**
3. **Россия**	c. **австриец**
4. **Украина**	d. **австралиец**
5. **Литва**	e. **литовец**
6. **Латвия**	f. **британец**
7. **Австрия**	g. **украинец**
8. **Австралия**	h. **поляк**
9. **Великобритания**	i. **русский**

1.2. Liczba rzeczownika

W języku rosyjskim rzeczowniki występują w liczbie pojedynczej lub mnogiej. Istnieją także dwie dodatkowe grupy rzeczowników zwane singularia tantum i pluralia tantum.

Singularia tantum występują tylko w liczbie pojedynczej, należą do nich m.in. rzeczowniki materialne, zbiorowe i abstrakcyjne, np.

углекислота (dwutlenek węgla),
враньё (nonsens),
страсть (namiętność);

Pluralia tantum występują wyłącznie w liczbie mnogiej; do tej grupy zaliczane są:

- nazwy przedmiotów składających się z dwóch lub więcej jednakowych elementów, np.
  кальсоны (kalesony),
  ножницы (nożyczki);

- uogólnienia, zbiory, np.
  финансы (finanse),
  сточные воды (ścieki);

- nazwy produktów i odpadków żywnościowych, np.
  щи (kapuśniak),
  сливки (śmietana),
  помои (pomyje);

- nazwy długotrwałych czynności i stanów, np.
  прения (spór);

- nazwy odcinków czasu i obrzędów, np.
  похороны (pogrzeb),
  сутки (doba),
  Святки (święta);

- nazwy miast, miejscowości, gwiazdozbiorów i pasm górskich, np.
  Свиняры (Świniary),
  Гончие Псы (Gwiazdozbiór Psów Gończych),
  Судеты (Sudety).

Liczbę mnogą rzeczowników tworzy się przez dodanie do tematu wyrazu odpowiedniej końcówki, np.

- **муж** (mąż) – **мужья**,
  стул (krzesło) – **стулья**,
  небо (niebo) – **небеса**,
  чудо (cudo) – **чудеса**,
  сын (syn) – **сыновья**;

- rzeczowniki rodzaju żeńskiego i męskiego o temacie zakończonym samogłoską **г**, **к**, **х**, **ч**, **щ**, **ж**, **ш** mają w liczbie mnogiej końcówkę **-и**,

- rzeczowniki zakończone na **й** w liczbie mnogiej mają końcówkę **-и**, np.
  музей (muzeum) – **музеи**,
  ручей (potok) – **ручьи**,
  трамвай (tramwaj) – **трамваи.**

Niekiedy w liczbie mnogiej zachodzi wymiana głosek w temacie wyrazu, np.

- zmiękczenie końcowej spółgłoski tematu, np.
  сосед (sąsiad) – **соседи**,
  чёрт (czart) – **черти**,
  колено (kolano) – **колени**;

- wymiana końcowych spółgłosek w temacie, np.
  ухо (ucho) – **уши**;

- zanik lub zamiana przyrostka liczby pojedynczej, np.
  господин (pan) – **господа**,
  курица (kura) – **куры**,
  телёнок (cielę) – **телята**,
  медвежонок (niedźwiadek) – **медвежата**;

W niektórych przypadkach liczbę mnogą tworzy się poprzez całkowitą zmianę tematu, np.
человек (człowiek) – **люди** (ludzie),
ребёнок (dziecko) – **дети** (dzieci).

Liczbę rzeczowników nieodmiennych pozwala określić kontekst zdania oraz liczba określających je części mowy, np.
молодой шимпанзе (młody szympans) – **молодые шимпанзе** (młode szympansy).

! Grupa dziesięciu rzeczowników zakończonych na **-мя** tj.
бремя (brzemię), **время** (czas), **племя** (plemię),
вымя (wymię), **знамя** (chorogiew), **семя** (nasienie),
имя (imię), **пламя** (płomień), **стремя** (strzemię),
темя (ciemię) w liczbie mnogiej ma formę: **врем-ен-а**, **плем-ен-а**, **им-е-на** itd.

Odmiana rzeczowników zakończonych na **-мя**, str. 27.

Niektóre rzeczowniki rodzaju męskiego mają identyczną postać w liczbie pojedynczej, różnią się natomiast formą liczby mnogiej, np.

лист (liść) – **листья** (liście)
цвет (kwiat) – **цветы** (kwiaty)
счёт (konto) – **счета** (konta)

лист (kartka) – **листы** (kartki)
цвет (kolor) – **цвета** (kolory)
счёт (liczydło) – **счёты** (liczydła)

ĆWICZENIA

5 Uzupełnij zdania rzeczownikami w nawiasie w liczbie mnogiej.

1. **Рита часто пишет (письмо)** ....
2. **Макс обожает читать (книга)** ....
3. **Ребёнок упал на (колено)** ....
4. **Эти (человек)** .... **нечестные.**
5. **Леся, пожалуйста, подай мне (ножницы)** ....
6. **Даниил, ты любишь (щи)** .... ?
7. **В этом магазине продаются (нож)** ....
8. **Осенью часто идут (дождь)** ....
9. **У моей кисы маленькие (ухо)** ....

6 Zaznacz akcentowane samogłoski.

1. **телята**
2. **деревья**
3. **господа**
4. **небеса**
5. **братья**
6. **сыновья**
7. **чудеса**
8. **медвежата**
9. **ребята**

7 Uzupełnij zdania rzeczownikami w nawiasie przetłumaczonymi na jęz. rosyjski.

1. **На деревьях появились первые** (liście) ....
2. **В радуге разные** (kolory) ....
3. **У детей молочные** (zęby) ....
4. **Вставьте слова в** (luki) ....
5. **Ребята, смотрите, какие красивые** (kwiaty) .... !
6. **Слава, убери** (kartki) .... **с пола.**
7. **Все** (konta) .... **блокированы.**
8. **Почему в этом устройстве только три** (koła zębate) .... ? – **спросил мальчик папу.**
9. **Пациенты получили** (przepustki) .... **на выходные.**

8 Połącz rzeczowniki w liczbie pojedynczej i mnogiej.

1. **стул**	a. **столы**
2. **образ**	b. **лица**
3. **лицо**	c. **образцы**
4. **стол**	d. **стулья**
5. **образец**	e. **люди**
6. **ребёнок**	f. **лики**
7. **лик**	g. **дети**
8. **человек**	h. **образы**

9 Uzupełnij końcówki liczby mnogiej.

1. **ухо – у**.......	4. **нога – ног**.......	7. **дом – дом**.......
2. **сосед – сосед**.......	5. **школа – школ**.......	8. **лес – лес**.......
3. **телёнок – тел**.......	6. **огурец – огурц**.......	9. **путь – пут**.......

10 Podkreśl **pluralia tantum.**

1. **почки**	5. **Татры**
2. **сладости**	6. **воды**
3. **растени**	7. **службы**
4. **сутки**	8. **лёгкие**

11 Dopisz formy liczby pojedynczej.

1. **деревья**	6. **мячи** ....
2. **машины**	7. **женщины** ....
3. **песни**	8. **друзья** ....
4. **стремена**	9. **музеи** ....
5. **года**	

1.3. **Rodzaj rzeczownika**

Rzeczowniki rosyjskie występują w trzech rodzajach: męskim, żeńskim i nijakim, i mogą być odpowiednio określone zaimkiem wskazującym **этот** (ten), **эта** (ta) lub **это** (to). W języku rosyjskim trudniej niż w języku polskim rozpoznać rodzaj rzeczownika na podstawie końcówki fleksyjnej, gdyż niektóre końcówki są takie same dla różnych rodzajów, np.

этот пар-ень (ten chłopak) r.m.,	ale **этот мужчин-а** (ten mężczyzna) – r.m.,
эта красавица-а (ta ślicznotka) r.ż.,	ale **эта зеле-нь** (ta zieleń) – r.ż.,
это дерев-о (to drzewo) r.n.,	ale **это дит-я** (to dziecię) – r.n.

Rzeczowniki żywotne, których znaczenie informuje o płci desygnatu należą odpowiednio do rodzaju męskiego, np.

муж (mąż), **отец** (ojciec),
брат (brat), **дед** (dziadek),

lub żeńskiego, np.

жена (żona), **девушка** (dziewczynka),
сестра (siostra), **бабушка** (babcia).

Nazwy zwierząt, które nie wskazują na ich płeć są rodzaju żeńskiego, np.

кошка (kot), **лошадь** (koń),
крыса (szczur), **мышь** (mysz).

W liczbie mnogiej zaimek wskazujący ma tylko jedną formę – **эти** i łączy się z rzeczownikami we wszystkich rodzajach

Rzeczowniki zakończone w mianowniku liczby pojedynczej na **-а**, które określają cechy charakteru lub właściwości osób należą do **rodzaju nijakiego**, np.

пьяница (pijaczyna), **бедняга** (biedaczyna),
плакса (beksa), **сирота** (sierota).

Nieodmienne nieżywotne rzeczowniki pospolite, których lwią część stanowią zapożyczenia z innych języków, są przeważnie rodzaju nijakiego, np.

какао (kakao), **пальто** (płaszcz),
бьюро (biuro), **аллегро** (allegro),
пианино (pianino), **видео** (video).

Należy jednak pamiętać, że istnieje także mniejsza grupa zapożyczeń rodzaju żeńskiego, np. **салями** (salami).

ĆWICZENIA

12 **Wypełnij tabelę, odpowiednio segregując rzeczowniki z ramki.**

жена дитя бедняга время дедушка пальто врач директор лошадь конь нож рояль столовая мороженое ванная авеню мышь

мужской род	женский род	средний род

13 Połącz rzeczowniki rodzaju męskiego i żeńskiego.

1. **писатель**	a. **девушка**
2. **дед**	b. **овца**
3. **сын**	c. **лошадь**
4. **конь**	d. **юристка**
5. **парень**	e. **сестра**
6. **юрист**	f. **дочь**
7. **отец**	g. **женщина**
8. **брат**	h. **бабка**
9. **баран**	i. **писательница**
10. **мужчина**	j. **мать**

14 Uzupełnij zdania właściwym zaimkiem wskazującym.

1. .... **женщина – красавица!**
2. **Анечка, где ты купила** .... **пальто?**
3. .... **лошадь победила в скачках.**
4. **Куда идёт** .... **парень?**
5. .... **рояль я получил на день рождения.**
6. .... **дитя плохо себя ведёт.**
7. **Мама, папа, я хочу** .... **барабан!**
8. **Попробуйте** .... **мороженное.**
9. **Сколько стоит** .... **салями?**

15 Określ rodzaj podanych rzeczowników.

1. **селёдка** – ....
2. **крыса** – ....
3. **гитара** – ....
4. **окно** – ....
5. **бутерброд** – ....
6. **парень** – ....
7. **имбир** – ....
8. **винт** – ....
9. **сельдерей** – ....

1.4. Rzeczowniki rosyjskie różniące się rodzajem od polskich

больница (szpital)	**эта**	**музей** (muzeum)	**этот**
вилка (widelec)	**эта**	**подвал** (piwnica)	**этот**
город (miasto)	**этот**	**платье** (sukienka)	**это**
грипп (grypa)	**этот**	**площадь** (plac)	**эта**
дверь (drzwi)	**эта**	**пляж** (plaża)	**этот**
жара (upał)	**эта**	**ресторан** (restauracja)	**этот**
зал (sala)	**этот**	**ручка** (długopis)	**эта**
квартира (mieszkanie)	**эта**	**словарь** (słownik)	**этот**
комната (pokój)	**эта**	**собака** (pies)	**эта**
класс (klasa)	**этот**	**стул** (stołek, krzesło)	**этот**
кровать (łóżko)	**эта**	**тетрадь** (zeszyt)	**эта**
лимон (cytryna)	**этот**	**урок** (lekcja)	**этот**
магазин (sklep)	**этот**	**чай** (herbata)	**этот**
марка (znaczek, gatunek)	**эта**	**шкаф** (szafa)	**этот**
машина (samochód)	**эта**	**шоссе** (szosa)	**это**

ĆWICZENIA

16 Podkreśl rzeczowniki rodzaju żeńskiego.

1. **гость**
2. **лошадь**
3. **кофе**
4. **животное**
5. **жара**
6. **кот**
7. **такси**
8. **акула**
9. **письмо**
10. **тетрадь**
11. **фарфор**
12. **гусь**
13. **авеню**
14. **пальто**
15. **какао**
16. **гуща**
17. **родитель**
18. **рояль**
19. **шампунь**
20. **жалюзи**
21. **вуаль**
22. **конопля**
23. **каникулы**
24. **грипп**

17 Znajdź dziewięć rzeczowników nieodmiennych.

1. **кенгуру**
2. **тишина**
3. **какао**
4. **пустыня**
5. **мороженное**
6. **холод**
7. **хобби**
8. **юноша**
9. **хозяйка**
10. **звук**
11. **огонь**
12. **кофе**
13. **пища**
14. **пальто**
15. **бра**
16. **виза**
17. **шоссе**
18. **род**
19. **словарь**
20. **жалюзи**
21. **звезда**
22. **суша**
23. **солнце**
24. **тире**

18 Uzupełnij zdania rzeczownikami w nawiasach przetłumaczonymi na jęz. rosyjski.

1. **Здесь школа, а там** (szpital) ....
2. **У меня уже есть** (widelec) ....
3. **Ты будешь пить** (herbata) .... ?
4. **У Алисы новая** (łóżko) ....
5. **Это** (pies) .... **моих соседей.**
6. **Какой это** (kolor) .... ?
7. **У девушки прекрасные** (kwiat) ....
8. **Это мой** (klasa) ....
9. **Это** (zeszyt) .... **Даниила.**

19 Odszukaj i zaznacz pięć rzeczowników nieodmiennych.

К	З	А	М	О	Р	О	З	И	Т	Ь	Я	С	О	Л	О	С	Е	Л	О
Е	С	Ы	Н	К	У	Р	И	Ц	А	С	Е	М	Ь	Я	С	Д	Е	Л	К
Н	З	В	У	К	О	В	Ы	Е	М	А	Л	Е	Н	Ь	К	И	Й	А	Н
Г	Л	А	З	А	Б	О	Л	Ь	Ш	О	Й	Д	Е	В	В	А	О	Т	А
У	В	С	Е	Л	Е	Н	Н	А	Я	А	С	Ь	К	А	Е	М	Г	Ь	Д
Р	Д	К	П	А	Р	Т	Н	Ё	Р	Ы	П	А	Р	Т	Р	Л	И	Л	А
У	З	Н	А	Ч	Е	Н	И	Я	Ч	И	С	Т	Ы	Й	Т	У	К	А	К
Н	О	В	Ы	Й	У	З	К	И	Т	Е	А	Т	Р	А	И	Т	К	Й	Е
О	К	О	Ш	А	Т	Н	И	К	Л	Е	Р	М	О	Н	К	Ю	Л	К	Ш
В	М	У	К	А	М	У	З	Ы	К	А	З	В	У	К	А	Л	В	А	Ь
И	З	О	Л	И	Р	О	В	А	Т	Ь	Ч	А	Ш	К	Л	Н	И	Ч	Ю
Ч	О	З	Н	О	Ж	И	В	А	Б	Р	А	К	Т	А	Ь	Е	М	Т	Р
О	Р	О	М	Я	В	Е	П	У	Ш	К	А	Т	А	Н	К	Т	В	О	А
К	О	С	Т	У	Л	Я	З	В	Ё	З	Д	Ы	В	И	Ы	Ж	У	Н	Н
З	Е	Б	У	Р	О	К	Д	Е	В	У	Ш	К	А	Ф	Й	Ч	Т	О	Я

1.5. Odmiana rzeczowników

Język rosyjski należy do języków fleksyjnych, w których części mowy odmieniają się przez przypadki, liczby, czasy i inne kategorie gramatyczne. Odmianę rzeczownika przez przypadki i liczby nazywamy **deklinacją**, zaś odmianę czasowników przez osoby, czasy, tryby i strony **koniugacją**. W języku rosyjskim istnieją trzy typy deklinacji.

Rzeczowniki zakończone na **-мя** jak **время** (czas), **бремя** (ciężar), **стремя** (strzemię), **племя** (plemię), **имя** (nazwa) itd. odmieniają się według odrębnego wzorca.

Rzeczowniki typu **булочная** (piekarnia), **больной** (chory) odmieniają się jak przymiotniki.

Kategoria żywotności i nieżywotności rzeczowników, str. 28.

Skrócony wzór odmiany rzeczowników

Przypadek	Pytanie	Deklinacja I	Deklinacja II	Deklinacja III
M.	kto? co?	**-а, -я**	**-ø, -о, -е**	**-ь, -ø**
D.	kogo? czego?	**-ы, -и**	**-а, -я**	**-и**
C.	komu? czemu?	**-е**	**-у, -ю**	**-и**
B.	kogo? co?	**-у, -ю**	**-а, -я, -о, -е, -ø**	**-ь, -ø**
N.	z kim? z czym?	**-ой, -ей**	**-ом, -ем**	**-ь, -ю**
Ms.	o kim? o czym?	**-е**	**-е**	**-и**

1.6. **Deklinacja I**

Do deklinacji I zaliczamy rzeczowniki rodzaju żeńskiego, męskiego i nijakiego zakończone w mianowniku liczby pojedynczej na **-a** lub **-я**, np.

девочка (dziewczyna),
рука (ręka),
мужчина (mężczyzna),
женщина (kobieta),
судья (sędzia),
сирота (sierota).

Deklinacja I -a, -я

	Rodzaj męski		Rodzaj żeński		Rodzaj nijaki	
M.	**дедушк-а**	**дедуш-ки**	**девушк-а**	**девушк-и**	**бедняг-а**	**бедняг-и**
D.	**дедушк-и**	**дедуш-ек**	**девушк-и**	**девушек -ø**	**бедняг-и**	**бедняг -ø**
C.	**дедушк-е**	**дедуш-кам**	**девушк-е**	**девушк-ам**	**бедняг-е**	**бедняг-ам**
B.	**дедушк-у**	**дедуш-ек**	**девушк-у**	**девушек -ø**	**бедняг-у**	**бедняг -ø**
N.	**дедушк-ой, дедушк-ю**	**дедуш-ками**	**девушк-ой, девушк-ою**	**девушк-ами**	**бедняг-ой, бедняг-ою**	**Бедняг-ами**
Ms.	**дедушк-е**	**дедуш-ках**	**девушк-е**	**девушк-ах**	**бедняг-е**	**бедняг-ах**

ĆWICZENIA

20 **Uzupełnij zdania rzeczownikami w nawiasach we właściwej formie.**

1. **Ты знакома с этим (мужчина)** ....?
2. **Мы поздравили (дедушка)** .... **с днём рождения.**
3. **Эти (девочка)** .... **– весёлые.**
4. **Галина, позвони (дядя)** ....
5. **С этим (юноша)** .... **мы знакомы уже полгода.**
6. **Над (земля)** .... **летали птицы.**
7. **Маша, хочешь идти с этими (девушка)** .... **на вечеринку?**
8. **Ребёнок съел мороженное (вилка)** ....

21 Odszukaj i zaznacz rzeczowniki należące do deklinacji I.

Ф	Д	А	П	Н	Р	О	Л	И	К
И	Е	Ф	М	У	Ж	Ч	И	Н	А
Р	В	У	З	Г	Л	У	К	А	Ч
А	У	Р	У	О	Г	О	Н	Ь	А
О	Ш	А	Р	Л	У	К	И	Я	Н
К	К	Б	А	Л	Д	А	К	И	З
А	А	Ш	И	Б	А	Ш	К	А	Е
Ш	У	К	А	В	И	Л	К	А	М
А	Ж	А	Д	Я	Д	Я	П	Е	Л
Ю	Н	О	Ш	А	В	О	Р	Ы	Я

22 Zapisz podane rzeczowniki w liczbie mnogiej i zaznacz akcenty.

1. **сирота** – ....
2. **рука** – ....
3. **каша** – ....
4. **тётя** – ....
5. **судья** – ....
6. **голова** – ....
7. **жена** – ....
8. **ромашка** – ....

23 Zapisz rzeczowniki z poprzedniego ćwiczenia w narzędniku liczby pojedynczej.

1. ....
2. ....
3. ....
4. ....
5. ....
6. ....
7. ....
8. ....

1.7. Deklinacja II

Do deklinacji II zaliczamy rzeczownik rodzaju męskiego **путь** (sposób), rzeczowniki rodzaju męskiego z końcówką zerową (**-ø**) w mianowniku liczby pojedynczej oraz rzeczowniki rodzaju męskiego i nijakiego z końcówką **-о**, **-ё**, **-е**, np.

день (dzień), **поле** (pole),
бельё (bielizna), **мяч** (piłka),
конец (koniec).

Deklinacja II ø, -о, -ё, -е

Przypadek	Rodzaj męski		Rodzaj nijaki	
M.	**день -ø** (dzień)	**конец -ø** (koniec)	**пол -е** (podłoga)	**бель -ё** (bielizna)
D.	**дн -я**	**конц -а**	**пол -я**	**бель -я**
C.	**дн -ю**	**конц -у**	**пол -ю**	**бель -ю**
B.	**день -ø**	**конец -ø**	**пол -е**	**бель -ё**
N.	**дн -ём**	**конц -ом**	**пол -ем**	**бель -ём**
Ms.	**дн -ю**	**конц -у**	**пол -е**	**бель -е**

Deklinacja II występuje **w dwóch odmianach – twardej i miękkiej**. Odmiana twarda dotyczy rzeczowników o temacie zakończonym spółgłoską twardą, zaś odmiana miękka odnosi się do rzeczowników, których temat kończy sią spółgłoską miekką.

Miękkość i twardość spółgłosek i samogłosek w języku rosyjskim na str. 8 – 9.

1.7.1. **Wzór odmiany twardej**

Deklinacja II – odmiana rzeczowników twardotematowych

Przypadek	Rodzaj męski		Rodzaj nijaki	
	l.p.	l.m.	l.p.	l.m.
M.	**оборот -ø** (obrót)	**оборот -ы**	**дупл -о** (dziupla)	**дупл -а**
D.	**оборот -а**	**оборот -ов**	**дупл -а**	**дупел**
C.	**оборот -у**	**оборот -ам**	**дупл -у**	**дуплам**
B.	**оборот -ø**	**оборот -ы**	**дупл -о**	**дупла**
N.	**оборот -ом**	**оборот -ами**	**дупл -ом**	**дуплами**
Ms.	**оборо -те**	**оборот -ах**	**дупл -е**	**дуплах**

1.7.2. **Wzór odmiany miękkiej**

Deklinacja II – odmiana rzeczowników miękkotematowych

Przypadek	Rodzaj męski		Rodzaj nijaki	
	l.p.	l.m.	l.p.	l.m.
M.	**тюлень -ø** (foka)	**тюлен -и**	**гор -е** (smutek)	**гор -я**
D.	**тюлен -я**	**тюлен -ей**	**гор -я**	**горь -ø**
C.	**тюлен -ю**	**тюлен -ям**	**гор -ю**	**гор -ям**
B.	**тюлен -я**	**тюлен -ей**	**гор -е**	**гор -я**
N.	**тюлен -ем**	**тюлен -ями**	**гор -ем**	**гор -ями**
Ms.	**тюлен -е**	**тюлен -ях**	**гор -е**	**гор -ях**

ĆWICZENIA

24 Uzupełnij zdania rzeczownikami w nawiasach we właściwej formie.

1. **Лев Николаевич ударил (кулак) .... по столу.**
2. **Слон не живёт в (дупло) ....**
3. **Зина принесла книгу об африканских (верблюд) ....**
4. **День подходит к (конец) ....**
5. **В джунгли Перу ездит много (искатель) .... приключений.**
6. **– Павлик, ты проверил все слова в (словарь) ....?**
7. **– Да, но у меня только старые (словарь) .... !**
8. **Рита, где ты так испачкала свои (ботинок) .... ?!!**

25 Przetłumacz rzeczowniki w nawiasach na rosyjski i uzupełnij zdania.

1. **Мария Петровна вышла из** (dom) .... **ранним утром.**
2. **У нас нет** (czołg) .... **.**
3. **В** (dziupla) .... **живёт белка.**
4. **Мать ударила** (pięść) .... **по столу.**
5. **Виталий не расстаётся со** (słownik) .... **.**
6. **Из осенних** (drzewo) .... **упали листья.**
7. **Леся, ты умеешь играть на** (bęben) .... **?**
8. **Друзья Влада остались на другом** (brzeg) .... **реки.**

26 Do podanych tematów rzeczowników dopisz końcówki liczby mnogiej i zaznacz akcenty.

1. **лес** – **лес**...........
2. **дом** – **дом**...........
3. **кот** – **кот**...........
4. **голос** – **голос**........
5. **живот** – **живот**.......
6. **сон** – **сн**............
7. **лебедь** – **лебед**.......
8. **медведь** – **медвед**.....
9. **тюлень** – **тюлен**......

27 Podkreśl rzeczowniki I i II deklinacji.

1. **конь**
2. **жена**
3. **поле**
4. **армия**
5. **закон**
6. **село**
7. **земля**
8. **настроение**
9. **мышь**
10. **гений**
11. **забияка**
12. **слуга**

1.8. **Deklinacja III**

Do deklinacji III zaliczamy rzeczowniki rodzaju żeńskiego, które w mianowniku liczby pojedynczej mają końcówkę zerową (**-ø**), np.

мышь (mysz),
лошадь (koń),
степь (step).

Deklinacja III -ø, -мя

Przypadek	Rodzaj żeński			
M.	**мышь -ø**	**мыш -и**	**мать -ø** (matka)	**мат -ери**
D.	**мыш -и**	**мыш -ей**	**мат -ери**	**мат -ерей**
C.	**мыш -и**	**мыш -ам**	**мат -ери**	**мат -ерям**
B.	**мышь -ø**	**мыш -ей**	**мать -ø**	**мат -ерей**
N.	**мышь -ю**	**мыш -ами**	**мат -ерью**	**мат -ерями**
Ms.	**мыш -и**	**мыш -ах**	**мат -ери**	**мат -ерях**

ĆWICZENIA

28 Wybierz właściwy zaimek wskazujący.

1. **На ...... лошади ездила моя сестра.**
   a. **этом** b. **этой** c. **это**
2. **Откуда здесь ...... мыши?!**
   a. **эти** b. **это** c. **этому**
3. ...... **дочь родители плохо одевали**.
   a. **Этого** b. **Эту** c. **Это**
4. **Женщина рассказала об ......радости.**
   a. **этом** b. **этому** c. **этой**
5. ...... **лошади – прекрасные.**
   a. **Этих** b. **Эти** c. **этим**
6. **Сколько лет растут ...... ели?**
   a. **эти** b. **этим** c. **этом**
7. **С ...... дочерю мать отказалась встретится.**
   a. **этом** b. **этим** c. **этой**
8. **Он уже видел ...... лошадь?**
   a. **это** b. **эту** c. **этого**

29 Podane rzeczowniki zapisz w narzędniku liczby pojedynczej.

1. **мышь** – ....
2. **дочь** – ....
3. **радость** – ....
4. **мать** – ....
5. **вуаль** – ....
6. **ель** – ....
7. **площадь** – ....
8. **лошадь** – ....

30 Podkreśl rzeczowniki deklinacji I i II.

1. **дочь**
2. **тень**
3. **медведь**
4. **пьяница**
5. **путь**
6. **суть**
7. **скатерть**
8. **конец**
9. **смерть**
10. **конь**
11. **лошадь**
12. **плакса**
13. **жуть**
14. **день**
15. **поле**

31 Przetłumacz rzeczowniki w nawiasach na jęz. rosyjski i uzupełnij zdania.

1. **Александр Иванович поссорился с** (córka) ....
2. (Koń) .... **побежали сквозь полянку.**
3. **Вика много говорила о своей** (matka) ....
4. **Не убежишь от** (śmierć) ....
5. **На новой** (obrus) .... **мы обнаружили пятна.**
6. **Какой свет не бросает** (cień) .... ?

1.9. **Odmiana rzeczowników zakończonych na *-мя***

Rzeczowniki zakończone na -мя

Przypadek	Rodzaj nijaki			
M.	**им-я**	**им-ена**	**плам-я**	**плам-ена**
D.	**им-ени**	**им-ён**	**плам-ени**	**плам-ён**
C.	**им-ени**	**им-енам**	**плам-ени**	**плам-енам**
B.	**им-я**	**им-ена**	**плам-я**	**плам-ена**
N.	**им-енем**	**им-енами**	**плам-енем**	**плам-енами**
Ms.	**им-ени**	**им-енах**	**плам-ени**	**плам-енах**

ĆWICZENIA

32 Podane rzeczowniki zapisz w liczbie mnogiej.

1. **бремя** – ....
2. **стремя** – ....
3. **время** – ....
4. **племя** – ....
5. **семя** – ....
6. **знамя** – ....
7. **темя** – ....
8. **вымя** – ....

33 Odszukaj i zaznacz dziesięć rzeczowników zakończonych na *-мя*.

О	Г	И	Ж	В	Б	Е	П	Л	Е	М	Я	С	Л	С
Г	Н	Й	У	Р	И	В	О	Д	И	Т	Е	Л	Ь	Т
У	К	О	Т	Е	Л	Г	З	О	Л	У	Ш	К	А	Р
Р	Е	Ц	К	М	Е	Е	Ф	А	Р	Ф	О	З	Р	Е
Б	Р	Е	М	Я	Т	В	К	Я	Р	К	О	Н	А	М
Л	И	Р	И	К	В	Ы	У	Щ	У	П	Л	А	М	Я
И	Т	О	Л	И	Ы	М	Р	О	Н	О	Л	М	Я	З
С	Е	М	Ь	И	М	Я	И	И	О	Д	И	Я	Д	Х
Т	М	П	Л	А	С	Т	Ц	А	М	А	С	С	А	Ц
Ы	Я	З	Е	М	Л	Е	Д	Е	Л	С	Е	М	Я	Е

34 Połącz rzeczowniki w liczbie pojedynczej z rzeczownikami w liczbie mnogiej.

1. **Пламя** a. **пламена**
2. **время** b. **имена**
3. **бремя** c. **знамёна**
4. **стремя** d. **вымена**
5. **имя** e. **времена**
6. **вымя** f. **темена**
7. **семя** g. **семена**
8. **знамя** h. **бремена**
9. **темя** i. **стремена**

35 Podkreśl synonimy.

1. **имя** – **название, фамилия, семья**
2. **вымя** – **время, сосок, сутки**
3. **бремя** – **земля, небо, груз**
4. **стремя** – **река, стремечко, море**
5. **время** – **течение, срок, часы**
6. **племя** – **колено, население, кривизна**
7. **знамя** – **флаг, буква, слово**
8. **пламя** – **гитара, лес, огонь**
9. **семя** – **винт, зерно, железо**

1.10. **Rzeczowniki żywotne i nieżywotne**

Do rzeczowników żywotnych należą:

- nazwy osób, np.
  мать (matka), **брат** (brat),
  сосед (sąsiad), **дитя** (dziecko);

- nazwy zwierząt, np.
  собака (pies),
  муравей (mrówka),
  павлин (paw);

- nazwy figur szachowych, np.
  король (król),
  королева (królowa),
  ферзь (hetman);

- nazwy kart do gry, np.
  валет (walet),
  дама (dama);

- nazwy postaci mitologicznych, np.
  русалка (syrena),
  домовой (chochlik);

- wyrazy **мертвец** (martwy), **покойник** (nieboszczyk) i **труп** (trup);

- nazwy bóstw, np.
  Юпитер (Jowisz),
  Марс (Mars),
  Венера (Wenus);

- rzeczowniki rodzaju nijakiego utworzone za pomocą przyrostka **-ище**, np.
  страшилище (straszydło),
  чудовище (potwór);

- rzeczowniki odprzymiotnikowe lub utworzone od imiesłowów przymiotnikowych, np.
земноводное (płaz),
насекомое (owad).

Wszystkie pozostałe to rzeczowniki nieżywotne.

ĆWICZENIA

36 Uzupełnij tabelkę, odpowiednio segregując rzeczowniki z ramki.

Шапка машина гиена врач свёкла продавщица Винни-Пух вокзал замок Гера пульс роза кот парень бедро Прометей время героин стол мертвец живот бельё нож Дюймовочка Шрек ревень калорифер чай пожарник чайник футболист лимон пламя брат

неодушевлённые	одушевлённые

37 Odszukaj i zaznacz rzeczowniki nieżywotne.

Е	Г	О	Л	О	В	А	Ш	К	А	К	А	О	Г	Н
К	Д	Е	В	У	Ш	К	А	М	А	Т	Ь	Д	О	О
О	Т	О	М	О	Р	Е	П	И	С	А	Т	Е	Л	Г
Н	П	О	Л	И	Ц	Е	Й	С	К	И	Е	Г	У	А
Ф	Ж	С	Л	О	Н	Ж	Р	У	К	А	Т	И	Н	Д
Е	Б	А	Б	У	Ш	К	А	Д	О	Т	О	Л	И	К
Т	П	Ь	Я	Н	И	Ц	П	О	Т	О	Л	О	К	П
А	А	Н	Г	Е	Л	С	О	Б	С	Т	Р	Е	М	Я
Е	К	Р	О	В	Ь	Я	Н	О	Й	С	У	Д	Ь	Я
Д	Я	Д	Я	П	Р	В	И	З	И	Т	В	О	Л	К

38 Do podanych wyrazów pochodnych dopisz odpowiednie wyrazy podstawowe.

Przykład: **чудовище** – .....**чудо**.......

1. **обозище** – ....
2. **арбузище** – ....
3. **дворище** – ....
4. **дружище** – ....
5. **паучище** – ....
6. **червячище** – ....
7. **туманище** – ....
8. **толпище** – ....
9. **солдатище** – ....

39 Uzupełnij zdania rzeczownikami w nawiasach w liczbie mnogiej.

1. **У Рыбаковых две (машина)** ....
2. **(Продавщица)** .... **в этом магазине не очень вежливы.**
3. **Молодые (врач)** .... **уезжают заграницу.**
4. **Меня очень интересуют (насекомый)** ....
5. **После обеда всех болели (живот)** ....
6. **Мои (брат)** .... **похожи друг на друга.**
7. **А твои (сестра)** .... **похожи друг на друга?**
8. **Настали тяжёлые (время)** ....
9. **«Все (кот)** .... **поют и плачут, Этот Чёрный Кот молчит».**[1]

[1] Bułat Okudżawa, *Песенка про Чёрного Кота*

2. Czasownik *Глагол*

Czasownik (**глагол**) to odmienna część mowy, wyrażająca działanie, proces lub stan. Czasowniki rosyjskie posiadają szereg kategorii gramatycznych, takich jak tryb, strona, aspekt (forma dokonana i niedokonana), etc. Odmieniają się przez czasy, osoby, rodzaje i liczby. Istnieją dwa wzorce odmiany czasownika; czasowniki, których odmiana różni się od obu wzorców, zwane są nieregularnymi. W języku rosyjskim występują czasowniki zwrotne.

Ze względu na **znaczenie**, czasowniki rosyjskie możemy podzielić na:

- **czasowniki stanu** – określające stan, w jakim znajduje się osoba lub przedmiot, do których się odnoszą; łączą się w zdaniu z aktywnym podmiotem, np.
  стоять (stać),
  висеть (wisieć),
  молчать (milczeć),
  сидеть (siedzieć);

- **czasowniki działania** – określające czynność wykonywaną przez osobę lub przedmiot, do których się odnoszą; łączą się w zdaniu z aktywnym podmiotem, np.
  бежать (biec),
  убить (zabić),
  прыгать (skakać),
  ступать (kroczyć);

- **czasowniki cechy** – określające właściwości osób lub przedmiotów, do których się odnoszą; łączą się z podmiotem pasywnym, który jest niejako odbiorcą działania, np.
  молодеть (młodnieć),
  стареть (starzeć się),
  зеленеть (zielenieć),
  сиять (jaśnieć);

- **czasowniki zjawiska** – określające stany psychiczne osób i stany fizyczne przyrody; nie odnoszą się bezpośrednio do podmiotu, gdyż działanie, które desygnują nie wymaga bodźca z jego strony, np.
  темнеть (ciemnieć),
  хмуриться (chmurzyć się),
  знобить (trząść się),
  лихорадить (gorączkować).

Czasowniki zwrotne. str. 53.

Czasowniki nieregulane str. 43.

2.1. Bezokolicznik

Bezokolicznik to bezosobowa forma czasownika. W języku rosyjskim bezokolicznik może wchodzić w zdaniu w skład **złożonego orzeczenia czasownikowego,** np.

присел (przysiadł się) – **хотел присесть** (chciał się przysiąść),
дала пощёчину (spoliczkowała) – **решила дать пощёчину** (postanowiła spoliczkować).

Rosyjskie czasowniki w mają w bezokoliczniku następujące końcówki:

- **-ть**, jeśli temat, zakończony jest na samogłoskę, np.
  дела-ть (robić),
  спа-ть (spać),
  виде-ть (widzieć);

- **-ти**, jeśli temat zakończony jest na spółgłoskę, np.
  ид-ти (iść),
  вез-ти (wieźć),
  нес-ти (nieść).

W czasownikach zakończonych na **-чь**, cząstka **-чь** nie jest końcówką, lecz częścią tematu; potwierdza to wzorzec odmiany, np.

печь (piec) – **печёт,**
беречь (chronić) – **бережёт** (tutaj zachodzi wymiana spółgłosek **ч:ж**),
стеречь (strzec) – **стережёт,**
влечь (wlec) – **влечёт.**

Wymiana spółgłosek w odmianie czasowników, str. 42.

Należy zapamiętać pisownię następujących złożeń:
жа, ча, ша, ща;
жу, чу, шу, щу;
жи, чи, ши, щи.

Czasowniki zwrotne mają w bezokoliczniku końcówkę zwrotną **-ться**, np.
купаться (kąpać się),
заниматься (zajmować się),
разобраться (orientować się),
убиваться (zabijać się).

ĆWICZENIA

1 W poniższym tekście podkreśl czasowniki w bezokoliczniku i uzupełnij tabelkę.

На прошлой неделе мы с Жанной поехали ловить рыбу. Про рыбалку мы ничего не знали. В поезде мы познакомились с интересными молодыми людьми. – Можете поехать с нами! – они сказали. От вокзала надо было долго идти. Они помогли нам нести чемоданы. Мы пообещали им испечь пойманную рыбу.

-ть	-ти	-чь

2 Uzupełnij końcówki bezokoliczników.

1. **ид**......
2. **виде**......
3. **учить**......
4. **леч**......
5. **снима**......
6. **уй**......
7. **лета**......
8. **избега**......
9. **вез**......

3 Uzupełnij bezokoliczniki odpowiednimi samogłoskami.

1. **слуш...ть**
2. **ш...меть**
3. **молч...ть**
4. **шурш...ть**
5. **ж...ть**
6. **ч...дить**
7. **ж...лать**
8. **ш...гать**
9. **ж...рчать**

4 Uzupełnij zdania, dobierając właściwe formy czasownika.

1. **Гриша хочет** .... **английский язык.**
2. **Ты можешь** .... **ко мне завтра.**
3. **Что он будет** .... **?**
4. **Мама, я хочу** .... **!**
5. **Мне плохо, надо** .... **скорую помощь.**
6. **Котята любят** .... **молоко.**
7. **Женя, вставай, сколько можно** .... **!**
8. **Ребята любят на** .... **роликах.**
9. **Я ненавижу мою учительницу и хочу её** .... **!**

a. **есть**
b. **пить**
c. **кататься**
d. **спать**
e. **убить**
f. **учить**
g. **зайти**
h. **делать**
i. **вызвать**

2.2. **Aspekt czasownika**

Aspekt czasownika to kategoria wyrażająca sposób wykonania czynności w odniesieniu do upływu czasu. Informuje ona w jakim stopniu dana czynność została zrealizowana.

Czasowniki rosyjskie, podobnie jak polskie, występują w dwóch aspektach: **dokonanym** i **niedokonanym**.

Aspekt czasownika wpływa na jego wzorzec odmiany przez czasy:

- czasowniki niedokonane w trybie oznajmującym posiadają formy wszystkich trzech czasów i wszystkie formy imiesłowów przymiotnikowych,
- czasowniki dokonane w trybie oznajmującym nie posiadają form czasu teraźniejszego oraz imiesłowów przymiotnikowych czasu teraźniejszego.

2.2.1. **Czasowniki niedokonane**

Czasowniki w formie niedokonanej nie informują o długości trwania, ani stopniu realizacji desygnowanej czynności np.
решать (decydować),
учить (uczyć),
забывать (zapominać).

Czasowniki niedokonane tworzy się od dokonanych przy pomocy następujących wrostków:

- **-ива-**, **-ыва-**, np.
  разбить – **разбивать** (rozbić – rozbijać),
  развязать – **развязывать** (rozwiązać – rozwiązywać);
- **-ва-**, np.
  забыть – **забывать** (zapomnieć – zapominać),
  открыть – **открывать** (otworzyć – otwierać);
- **-а-** (**-я**) np.
  спасти – **спасать** (uratować – ratować),
  подрасти – **подрастать** (podrosnąć – podrastać),
  удивить – **удивлять** (zadziwić – zadziwiać).

Czasowniki dokonane i niedokonane tworzą w języku rosyjskim tzw. pary czasownikowe (**видовые пары**). Są to zestawienia, w których oba czasowniki mają jednakowe znaczenie, a różnią się tylko aspektem, np.
строить (budować) – **построить** (zbudować),
бежать (biec) – **побежать** (pobiec),
лить (lać) – **залить** (zalać).

Niektóre czasowniki nie posiadają kategorii aspektu i występują:

- wyłącznie w formie dokonanej, np.
  очутиться (ocknąć się),
  поспать (przespać się)

- lub wyłącznie w formie niedokonanej, np.
  сидеть (siedzieć),
  находиться (znajdować się).

Istnieją również czasowniki posiadające **cechy obu aspektów** w jednej formie, np.
женить (żenić, ożenić),
ранить (ranić, zranić),
велеть (kazać, nakazać).

Niektóre czasowniki tworzące pary czasownikowe różnią się jedynie akcentowaną sylabą, np.
нарезать (kroić) – **нарезать** (pokroić),
рассыпать (rozsypywać) – **рассыпать** (rozsypać).
Istnieją także pary czasownikowe, w których forma dokonana różni się od niedokonanej tematem, np.
брать (brać) – **взять** (wziąć),
говорить (mówić) – **сказать** (powiedzieć).

ĆWICZENIA

5 **Połącz czasowniki dokonane z właściwymi wrostkami, aby utwórzyć formy niedokonane.**

1. **забыть**
2. **удивить**
3. **вырвать**
4. **умыть**
5. **вбить**
6. **арестовать**
7. **догадать**
8. **разбить**
9. **спасти**

a. **-ыва-**
b. **-ля-**
c. **-ва-**
d. **-а-**
e. **-ива-**

6 **Uzupełnij tabelkę, odpowiednio segregując czasowniki z ramki.**

сделать   рубить   проговорить   общаться   делать   одолжить   жить   уснуть   спать   выспаться   открывать   покинуть   сломать   завершить   начинать   пообщаться   убивать

czasowniki dokonane	czasowniki niedokonane
сделать	**рубить**

7 Dopisz czasowniki niedokonane.

1. **разлить** – ....
2. **взять** – ....
3. **склеить** – ....
4. **заморозить** – ....
5. **сказать** – ....
6. **вбить** – ....
7. **испытать** – ....
8. **крикнуть** – ....
9. **заглянуть** – ....

8 Podkreśl czasowniki dokonane.

1. **делать**
2. **придумать**
3. **придумывать**
4. **курить**
5. **доверять**
6. **дождаться**
7. **уйти**
8. **лить**
9. **спеть**
10. **заморочить**
11. **служить**
12. **найти**
13. **увидеть**
14. **разбивать**
15. **поверить**
16. **кушать**

2.2.2. Czasowniki dokonane

Czasowniki dokonane informują o tym, że długość trwania desygnowanej czynności jest ograniczona w czasie, a czynność zrealizowana.
Czasowniki dokonane mogą nazywać czynności, które:

- właśnie się zakończyły, np.
выучить (nauczyć się),
полюбить (pokochać);

- mają się rozpocząć i trwać określoną długość czasu, np.
запеть (zaśpiewać),
закричать (zakrzyknąć);

- wykonywane są jednokrotnie; desygnującym je czasownikom towarzyszy przyrostek **-ну**, np.
прыгнуть (podskoczyć),
раздвинуть (rozsunąć),
достигнуть (dotrzeć; osiągnąć).

Czasowniki dokonane tworzy się od czasowników niedokonanych przy pomocy następujących przyrostków:

- przedrostków **вы-**, **на-**, **по-**, **про-**, **с-**, np.
бежать – **выбежать** (biegać – wybiegać),
бальзамировать – **набальзамировать** (balsamować – zabalsamować),
багроветь – **побагроветь** (pąsowieć – spąsowieć),
барабанить – **пробарабанить** (bębnić – zabębnić);

- wrostka **-ну-**, np.
кричать – **крикнуть** (krzyczeć – krzyknąć),
плевать – **плюнуть** (pluć – splunąć),
зевать – **зевнуть** (ziewać – ziewnąć).

ĆWICZENIA

9 Połącz czasowniki niedokonane z właściwymi przedrostkami, aby utworzyć formy dokonane.

1. **любить**
2. **ступать**
3. **варить**
4. **барабанить**
5. **резать**
6. **учить**
7. **благодарить**
8. **делать**
9. **вязать**

a. **с-**
b. **на-**
c. **по-**
d. **вы-**
e. **про-**

10 Utwórz formy dokonane z wrostkiem **-ну-**.

1. **кричать** – ....
2. **плевать** – ....
3. **подыхать** – ....
4. **засыпать** – ....
5. **рисковать** – ....
6. **двигать** – ....
7. **замыкать** – ....
8. **вспыхивать** – ....
9. **махать** – ....

11 Uzupełnij zdania formą dokonaną czasowników w nawiasach.

1. **Марина не умеет (делать) .... это упражнение.**
2. **Нам нужно (благодарить) .... учителей за помощь.**
3. **Валера, ты должен (учить) .... эти правила наизусть!**
4. **Можешь стать моей девушкой, если умеешь (варить) .... вкусный суп.**
5. **В жизни иногда нужно (рисковать) ....**
6. **Я не могу (любить) .... такого глупого парня.**
7. **Оля, ты должна (замыкать) .... за собой дверь.**
8. **Альберту удалось (поступать) .... в университет.**
9. **Девушка должна (багроветь) .... услышав комплимент.**

12 Podkreśl czasowniki niedokonane.

1. **сделать**	5. **белеть**	9. **вставить**	13. **купить**
2. **стучать**	6. **шевелиться**	10. **бежать**	14. **покупать**
3. **морочить**	7. **подняться**	11. **увидеть**	15. **выспаться**
4. **стукнуть**	8. **сказать**	12. **праздновать**	16. **умереть**

2.3. **Koniugacja I**

Do koniugacji I należą:

- czasowniki zakończone w bezokoliczniku na **-оть**, **-ать** (**-ять**), np.
  молоть (mleć),
  чувствовать (czuć),
  гулять (spacerować);

- czasowniki zakończone w bezokoliczniku na **-еть**, np.
  петь (śpiewać),
  жалеть (żałować);

- dwa czasowniki zakończone na **-ить**, tj.
  брить (golić),
  стелить (słać).

Wzór odmiany czasowników – koniugacja I			
osoba	**жалеть** (spać)	**петь** (śpiewać)	**стелить** (słać)
я	**жалею**	**пою**	**стелю**
ты	**жалеешь**	**поёшь**	**стелишь**
он **она** **оно**	**жалеет**	**поёт**	**стелит**
мы	**жалеем**	**поём**	**стелим**
вы	**жалеете**	**поёте**	**стелите**
они	**жалеют**	**поют**	**стелят**

Jeśli w 3 os. l.m. czasownik zakończony jest na **-ут** lub **-ют**, to w końcówkach pozostałych form piszemy **-е** (**-ё**). Np.
петь (śpiewać) – **они поют** – **он** (**она**, **оно**) **поёт**,
делать (robić) – **они делают** – **он** (**она**, **оно**) **делает**,
врать (kłamać) – **они врут** – **он** (**она**, **оно**) **врёт**.

Wszystkie czasowniki rosyjskie, poza nieregularnymi, w **2 os. lp** mają zawsze końcówkę **-ь** (znak miękki), np.
идёшь (idziesz),
красишь (malujesz),
делаешь (robisz),
снимаешь (filmujesz),

a w **2 os. l.m.** – końcówkę **-е**, np.
идёте (idziecie),
красите (malujecie),
делаете (robicie),
снимаете (filmujecie).

ĆWICZENIA

13 Uzupełnij wzorzec odmiany.

жалеть			
я	....	мы	....
ты	....	вы	....
он, она, оно	....	они	жалеют

14 Podkreśl czasowniki należące do koniugacji I.

1. **петь**
2. **вредить**
3. **замыкать**
4. **идти**
5. **гнать**
6. **звать**
7. **лететь**
8. **выть**
9. **пить**
10. **видеть**
11. **бродить**
12. **смотреть**
13. **везти**
14. **вести**
15. **плакать**

15 Uzupełnij zdania czasownikami w nawiasach w odpowiedniej formie.

1. **Женя (петь) .... совсем неплохо.**
2. **Завтра мы (идти) .... в театр.**
3. **Ты обычно (пить) .... чай с лимоном или с вареньем?**
4. **Господин, куда Вы меня (везти) ....?!**
5. **Леся всегда (плакать) .... в кино.**
6. **Мурзик, что ты здесь (делать) ....?**
7. **Ты часто (врать) .... своим родителям?**
8. **Руслан всё время (вешать) .... нос.**
9. **Какая я бедная, никто меня не (жалеть) .... !**

16 Odszukaj i zaznacz czasowniki koniugacji I.

У	Б	И	В	А	Ю	Т	П	Р	Л	У	Ы	Р	Е	У	С	И	О	Л	В
С	М	О	Т	Р	Я	Т	В	А	О	Д	У	Ю	Т	Ф	А	Р	У	Е	Г
А	П	О	Ы	Е	Г	Л	Е	Ж	А	Т	С	И	Л	Ф	У	Н	Р	Б	В
Р	О	З	Н	А	Ю	Т	А	Р	Д	Ы	Е	Ф	П	Ф	У	Н	Ш	Р	В
Р	Ы	Е	Э	Ж	Ы	А	О	Ы	Е	Г	М	Ы	О	Л	Ф	П	Ф	В	Р
П	Л	В	Ы	В	Ы	П	Р	К	Г	Б	Ь	Ю	Т	А	О	Ы	Г	Г	Ш
Т	С	И	Л	Р	Н	Г	В	Т	С	И	Л	Ф	У	Н	Т	С	И	Л	Ф
Ы	Е	Ф	П	У	Е	О	И	В	А	С	И	Д	Я	Т	Ы	Е	Ф	П	Ф
Б	Е	Р	У	Т	Т	О	Д	Т	С	И	Л	Ф	У	Н	Г	М	Ы	О	Л
Т	С	И	Л	Ф	У	Н	Я	Ы	Е	Ф	П	Ф	У	Н	Т	С	И	Л	Ф
Ы	Е	Ф	П	Ф	У	Н	Т	Г	М	Ы	О	Л	Ф	П	Ы	Е	Ф	П	Ф
Г	О	В	О	Р	Я	Т	Н	К	Ж	Г	У	Т	Д	А	Г	М	Ы	О	Л
Т	С	И	Л	Ф	У	Н	Р	Т	С	И	Л	Ф	У	Н	Т	С	И	Л	Ф

2.4. **Koniugacja II**

Do koniugacji II należą:

- czasowniki zakończone w bezokoliczniku na **-ить** (poza **брить** i **стелить**!);
- **7 czasowników** zakończonych w bezokoliczniku na **-еть**, tj.
  смотреть (patrzeć),
  видеть (widzieć),
  обидеть (urazić),
  ненавидеть (nienawidzić),
  зависеть (zależeć),
  терпеть (znosić coś lub kogoś),
  вертеть (kręcić);
- niektóre czasowniki zakończone w bezokoliczniku na **-ать**, tj.
  гнать (gonić),
  держать (trzymać),
  слышать (słyszeć),
  дышать (oddychać),
  спать (spać).

Wzór odmiany czasowników – koniugacja II

osoba	**обидеть** (zranić)	**бродить** (wędrować)	**дышать** (oddychać)
я	**обижу**	**брожу**	**дышу**
ты	**обидишь**	**бродишь**	**дышишь**
он, она, оно	**обидит**	**бродит**	**дышит**
мы	**обидим**	**бродим**	**дышим**
вы	**обидите**	**бродите**	**дышите**
они	**обидят**	**бродят**	**дышат**

Wzór odmiany czasowników – koniugacje I i II

Koniugacja	Końcówka bezkolicznika	Końcówki w odmianie przez osoby	Przykłady	
I	**-от,** **-ать (-ять),** **-еть,** **-ыть,** **-уть**	**-у (-ю),** **-ешь (-ёшь),** **-ет (-ёт),** **-ем (-ём),** **-ете (-ёте),** **-ут (-ют)**	**выть** (wyć)	
			я вою **ты воешь** **он, она, оно воет**	**мы воем** **вы воете** **они воют**
II	**-ить**	**-у (-ю),** **-ишь,** **-ит,** **-им,** **-ите,** **-ат (-ят)**	**решить** (rozwiązywać)	
			я решу **ты решишь** **он, она, оно решит**	**мы решим** **вы решите** **они решат**

Jeśli w 3 os. l.m. czasownik zakończony jest na **-ат**, **-ят**, to w końcówkach pozostałych form piszemy **-и**, np.
спешить (śpieszyć) – **они спешат** – **он** (**она**, **оно**) **спешит**,
видеть (widzieć) – **они видят** – **он** (**она**, **оно**) **видит**,
гладить (prasować) – **они гладят** – **он** (**она**, **оно**) **гладит**.

ĆWICZENIA

17 Uzupełnij wzorzec odmiany.

сидеть			
я	....	мы	....
ты	....	вы	....
он, она, оно	....	они	сидят

18 Podkreśl czasowniki należące do koniugacji II.

1. **спать**
2. **забывать**
3. **лететь**
4. **сидеть**
5. **спасать**
6. **угнать**
7. **чесать**
8. **видеть**
9. **купить**
10. **разбить**
11. **зависеть**
12. **бить**
13. **лить**
14. **лепить**
15. **застигнуть**
16. **падать**
17. **писать**
18. **велеть**
19. **курить**
20. **расстраиваться**

19 Uzupełnij zdania czasownikami w nawiasach w odpowiedniej formie.

1. **Смотри, (лететь)** .... **наши воздушные шары!**
2. **На сегоднашнем уроке дети (лепить)** .... **фигурки из пластилина.**
3. **Подростки опять (курить)** .... **в подъезде.**
4. **Муж Галины Петровны (сидеть)** .... **в тюрьме уже 20 лет.**
5. **Гриша, что ты там (курить)** ....?
6. **В августе я (лететь)** .... **в Амстердам.**
7. **Ребята, как только (решить)** .... **все задачи, можете идти домой.**
8. **Летом соседу наверно (угнать)** .... **машину.**
9. **Леночка, ты (спать)** ....?

20 Zaznacz błędy ortograficzne w czasownikach i zapisz ich poprawne formy.

1. **Вижю своё будущее!** ....
2. **Сижю под деревом.** ....
3. **Я лечю в Америку.** ....
4. **Я быстро решю эту задачу.** ....
5. **Какие сигареты ты обычно куриш?** ....
6. **Я курею «Русский Стиль суперлайтс».** ....
7. **Зачем ты сидиш здесь под деревом?** ....
8. **Они там сидут вместе.** ....
9. **Что ты в нём видиш?!** ....

2.5. Wymiana spółgłosek w odmianie czasowników

W odmianie niektórych czasowników występuje wymiana spółgłosek w temacie, np.

обречёшь (skażesz [kogoś na coś]) – **обреку**	**ч / к**
жжёшь (palisz) – **жгу**	**ж / г**
глядишь (spoglądasz) – **гляжу**	**д / ж**
красишь (malujesz) – **крашу**	**с / ш**
возишь (wozisz) – **вожу**	**з / ж**
платишь (płacisz) – **плачу**	**т / ч**
любишь (kochasz) – **люблю**	**б / бл**
поздравишь (pozdrowisz) – **поздравлю**	**в / вл**
кормишь (karmisz) – **кормлю**	**м / мл**
спишь (śpisz) – **сплю**	**п / пл**

ĆWICZENIA

21 Uzupełnij zdania czasownikami w nawiasach w odpowiedniej formie.

1. **Даша, как часто ты (кормить) .... своего хомяка?**
2. **Я его (кормить) .... три раза в день.**
3 **Не мешай мне, я (красить) .... праздничные яйца!**
4. **Ты уже два часа (красить) .... праздничные яйца.**
5. **Матвей, как долго ты (спать) .... утром?**
6. **Обычно я (спать) .... до восьми утра.**
7. **Алиса, ты меня (любить) ....?**
8. **Нет, я (любить) .... только Джастина Бибера!**
9. **Зоя, почему ты (жечь) .... эти старые письма?**
10. **Мамочка, я их не (жечь) ...., я их читаю.**

22 Do podanych czasowników dopisz ich bezokoliczniki.

1. **печёшь** ....
2. **плачешь** ....
3. **пошлю** ....
4. **платишь** ....
5. **влеку** ....
6. **кормишь** ....
7. **зноблю** ....
8. **жжёшь** ....
9. **сижу** ....

23 Uzupełnij zdania odpowiednimi czasownikami z ramki.

украшивают	**плачет**	**кормить**	**печёт**	**спит**	**подравляю**	**сидит**
		гляди	**люблю**			

1. **Бабушка .... вкусные пряники.**
2. **Оля .... на скамейке.**
3. **Ребёнок упал и теперь ....**
4. **Я .... Харрисона Форда, он самый сексуальный!**
5. **«Не .... на меня с упрёком, Я презренья к тебе не таю (...)»**[1]
6. **Виталий Сергеевич, ... Вас с продвижением по службе.**
7. **Детей просили не .... животных.**
8. **Алёша не .... уже третью ночь.**
9. **Ребята .... ёлку.**

24 Uzupełnij zdania czasownikiem **любить** w odpowiedniej formie.

1. **Маша .... чай с молоком.**
2. **Ты .... чай с варением?**
3. **Я .... чай с лимоном.**
4. **Вы .... чёрный кофе?**
5. **Мы .... кофе со сливками.**
6. **Они .... чай с сахаром.**

2.6. Czasowniki nieregularne

Czasowniki nieregularne we wzorcach odmiany posiadają końcówki zarówno z I, jak i z II koniugacji. Do grupy tej należą czasowniki:

хотеть (chcieć), **брезжить** (świtać),
бежать (biegać), **есть** (jeść),
чтить (czcić), **дать** (dać)

oraz ich pochodne, np.

захотеть (życzyć), **съесть** (zjeść),
пробежать (przebiegać), **передать** (przekazać).

[1] Sergiusz A. Jesienin, *Не гляди на меня с упрёком*, «Собрание стихотворений», Gosizdat, 1926

хотеть			
Liczba pojedyncza		Liczba mnoga	
я	**хочу**	**мы**	**хотим**
ты	**хочешь**	**вы**	**хотите**
он, она, оно	**хочет**	**они**	**хотят**

бежать			
Liczba pojedyncza		Liczba mnoga	
я	**бегу**	**мы**	**бежим**
ты	**бежишь**	**вы**	**бежите**
он, она, оно	**бежит**	**они**	**бегут**

чтить			
Liczba pojedyncza		Liczba mnoga	
я	**чту**	**мы**	**чтим**
ты	**чтишь**	**вы**	**чтите**
он, она, оно	**чтит**	**они**	**чтят**

брезжить			
Liczba pojedyncza		Liczba mnoga	
я	**брезжу**	**мы**	**брезжим**
ты	**брезжишь**	**вы**	**брезжите**
он, она, оно	**брезжит**	**они**	**брезжат**

есть			
Liczba pojedyncza		Liczba mnoga	
я	**ем**	**мы**	**едим**
ты	**ешь**	**вы**	**едите**
он, она, оно	**ест**	**они**	**едят**

дать			
Liczba pojedyncza		Liczba mnoga	
я	**дам**	**мы**	**дадим**
ты	**дашь**	**вы**	**дадите**
он, она, оно	**даст**	**они**	**дадут**

ĆWICZENIA

25 Uzupełnij zdania czasownikami w nawiasach we właściwej formie czasu teraźniejszego.

1. Я (хотеть) .... познакомиться с Евгением Цыгановым.
2. Куда (бежать) .... эти девушки?
3. Мы уже не (чтить) .... Сварожича.
4. С какой скоростью ты (бежать) ...., Дима?
5. Откуда мне знать с какой скоростью я (бежать) .... ?!
6. Не (есть) .... этот хлеб, в нём закал!
7. Теперь они не (дать) .... нам покоя.
8. Ребята, что вы (хотеть) .... ?
9. Мы сами не знаем, что мы (хотеть) ....

26 Odszukaj i zaznacz bezokoliczniki czasowników nieregularnych.

Ч	Т	И	Т	Ь	Е	Л	Ж	И	Т	Ь	О	Н
Е	М	А	Р	Л	М	А	Т	Е	Р	Е	Й	Я
П	Щ	И	Р	А	В	И	Д	Е	Т	Ь	Ш	Т
П	Р	О	Д	Е	Л	А	Т	Ь	В	Ы	Т	Ь
С	М	О	Т	Р	Е	Т	Ь	Л	И	Т	Ь	Х
М	О	Т	О	Б	И	Т	Ь	Р	У	К	И	О
О	С	М	О	Т	Р	И	В	А	Л	И	В	Т
Т	В	И	Л	Е	П	И	Т	Ь	О	Н	И	Е
Р	О	Р	Д	В	Ж	Э	А	С	Е	И	Ж	Т
Е	Р	В	О	П	Е	Е	Ц	Ы	С	Я	Д	Ь
Л	В	А	Н	Е	Т	У	Д	А	Т	Ь	А	З
И	А	Б	Р	О	Д	И	Т	Ь	Ь	Я	Т	Н
О	Т	Ш	А	Б	Р	Е	З	Ж	И	Т	Ь	А
Н	Ь	П	Р	О	Г	Л	О	Т	И	Т	Ь	Л
И	С	К	А	Л	Б	Е	Ж	А	Т	Ь	Д	А

27 Odszukaj błędy w czasownikach w podanych zdaniach i zapisz poprawne formy.

1. Женя ем отбивную котлету с рисом. ....
2. Они едут мороженые. ....
3. Я ест сосиску с острым кетчупом. ....
4. Ребята едят летом на море? ....
5. Вы ешь вкусные пельмени. ....
6. Я люблю ест только суши! ....
7. Куда вы едите? ....
8. Мы едут в центр города. ....
9. На завтрак я емь что угодно. ....

28 Uzupełnij zdania czasownikami z ramki.

бегаем	хочешь	бежишь	хотите	бегу	хочу	хотят	хочет	хотим

1. **Алиса .... стать звездой.**
2. **Я .... выйти замуж.**
3. **Рита, куда ты ....?**
4. **Я .... в спортзал на занятия.**
5. **Радмила, ... ли ты быть моей женой?!**
6. **Они .... пожениться через полгода.**
7. **Вы серёзно .... пожениться так рано?!**
8. **Да, мы сильно .... пожениться!**
9. **Мы с Мартой .... каждое утро.**

2.7. Strona czasownika

Strona czasownika to kategoria opisująca relację między czynnością a jej wykonawcą (podmiotem) lub odbiorcą. Niejednokrotnie określa ona także zależność pomiędzy wykonawcą a odbiorcą czynności. Stronę czasownika rozpatruje się jako relację pomiędzy wykonawcą czynności a nią samą. Zgodnie z tą teorią wszystkie czasowniki występują w stronie: **biernej** (**страдательный залог**) lub **czynnej** (**действительный залог**).

- o stronie czynnej mówimy, kiedy czynność opisywana czasownikiem odnosi się do jej wykonawcy, np.
  Студенты сдают екзамены. Studenci zdają egzaminy.
  Дед одевает кальсоны. Dziadek zakłada kalesony.
  Даша чистит картошку. Dasza obiera ziemniaki.

- jeśli czynność odnosi się do odbiorcy – czasownik jest w stronie biernej, np.
  Экзамены сдаются студентами. Egzaminy są zdawane przez studentów.

- **czasowniki przechodnie** (**переходные глаголы**) tworzą formy obu stron, np.
  Мать Антона моет посуду. Matka Antona myje naczynia.
  Посуда моется матерью Антона. Naczynia są myte przez matkę Antona.

- w zdaniach ze stroną bierną wystepują **czasowniki zwrotne** z partykułą **-ся** tworzone od **czasowników przechodnich** (czyli takich, które mogą posiadać dopełnienie bliższe), np.
  учиться (uczyć się),
  удивляться (dziwić się)

  oraz **imiesłowy przymiotnikowe**, np.
  читанный (czytany),
  деланный (robiony),
  проверенный (sprawdzony);

- **czasowniki nieprzechodnie** (**непереходные глаголы**) natomiast tworzą jedynie formę strony czynnej, np.
  Идёт снег. Pada śnieg.
  За ночь подморозило. Nocą pojawiły się przymrozki.

Czasowniki zwrotne str. 53.

W języku rosyjskim funkcjonuje jeszcze jeden sposób rozpatrywania strony czasownika. Jego autorem jest rosyjski lingwista i literaturoznawca Wiktor Władimirowicz Winogradow (1894 – 1969). Według tej teorii, kategorię strony posiadają tylko czasowniki przechodnie.

ĆWICZENIA

29 **Przetłumacz zaznaczone fragmenty na jęz. polski.**

1. **Все письма написаны Аллой Борисовной.** ....
2. **Ребята пишут письма родителям.** ....
3. **Самые лучшие подарки – сделанные руками.** ....
4. **Я сам делаю праздничные подарки.** ....
5. **Убитое время, не ищет своего убийцу.** ....
6. **Студенты убивают время решая кроссворды.** ....
7. **Дверь открывается.** ....
8. **Все окна открыты водителем автобуса.** ....
9. **Водитель, эта дверь не открывается!** ....

2.8. Tryb czasownika

Tryb to kategoria gramatyczna odnosząca się jedynie do odmiennych form czasownika. Tryb czasownika określa intencję mówiącego.

Kategoria trybu czasownika wiąże się z jego **modalnością**. Modalność to kategoria semantyczna (znaczeniowa), wyrażająca stosunek mówiącego do treści wypowiedzi, a także relację pomiędzy treścią wypowiedzi a realnymi wydarzeniami.

We współczesnym języku rosyjskim wyróżnia się trzy tryby czasownika:

- **tryb oznajmujący** (**изъявительное наклонение**) odnosi się do zdarzeń i czynności rzeczywistych, tj. takich, które mają, miały lub będą mieć miejsce; z perspektywy semantycznej tryb oznajmujący można przeciwstawić dwóm pozostałym trybom;
- **tryb rozkazujący** (**повелительное наклонение**) służy wyrażeniu rozkazu, ale także sugestii, czy zachęty do wykonania danej czynności, innymi słowy odnosi się do czynności oczekiwanej;
- **tryb przypuszczający** (**сослагательное наклонение**) wyraża przypuszczenie lub możliwość wykonania czynności.

2.8.1. **Tryb oznajmujący**

Czasownik tworzący tryb oznajmujący występuje w zdaniu w czasie przeszłym, teraźniejszym lub przyszłym, np.

она смотрела (ona patrzyła),
он смотрит (on patrzy),
они посмотрят / будут смотреть (oni popatrzą / będą patrzeć).

W połączeniu z partykułami lub innymi częściami mowy wpływającymi na jego znaczenie czasownik w trybie oznajmującym może oznaczać czynności prawdopodobne oraz czynności warunkowe, czyli wyrażać rozkaz, zamiar, groźbę itp. Wówczas tryb oznajmujący znaczeniowo zbliża się do pozostałych trybów, np.

Ребята, завтра вы уберёте вашу комнату. Dzieci, jutro posprzątacie wasz pokój.
Думал, не думал, царём не будешь. Czy będziesz rozmyślał czy nie, carem nie zostaniesz. (przysł.)

W odniesieniu do kategorii aspektu, czasowniki w trybie oznajmującym mają formy niedokonane czasu przeszłego, teraźniejszego lub przyszłego oraz formy dokonane czasu przeszłego i przyszłego.

ĆWICZENIA

30 **Uzupełnij zdania czasownikami z ramki w odpowiedniej formie.**

знаешь	**пьют**	**умею**	**поёшь**	**пить**	**умеет**	**поёт**	**знают**	**пью**

1. **Марина не** .... **плавать.**
2. **Ты** .... **этого молодого человека?**
3. **Я не** .... **говорить по японски.**
4. **Дети уже** .... **азбуку.**
5. **Жанна Бичевская прекрасно** ....
6. **Молодые люди** .... **кофе по-итальянски.**
7. **Ты** .... **под гитару.**
8. **Я** .... **только зелёный чай.**
9. **Не следует** .... **алкоголь на пустой желудок.**

31 **Uzupełnij zdania czasownikami z ramki w trybie oznajmującym.**

скучать	**уезжать**	**любить**	**уметь**	**спать**	**видеть**	**дарить**	**поздравлять**

1. **Михаил Львович** .... **считать до сорока по французски.**
2. **Люди обычно не** .... **свои пороки.**
3. **В женский день женщинам** .... **цветы.**
4. **К сожалению, не все женщины** .... **цветы.**
5. **Ребёнок опять не** .... **ночью.**
6. **В день рождения** .... **юбиляров.**
7. **Во время дождя дети** ....
8. **Студенты обычно** .... **из города на каникулы.**

32 Uzupełnij zdania czasownikami w nawiasach w odpowiedniej formie.

1. **Танечка (мыть) .... собаку каждое полгода.**
2. **Подростки (мыться) .... только раз в неделю!**
3. **Шахматисты никогда не (сдаваться) ....**
4. **Летом выпускники (сдавать) .... вступительные экзамены.**
5. **Откуда (браться) .... неумные люди?**
6. **Не все государственные служащие (брать) .... взятки.**
7. **Я плохо (разбираться) .... в современной технике.**
8. **Дети охотно (разбирать) .... игрушки на части.**
9. **Мы (надеяться) .... на светлое будущее.**

33 Uzupełnij zdania czasownikami w nawiasach w trybie oznajmującym w czasie przyszłym prostym.

1. **Вскоре исследователи (раскрыть) .... все тайны мира.**
2. **Не каждый (найти) .... смысл своей жизни.**
3. **Когда Светлана (забеременить) ...., она (уйти) .... из работы.**
4. **У неё не (быть) .... достаточного профессионального опыта.**
5. **Он больше тебе не (поверить) ....**
6. **В будущем году мы (купить) .... новую машину.**
7. **Через месяц они (отправиться) .... в Минск.**
8. **После школы я быстро (устроиться) .... на работу.**
9. **Боюсь, что она (бросить) .... его.**

2.8.2. **Tryb rozkazujący**

Tryb rozkazujący służy do wyrażania zachęty, sugestii lub rozkazu. Zdania w tym trybie łatwo rozpoznać ze względu na szczególną intonację, z jaką są wypowiadane. Tryb rozkazujący mogą tworzyć:

- czasowniki w 2 os. l.p. i l.m., np.
  иди (idź),
  идите (idźcie);

- formy złożone z czasownikiem w 3 os. l.p. i l.m. ze słówkiem **пусть**, np.
  Пусть идёт, раз её голова болит. Niech idzie, skoro ją boli głowa.
  Пусть в армию идут те, кто хочет. Niech do wojska idą ci, co chcą.

- formy ze słówkiem **давай** / **давайте** z czasownikiem dokonanym w formie osobowej wyrażające zachętę do czynności, w której ma uczestniczyć również autor wypowiedzi, np.
  Давай сыграем в шахматы. Chodź, zagramy w szachy.
  Давайте купим спирт. Chodźcie, kupimy alkohol.
  Давайте наденем спортивную форму. Chodźcie, założymy dresy.

- wyrażenia ze słowem **давай** / **давайте** z czasownikiem niedokonanym w bezokoliczniku, np.
  Давай курить сигареты. Chodź zapalić papierosa.

- czasowniki zwrotne, np.
  садись (siadaj sobie / usiądź sobie),
  садитесь (siadajcie sobie / proszę sobie usiąść);

- czasowniki z partykułą **-ка**, nadające wypowiedzi odcień poufałości lub ironii, np.
  Попей-ка чайку. Napij się herbatki.
  Загляни-ка под ёлочку. Zajrzyj pod choinkę.

- czasowniki z partykułą **да**, nadające wypowiedzi odcień natarczywości, np.
  Да уходите же наконец! No, idźcie już sobie!
  Да пропади ты пропадом! Zgiń, przepadnij!

W języku rosyjskim forma trybu rozkazującego ze słówkiem **пусть** może odnosić się do autora wypowiedzi, np.
Пусть умру сегодня вечером. Obym umarł dziś wieczorem.
Пусть нас увидят на улице. Niech nas zobaczą na ulicy.

W języku potocznym zamiast formy **пусть** używa się formy **пускай**, np.
Пускай дядя Стёпа покормит свиней. Niech wujek Stefek nakarmi świnie.

ĆWICZENIA

34 **Odszukaj i zaznacz czasowniki w trybie rozkazującym.**

В	О	З	Ь	М	И	С	М	О	Т	Р	Е	Т	Ь	В	И	Д	Е	Л	У
П	Р	О	В	Е	Л	И	К	У	П	И	Ч	И	Т	А	Л	И	В	Ы	Х
Р	А	З	Б	И	Р	А	Т	Ь	С	Я	З	А	М	Ы	К	А	Т	Ь	О
П	О	Ч	У	Т	И	Т	Ь	С	Я	Ж	И	Т	Ь	Б	Ы	Л	И	А	Д
Р	О	Д	И	Л	С	Я	Д	Е	Л	И	Т	Ь	С	Я	И	Д	Т	И	И
О	Й	Д	А	Й	В	Е	Р	И	Л	И	З	А	Ч	Е	Р	К	Н	И	Т
Ч	О	П	Р	А	В	Д	Ы	В	А	Т	Ь	С	Я	В	И	Д	Е	Л	Е
И	П	И	Т	Ь	В	С	Т	А	В	Ь	Т	Е	П	Е	Т	Ь	Е	С	Т
Т	Б	Е	Л	И	Т	М	О	Л	Ч	А	Т	Ь	М	О	Л	Ч	А	Л	И
А	Т	Я	Н	У	В	Ш	И	С	М	О	Т	Р	И	Р	А	З	Б	И	Л
Й	У	С	П	О	К	О	И	Т	Ь	С	Я	Ч	И	С	Т	И	Т	Ь	Я
Т	Д	А	М	У	Х	О	Д	И	Д	О	В	Е	Р	Я	Я	С	П	И	Т
Е	Х	А	Т	Ь	Б	И	Т	Ь	Ж	И	В	У	С	Т	У	П	И	М	Ы

35 **Postaw akcenty w czasownikach w trybie rozkazującym z ćwiczenia 34.**

....

....

....

36 Uzupełnij zdania czasownikami w nawiasach w trybie rozkazującym ze słowem **давай / давайте**.

1. **Ребята, (сходить)** .... **в кино.**
2. **Олег, (смотреть)** .... **«Звёздные войны».**
3. **Марина, (почитать)** .... **лучше «Сагу о ведьмаке».**
4. **Девушки, (спеть)** .... **песенки Леди Гаги.**
5. **Лёва, (выпить)** .... **после защиты диплома.**
6. **Друзья, (забыть)** .... **о прошлом.**
7. **Ребята, (жить)** .... **мирно!**
8. **Пацаны, (слушать)** .... **Хип-хоп.**
9. **Мамочка, (завести)** .... **щенка.**

37 Uzupełnij zdania czasownikami z ramki w trybie rozkazującym.

садись	**разбуди**	**забудь**	**уступи**	**ешь**	**пей**	**спи**	**позвони**	**возьми**

1. .... **за стол.**
2. .... **меня в половине седьмого.**
3. **Не** .... **купить овощи и фрукты.**
4. .... **место пожилому человеку.**
5. .... **суп.**
6. .... **чай.**
7. **Не** .... **на занятиях.**
8. .... **ей вечером.**
9. .... **свои вещи.**

2.8.3. **Tryb przypuszczający**

Trybem przypuszczającym opisujemy czynności pożądane oraz czynności, które z jakichś powodów nie zostały zrealizowane. Np.

Если бы я знала, что он не придёт, я бы так не нарядилась. Gdybym wiedziała, że on nie przyjdzie, to bym się tak nie wystroiła.
Я бы поспал ещё, устал я очень. Jeszcze bym pospał, jestem bardzo zmęczony.

Tryb przypuszczający wyraża zatem dwa rodzaje czynności:

- **czynności pożądane** (**желательные**), takie, które chcielibyśmy, aby były wykonane, np.
  Ты бы поучился, а не только сидишь за компом. Pouczyłbyś się, a nie tylko siedzisz przy kompie.
  Хоть бы она пришла! Gdyby tylko ona przyszła!
- **czynności warunkowo-hipotetyczne** (**условно-гипотетические**), czyli takie, które nie zostały wykonane, ponieważ nie został spełniony jakiś warunek, np.
  Из него вышел бы отличный писатель, но он предпочитал игру на гитаре. Byłby z niego świetny pisarz, ale on wolał grać na gitarze.
  Если бы они знали, что денег не будет, они бы не работали. Gdyby wiedzieli, że nie dostaną pieniędzy, nie pracowaliby.

W języku potocznym tryb przypuszczający określający czynności warunkowo-hipotetyczne bywa używany do wyrażenia silnej sugestii, chęci nakłonienia kogoś do wykonania jakiejś czynności, np.
Чтоб я вас здесь больше не видела! Żebym was tu więcej nie widziała!
Чтоб ты здох! Obyś zdechł!

Odmiana czasowników przez czasy – tablice str. 64.

ĆWICZENIA

38 **Określ tryb czasownika w podanych zdaniach i uzupełnij tabelkę.**

1. **Открой окно.**
2. **Пусть дети позавтракают.**
3. **Лида открыла окно.**
4. **Давай потанцуем.**
5. **Ты бы поупражнялся.**
6. **Я уже упражнялся.**
7. **Чтоб чёрт побрал эту кошку!**
8. **Да иди отсюда!**
9. **Хоть бы сдать этот екзамен.**

tryb oznajmujący	tryb rozkazujący	tryb przypuszczający
	1,	

39 **Połącz wyrażenia z czasownikami w trybie rozkazującym.**

1. **Иди**	a. **в тетрадях**
2. **Садись**	b. **мне шубу**
3. **Запишите**	c. **песню**
4. **Спой**	d. **в постель**
5. **Сыграй**	e. **отсюда**
6. **Купи**	f. **суп**
7. **Ложись**	g. **в кресло**
8. **Зажги**	h. **на рояле**
9. **Свари**	i. **огонь**

40 Uzupełnij zdania czasownikami w nawiasach w trybie rozkazującym.

1. **Сергей, (убрать) .... свои тетради со стола.**
2. **(Уходить) .... отсюда, хулиганы!**
3. **Мамочка, (дать) .... мне скалку для теста, я выгоню этих хулиганов.**
4. **Мальчишка, (сказать) .... сколько тебе лет.**
5. **Дядя, не (морочить) .... мне голову, я занят.**
6. **(Пить) .... быстрее, Гриша, а то поезд уйдёт.**
7. **Ребята, давайте (покурить) .... сигареты.**
8. **Папа, давай (петь) .... колядки.**
9. **Сынок, давай (спать) ....**

41 Uzupełnij zdania czasownikiem **пусть** w odpowiedniej formie, zgodnie z podanym przykładem.

Przykład: **Даша чистит картошку.**

Пусть Даша почистит картошку.

1. **Марина поёт песню.** ....
2. **Ученики исправляют ошибки.** ....
3. **Отец делает покупки.** ....
4. **Дети играют на снеге.** ....
5. **Гитарист делает соло.** ....
6. **Ребята улыбаются.** ....
7. **Поэтесса пишет стихотворение.** ....
8. **Старик надевает очки.** ....
9. **Кот прыгает со стола.** ....

2.9. Czasowniki zwrotne

Do czasowników zwrotnych należą czasowniki z partykułą **-ся** i **-сь**. Wszystkie czasowniki zwrotne należą do grupy nieprzechodnich. Tworzy się je od czasowników przechodnich, np. **одевать** – **одеваться** (ubierać – ubierać się), jak i od nieprzechodnich, np. **стучать** – **стучаться** (pukać – dobijać się).

- partykuła **-ся** różni się od innych cząstek słowotwórczych tym, że przyłącza się do czasownika po jego końcówce
- partykuła **-ся** przyłącza się po spółgłoskach, partykuła **-сь** po samogłoskach, np. **влёк-ся** – **влекла-сь** (wlókł się – wlokła się)
- partykuła **-ся** pojawia się zawsze w **imiesłowach przymiotnikowych**, np. **учащийся** (uczący się), **отличающийся** (odróżniający się).

Imiesłowy przymiotnikowe str. 55.

- kiedy partykuła **-ся** występuje w połączeniu z czasownikiem przechodnim, czyni go nieprzechodnim, np.
  одевает (ubiera) **кого**? / **что**? – **одевается** (ubiera się)

- kiedy partykuła **-ся** towarzyszy czasownikom nieprzechodnim, wzmacnia ich znaczenie, np.
  белеет (bieleje) – **белеется** (bieli się)

- partykuła **-ся** służy także do tworzenia form bezosobowych, np.
  я хочу (chcę) – **мне хочется** (mnie się chce)

Niektóre czasowniki posiadają tylko formę zwrotną, np.
смеяться (śmiać się),
надеяться (mieć nadzieję),
кланяться (kłaniać się),
бороться (walczyć).

ĆWICZENIA

42 **Wstaw odpowiednią partykułę, aby utworzyć czasowniki zwrotne.**

1. **обнимать** – **обнимать**......
2. **вознести** – **вознести**......
3. **одевать** – **одевать**......
4. **спасти** – **спасти**......
5. **подготовить** – **подготовить**......
6. **задержать** – **задержать**......
7. **свести** – **свести**......
8. **рекламировать** – **рекламировать**......
9. **хвалить** – **хвалить**......

43 **Uzupełnij zdania czasownikami w nawiasach przetłumaczonymi na jęz. rosyjski.**

1. **Дмитрий** (śmieje się) .... **надо мной.**
2. **Люба** (walczy) .... **за стипендию.**
3. **Почему все мне** (kłaniają się) .... **?**
4. **Студенты** (mają nadzieję) .... **на успешные результаты экзаменов.**
5. **Паша** (zakłada) .... **спортивную форму.**
6. **Ребята тепло** (ubrały się) .... **и пошли лепить снеговика.**
7. **Под этим деревом мы впервые** (pocałowaliśmy się) .... **.**
8. **Женя, не** (chwal się) .... **, это нескромно.**
9. **Индиана Джонс умеет всегда** (uratować się) .... **от смерти.**

2.10. **Imiesłów przymiotnikowy**

Imiesłowy to atrybutywne formy czasownika, tj. takie, które w zdaniu nie pełnią funkcji orzeczenia. Imiesłowy łączą znaczenie czasownika – czynności i przymiotnika – epitetu, np.

читающий (czytający),
верующая (wierząca),
поющие (śpiewający).

Imiesłowy odmieniają się według wzorca odmiany przymiotników, posiadają kategorię rodzaju i liczby, a utworzone od czasowników w stronie biernej tworzą tzw. **krótkie formy**.
Imiesłowy zachowują kategorię aspektu czasownika, od którego zostały utworzone.

Wzorzec odmiany przymiotników str. 78.

Imiesłowy dzielą się na:

imiesłowy czasu teraźniejszego – причастия настоящего времени
imiesłowy czasu przeszłego – причастия прошедшего времени

- informacja o czasie imiesłowu zawarta jest w towarzyszącej mu partykule;
- imiesłowy czasu **teraźniejszego** tworzone są od czasowników **niedokonanych** i wyrażają czynności przedstawione jako cechy tymczasowe, mające miejsce obecnie, np.
  говорящий преподаватель (przemawiający nauczyciel),
  гуляющая женщина (spacerująca kobieta);
- imiesłowy czasu **przeszłego** powstają od czasowników **dokonanych** i **niedokonanych** i wyrażają czynności przedstawione jako cechy trwające lub zakończone w przeszłości, np.
  купленные овощи (warzywa, które zostały zakupione),
  гуляющая лесник (leśnik, który zabłądził).

W zależności od tego, czy czynność wyrażana imiesłowem jest czynna czy bierna, imiesłowy dzielimy na **imiesłowy strony czynnej** (**причастия действительного залога**) i **imiesłowy strony biernej** (**причастия страдательного залога**).

- imiesłowy czynne tworzone są od zarówno od czasowników przechodnich, jak i nieprzechodnich
- imiesłowy bierne powstają tylko od czasowników przechodnich

W języku rosyjskim istnieją **cztery formy imiesłowów**, możliwość ich utworzenia zależy od aspektu czasownika, od tego czy jest on przechodni czy nieprzechodni, a także od jego znaczenia.

- od czasowników przechodnich niedokonanych utworzyć można wszystkie cztery formy imiesłowów (dwie formy czasu teraźniejszego i dwie przeszłego)
- czasowniki przechodnie dokonane tworzą dwie formy imiesłowów w czasie przeszłym

Formy imiesłowów od czasowników przechodnich niedokonanych

видеть (widzieć)			
czas teraźniejszy czynny	czas teraźniejszy bierny	czas przeszły czynny	czas przeszły bierny
видящий (widzący)	**видимый** (widoczny)	**видевший** (ten, który widział)	**виденный** (ten, który był widziany)

Formy imiesłowów od czasowników przechodnich dokonanych

увидеть (zobaczyć)	
czas przeszły czynny	czas przeszły bierny
увидевший (ten, który zobaczył)	**увиденный** (ten, którego zobaczono)

- czasowniki nieprzechodnie tworzą jedynie imiesłowy strony czynnej
- czasowniki nieprzechodnie niedokonane tworzą dwie formy imiesłowów – teraźniejszą i przeszłą, np. **смеяться** (śmiać się) – **смеющийся** (śmiejący się), **смеявшийся** (ten, który się śmiał)
- od czasowników nieprzechodnich dokonanych można utworzyć tylko jedną, przeszłą formę imiesłowu, np.
  рассмеяться (roześmiać się) – **рассмеявшийся** (ten, który się roześmiał)

Jeśli czasownik w odmianie ma dwa warianty, to formy imiesłowów mogą być utworzone od obu wariantów, np. (**он**) **замёрз** – **замёрзнул** (zamarzł): **замёрзший** – **замёрзнувший**.

2.10.1. **Imiesłowy czasu teraźniejszego**

Imiesłowy czasu teraźniejszego strony czynnej i biernej tworzone są od tematu[1] czasowników w czasie teraźniejszym za pomocą odpowiednich przyrostków[2]. Imiesłowów czasu teraźniejszego nie można utworzyć od czasowników dokonanych.

Imiesłowy strony czynnej tworzone są za pomocą przyrostków **-ущ-** (**-ющ-**) oraz **-ащ-** (**-ящ-**), np.

ведущий (wiodący),
русующий (rysujący),
держащий (trzymający),
блестящий (błyszczący, połyskujący).

Imiesłowy czasu teraźniejszego strony czynnej odmieniają się przez rodzaje, liczby i przypadki. Przez przypadki odmieniają się tak, jak przymiotniki o temacie zakończonym na **ж**, **ч**, **ш**, **щ** (tzw. spółgłoski „syczące" – **шипящие**).

Odmiana przymiotników zakończonych w temacie na **ж**, **ч**, **ш**, **щ**, str. 79.

[1] Temat to część wyrazu, która nie uczestniczy w odmianie, aczkolwiek w jego obrębie może dochodzić do wymiany głosek.
[2] Przyrostek (sufiks) to każdy fragment wyrazu, dodany po jego rdzeniu (formie podstawowej) i jednocześnie mający własności słowotwórcze, a więc nie będący końcówką fleksyjną.

Imiesłowy czasu teraźniejszego strony biernej odmieniają się tak, jak przymiotniki twardotematowe; tworzone są za pomocą wrostka **-ом-** (**-ем-**, **-им-**), np.

читаемый (czytany),
организуемый (organizowany).

Odmiana przymiotników twardotematowych, str. 78.

2.10.2. **Imiesłowy czasu przeszłego**

Imiesłowy czasu przeszłego czynne i biernie tworzone są (najczęściej od tematu form czasu przeszłego) za pomocą odpowiednich przyrostków.

Imiesłowy czynne czasu przeszłego (**действительные причастия прошедшего времени**) odmieniają się zgodnie z tym samym wzorcem odmiany przymiotników, co imiesłowy czynne czasu teraźniejszego; powstają po dodaniu do tematu formy czasu przeszłego wrostka **-вш-** (**-ш-**) i końcówki przymiotnika, przy czym:

- wrostek **-вш-** występuje po samogłoskach, np.
  крикнул (zawołał) – **крикну-вш-ий** (ten, który zawołał),
  плыл (płynął)– **плы-вш-ий** (ten, który płynął),
  писал (pisał) – **писа-вш-ий** (ten, który pisał);

- wrostek **-ш-** występuje po spółgłoskach, np.
  росла (rosła) – **рос-ш-ая** (ta, która rosła),
  тёрла (tarła) – **тёр-ш-ая** (ta, która tarła).

Czasowniki zakończone w bezokoliczniku na **-сти** tworzą imiesłowy czynne czasu przeszłego przy pomocy wrostka **-ш-** od tematu formy czasu teraźniejszego. Imiesłowy te zakończone są na spółgłoskę. Np.
привести (przywieźć) – **приведут** – **привед-ш-ий**,
подмести (zamieść) – **подметут** – **подмет-ш-ий**.

Niektóre z ww. czasowników, poza formami imiesłowów tworzonymi od tematu czasu teraźniejszego, mają także opcjonalne formy używane w mowie potocznej. Powstają one od zakończonego na samogłoskę tematu formy czasu przeszłego przy pomocy wrostka **-вш-**, np. **изобрести** (wynaleźć) – **изобрет-ш-ий** (forma literacka) – **изобре-вш-ий** (forma potoczna). Formy te nie są używane w tekstach pisanych.

Tylko czasowniki zakończone w bezokoliczniku na **-сть** tworzą imiesłowy czynne czasu przeszłego od tematu formy czasu przeszłego, np.
красть (kraść) – **кравший**,
сесть (zjeść) – **севший**.

Imiesłowy bierne czasu przeszłego (**страдательные причастия прошедшего времени**) tworzone są przy pomocy wrostków **-енн-** (**-нн-**) i **-т-** oraz końcówki przymiotnika.

Krótka forma przymiotnika, str. 83.

- wrostek **-нн-** łączy się przede wszystkim z czasownikami, których temat w czasie przeszłym zakończony jest na **-a**, np.
  забрызгала (zachlapała) – **забрызга-нн-ый** (zachlapany),
  написала (napisała) – **написа-нн-ый** (napisany);

- wrostek **-енн-** (**-ённ-**) łączy się z czasownikami, których temat w czasie przeszłym lub teraźniejszym zakończony jest na spółgłoskę; w procesie tworzenia imiesłowu dochodzi do wymiany spółgłosek: **к – ч**, **г – ж**, **б – б'**, **с – с'**, **з – з'**, np.
  испёк (upiekł) – **испеч-ённ-ый** (upieczony),
  отвёз (odwiózł) – **отвез-ённ-ый** (odwieziony); samogłoska **ё** jest zawsze miękka!

Imiesłowy bierne czasu przeszłego mogą być tworzone przy pomocy wrostka **-енн-** także od tematów czasowników w czasie teraźniejszym. Tak się dzieje w przypadku czasowników, których temat w czasie teraźniejszym zakończony jest na spółgłoskę **-т** (**-д**). W odmianie spółgłoski te wymieniają się na **-т'** (**-д'**), np.
обретут (zyskają) – **обретённый** (pozyskany),
приведут (przyprowadzą) – **приведённый** (przyprowadzony).

Podobna sytuacja ma miejsce także w przypadku czasowników, których tematy w czasie przeszłym zakończone są na samogłoskę **-и** i **-е**. W procesie tworzenia imiesłowów biernych czasu przeszłego zachodzi wymiana spółgłoskowa, np.
закрутил (zakręcił) – **закрученный**,
обидел (obraził) – **обиженный**,
купил (kupił) – **купленный**,
вырос (urósł) – **выращенный**.
Wszystkie imiesłowy bierne czasu przeszłego posiadają tzw. **krótkie formy**, np.
разрисованный (rozrysowany) – **разрисован**,
забрызганный (zachlapany) – **забрызган**.

Imiesłowy bierne czasu przeszłego odmieniają się zgodnie z wzorcem odmiany przymiotników twardotematowych. Odmieniają się przez rodzaje i liczby.

ĆWICZENIA

44 **Odszukaj i zaznacz 10 imiesłowów.**

О	П	И	С	А	Т	Ь	С	И	Д	Е	В	Ш	И	Й	И
П	Р	Ы	Г	А	Т	Ь	П	Р	О	Д	У	К	Т	Ы	Д
Б	Р	Ы	З	Г	И	Д	Т	И	З	Е	Л	Ё	Н	Ы	У
Б	Л	Е	С	Т	Я	Щ	И	Й	З	А	Й	Т	И	В	Щ
Н	А	Д	Е	Л	А	Т	Ь	П	Л	Е	С	А	Л	М	И
П	Р	И	В	Е	Д	Ё	Н	Н	Ы	Й	Б	О	Л	О	Й
Л	И	З	А	В	Е	Т	А	К	Ы	М	И	Т	У	Л	А
С	Д	Е	Л	А	Н	С	А	В	Л	Е	Ч	Ё	Т	О	Т
П	О	С	Е	Р	Е	Д	И	Н	Е	Н	О	Ч	И	Д	И
О	П	И	Ш	У	Щ	И	Й	С	Е	Б	Я	Д	А	О	Р
Л	У	К	Р	Е	С	М	Е	Ю	Щ	И	Й	С	Я	Й	Ж
К	У	П	Л	Е	Н	Н	Ы	Й	Н	А	М	Ё	К	Р	А
В	П	Р	И	В	Е	Д	У	Т	И	Р	Е	Н	А	М	М
З	А	К	У	Р	И	М	Д	Е	Р	Ж	А	Щ	И	Й	Е
Т	Ё	Р	Ш	И	Й	У	В	Е	Л	И	К	И	Й	Е	К

45 Uzupełnij tabelkę, segregując odpowiednio imiesłowy czasu teraźniejszego i przeszłego z ramki.

читаемый	**проведённое**	**прошедший**	**организуемый**	**рубивший**
рубимый	**забытый**	**забывший**	**распущенный**	**умерший**
делающий	**живущий**			

Imiesłowy czasu teraźniejszego	Imiesłowy czasu przeszłego

46 Wstaw formę imiesłowu czasu teraźniejszego lub przeszłego.

1. **(умереть)** .... **старик**
2. **(организовать)** .... **нами конкурс**
3. **(забыть)** .... **фотографии**
4. **(распустить)** .... **молодой человек**
5. **(сделать)** .... **ими подарок**
6. **(прочитать)** .... **учениками книга**
7. **хорошо (провести)** .... **время**
8. **(пройти)** .... **время**
9. **(испечь)** .... **хлеб**

47 Połącz imiesłowy bierne i czynne.

1. **делающий**
2. **бросавший**
3. **видящий**
4. **купивший**
5. **выбросивший**
6. **покупающий**
7. **проделавший**
8. **обнимающий**
9. **желавший**

a. **купленный**
b. **покупаемый**
c. **проделанный**
d. **обнимаемый**
e. **виденный**
f. **бросаемый**
g. **желаемый**
h. **делаемый**
i. **выброшенный**

2.11. Imiesłów przysłówkowy współczesny

Imiesłów przysłówkowy współczesny to odczasownikowa część mowy, która w zdaniu nie pełni funkcji orzeczenia, jest więc kolejną atrybutywną formą czasownika. Łączy w sobie znaczenie czasownika – określa czynność, i przysłówka, określa bowiem także okoliczności wykonania czynności, np.

ел, сидя (jadł siedząc),
бежала, подпрыгивая (biegła, podskakując).

Imiesłów przysłówkowy współczesny funkcjonuje jako okolicznik, określając czasownik (także w bezokoliczniku) lub imiesłów.

Zgodnie z aspektem czasownika imiesłowy przysłówkowe współczesne dzielimy na:

imiesłowy przysłówkowe współczesne niedokonane (деепричастия несовершенного вида)
imiesłowy przysłówkowe współczesne dokonane (деепричастия совершенного вида)

Imiesłowy przysłówkowe współczesne, tak jak bezokolicznik, są formami nieodmiennymi. Tworzone są od tematu czasowników w czasie teraźniejszym i przeszłym przy pomocy odpowiednich przyrostków i nie posiadają końcówek.

- **imiesłowy przysłówkowe współczesne niedokonane** powstają dzięki połączeniu tematu czasownika w czasie teraźniejszym z przyrostkiem **-а** (**-я**); następuje tutaj także wymiana spółgłosek, np.
  берут (biorą) – **беря** (biorąc),
  несут (noszą) – **неся** (niosąc);

- **imiesłowy przysłówkowe współczesne dokonane** tworzone są za pomocą przyrostka **-в** od tematu czasownika w czasie przeszłym, np.
  проиграв (przegrawszy),
  толкнув (pchnąwszy; szturchnąwszy).

! Imiesłowy przysłówkowe współczesne, tworzone od czasowników zwrotnych (z końcówką **-ся**) mają końcówkę **-сь**, np.
смеясь (śmiejąc się),
прогуливаясь (spacerując),
одеваясь (ubierając się).

ĆWICZENIA

48 Wstaw formy imiesłowów przysłówkowych współczesnych niedokonanych.

1. **бежал (подпрыгивать)** ....
2. **ела (смеяться)** ....
3. **пел (размахивать)** .... **руками**
4. **извинялись (плакать)** ....
5. **упражняется (лежать)** ....
6. **подали себе руки (здороваться)** ....
7. **сидели на уроке (скучать)** ....
8. **спала (мечтать)** .... **о карьере актрисы**
9. **ел быстро (проглатывать)** .... **большие куски**

49 Połącz czasowniki w bezokoliczniku z imiesłowami przysłówkowymi współczesnymi dokonanymi.

1. **проиграть**	a. **выбравши**
2. **разбить**	b. **узнав**
3. **уснуть**	c. **купивши**
4. **убить**	d. **сказавши**
5. **купить**	e. **прочитав**
6. **узнать**	f. **проигравши**
7. **выбрать**	g. **уснув**
8. **сказать**	h. **убивши**
9. **прочитать**	i. **разбивши**

3. Czasy Время глагола

W języku rosyjskim kategoria czasu wiąże się ściśle z kategorią aspektu:

- **czasowniki niedokonane** w trybie oznajmującym tworzą formy trzech czasów: teraźniejszego, przeszłego i przyszłego złożonego, np.
  делаю (robię),
  делал / **делала** (robił / robiła),
  буду делать (będę robić);

- **czasowniki dokonane** tworzą formy dwóch czasów – przeszłego i przyszłego prostego, np.
  сделал / **сделала** (zrobił / zrobiła),
  сделаю (zrobię);

Przez czasy odmieniają się także imiesłowy przymiotnikowe.

Imiesłowy przymiotnikowe str. 55.

Czasowniki w trybach rozkazującym (**повелительное наклонение**) i przypuszczającym (**сослагательное наклонение**) nie odmieniają się przez czasy.

Formy czasu teraźniejszego powstają od tematu czasowników niedokonanych w czasie teraźniejszym przy pomocy końcówek określających liczbę i rodzaj czasownika. Formy typu **сделаю** (zrobię), **спою** (zaśpiewam), **вытащу** (wyciągnę) pod względem znaczeniowym odwołują się do czasu przyszłego, jednak ze względu na sposób tworzenia są one formami czasu teraźniejszego czasowników dokonanych.
W formach czasu teraźniejszego i przyszłego prostego końcówki osoby i liczby występujące po temacie czasowników dokonanych i niedokonanych informują także o czasie czasownika.
Formy czasu przyszłego posiadają końcówkę rodzaju. W liczbie pojedynczej dla rodzaju męskiego jest to końcówka zerowa, dla rodzaju żeńskiego **-а**, dla rodzaju nijakiego **-о**, np.

он сидел-ø,
она сидел-а,
оно сидел-о.

Formy czasu przyszłego złożonego są charakterystyczne dla czasowników niedokonanych. Powstają przy pomocy czasownika pomocniczego **быть** (być) w formie osobowej czasu przyszłego prostego, tj.

быть – czas przyszły prosty			
Liczba pojedyncza		Liczba mnoga	
я	**буду**	**мы**	**будем**
ты	**будешь**	**вы**	**будете**
он, она, оно	**будет**	**они**	**будут**

W formie osobowej czasu przyszłego prostego do czasownika **быть** dodany zostaje czasownik w bezokoliczniku, np.

буду читать (będę czytać),
будет стелить (będzie ścielić).

W liczbie mnogiej formy czasu przeszłego mają końcówkę **-и**, np.
мы видел-и,
вы видел-и,
они видел-и.

Formy czasu przeszłego tworzy się przy pomocy przyrostka **л** przyłączonego do tematu bezokolicznika, np.
делал (robił),
ловил (łowił),
уснул (usnął).

W przeciwieństwie do form czasu teraźniejszego i przyszłego **w czasie przeszłym nie występują końcówki osobowe**. Osobę czasownika określa stojący przed nim zaimek osobowy, np.
я уснул (ja zasnąłem),
ты ловил (ty złapałeś).

W przypadku czasowników zwrotnych, do końcówki czasu przeszłego (i ewentualnie końcówki rodzaju) dodawana jest partykuła **-ся** (**-сь**), np.
он заблудил-ся,
она заблудил-а-сь,
оно заблудил-о-сь.

ĆWICZENIA

1 **Uzupełnij zdania odpowiednią formą czasownika быть.**

1. **Я (читать)** .... **рассказы Дины Рубиной.**
2. **Ты завтра (петь)** .... **в хоре?**
3. **Нет, я не (петь)** ...., **я простудилась.**
4. **Мы (заниматься)** .... **в библиотеке.**
5. **Вы (пить)** .... **водку?**
6. **Нет, мы не (пить)** .... **её. Это отрава!**
7. **Мышь (кушать)** .... **сыр.**
8. **Теперь паук (делать)** .... **свою сеть.**
9. **Они (ехать)** .... **на автобусе или на метро?**

2 **Połącz czasowniki z odpowiednimi końcówkami.**

1. **он решил-**	a. **-а**
2. **она видел-**	b. **-и**
3.**он застрелил-**	c. **-ø**
4. **оно задумал-**	d. **-а**
5. **она решил-**	e. **-ось**
6. **оно сел-**	f. **-и**
7. **они уснул-**	g. **-а**
8. **она сидел-**	h. **-о**
9. **вы видел-**	i. **-ø-ся**

3 **Z podanych czasowników w czasie przyszłym złożonym utwórz formy czasu przyszłego prostego.**

Przykład: **я буду делать** (czasownik niedokonany) – **я сделаю** (czasownik dokonany)

1. **я буду петь** – **я** ....
2. **ты будешь писать** – **ты** ....
3. **он будет идти** – **он** ....
4. **она будет говорить** – **она** ....
5. **мы будем пить** – **мы** ....
6. **я буду лить** – **я** ....
7. **она будет врать** – **она** ....
8. **они будут убивать** – **они** ....
9. **вы будете стрелять** – **вы** ....

4 **Uzupełnij tabelkę, odpowiednio segregując czasowniki z ramki.**

отдала разбил сказало проснулась видело писал продала
бегала жил бегало проснулось смогла жила разбила
проснулся писало видела бегал отдало смог отдал продало
сказал смогло продал жило сказала писала разбило видел

Czas przeszły		
Rodzaj męski	Rodzaj żeński	Rodzaj nijaki

3.1. **Czas przeszły**

Czas przeszły (**прошедшее время**) służy mówieniu o czynnościach, które wydarzyły się do momentu, w którym ma miejsce wypowiedź.

Czas przeszły tworzony jest od tematu bezokolicznika za pomocą przyrostka **-л** oraz końcówek rodzajowych, tj. końcówki zerowej **-ø** dla rodzaju męskiego, końcówki **-а** dla rodzaju żeńskiego i końcówki **-о** dla rodzaju nijakiego. Liczbę mnogą tworzymy za pomocą przyrostka **-л** i końcówki **-и**.

жить – czas przeszły			
Liczba pojedyncza		Liczba mnoga	
я	**жил / жила**	**мы**	**жили**
ты	**жил / жила**	**вы**	
он	**жил**	**они**	
она	**жила**		
оно	**жило**		

нести – czas przeszły			
Liczba pojedyncza		Liczba mnoga	
я	**нёс / несла**	мы	**несли**
ты	**нёс / несла**	вы	
он	**нёс**	они	
она	**несла**		
оно	**несло**		

W niektórych czasownikach zakończonych na **-ереть**, np.

вытереть (wycierać),
умереть (umierać),
запереть (zamykać),

w formie czasu przeszłego w rodzaju męskim również nie występuje przyrostek **-л**, np.

вытереть – czas przeszły			
Liczba pojedyncza		Liczba mnoga	
я	**вытер / вытерла**	мы	**вытерли**
ты	**вытер / вытерла**	вы	
он	**вытер**	они	
она	**вытерла**		
оно	**вытерло**		

W przypadku niektórych czasowników temat bezokolicznika różni się od tematu czasu przeszłego, np.

идти – czas przeszły			
Liczba pojedyncza		Liczba mnoga	
я	**шёл / шла**	мы	**шли**
ты	**шёл / шла**	вы	
он	**шёл**	они	
она	**шла**		
оно	**шло**		

ĆWICZENIA

5 Uzupełnij zdania czasownikami w nawiasach w czasie przeszłym.

1. **Жанна Ипполитовна четыре года (жить) .... в Лиссабоне.**
2. **Ваш доклад (быть) .... очень интересный.**
3. **Дети (выучить) .... стишок наизусть.**
4. **Сколько лет (исполниться) .... этому мальчишке?**
5. **Вы уже (видеть) .... новый фильм Квентина Тарантино?**
6. **Павел, куда ты (идти) .... вчера после занятий?**
7. **Мы с Анечкой (идти) .... в кино.**
8. **Девушка (вытереть) .... стол рукавом.**
9. **Почему Вы (вытереть) .... стол рукавом?**

6 Uzupełnij zdania czasownikiem **везти** w odpowiedniej formie.

1. **Что Вы ...., Александр Потапович?**
2. **Я .... чёрную икру.**
3. **Тебе .... на экзаменах в университете?**
4. **Девушка .... куриные яйца.**
5. **Мы .... свиней.**
6. **Они не .... лошадей.**
7. **Он .... собак.**
8. **Она .... сорок людей.**
9. **Я .... кошек.**

7 Uzupełnij wzorzec odmiany.

умереть – czas przeszły			
Liczba pojedyncza		Liczba mnoga	
я	....	**мы**	
ты	....	**вы**	....
он	....	**они**	
она	....		
оно	....		

8 Uzupełnij zdania odpowiednimi zaimkami osobowymi.

1. .... **шла с Мишей в кино.**
2. .... **были в театре.**
3. .... **жил в Одессе.**
4. .... **шёл в школу.**
5. .... **шло в детский сад.**
6. .... **жили припеваючи.**
7. .... **был лётчиком.**
8. .... **жила с молодым человеком.**
9. .... **была писательницей.**

3.2. **Czas teraźniejszy**

Czas teraźniejszy (**настоящее время**) określa czynności odbywające się jednocześnie z momentem, w którym ma miejsce wypowiedź, np.

Ученики решают задачу. Uczniowie rozwiązują zadanie.

Formy czasu teraźniejszego tworzone są w języku rosyjskim wyłącznie od czasowników niedokonanych. Powstają one od tematu czasownika i dodanych do niego końcówek liczby i rodzaju odrębnych dla każdej z trzech koniugacji.

Koniugacje czasowników str. 38 – 40.
Czasowniki nieregularne str. 43.

Formy czasu teraźniejszego mogą być tworzone od wszystkich czasowników niedokonanych, jednak formy 1 os. i 2 os. l.p. utworzone od niektórych czasowników praktycznie nie są używane. Np. od czasowników:

стонать (narzekać), **победить** (zwyciężyć), **очутиться** (ocknąć się), **колесить** (krążyć), **гласить** (wygłaszać), **дробиться** (kruszyć się), **звучать** (dźwięczeć), **влажнеть** (wilgotnieć), **распадаться** (rozpadać się), **толпиться** (gromadzić się), **ветвиться** (odłączać się),

ĆWICZENIA

9 Uzupełnij zdania czasownikami w nawiasach w odpowiedniej formie czasu teraźniejszego.

1. **Нина, что ты (делать)** .... ?
2. **Я (чистить)** .... **картошку.**
3. **Зачем ты её (чистить)** .... **ведь у нас сегодня рис.**
4. **Я (хотеть)** .... **сделать салат.**
5. **Нина, ты (резать)** .... **овощи для салата?**
6. **Да, я их (резать)** .... **для салата.**
7. **Нина, (мочь)** .... **тебе помочь?**
8. **Ты (мочь)** .... **сварить мне кофе.**
9. **Мама, я (варить)** .... **кофе для Нины!**

10 Uzupełnij zdania czasownikami z ramki w 3 os. l.mn. czasu teraźniejszego.

верить плавать курить разглядываться падать сидеть решать приносить говорить

1. **Они неплохо** .... **по французски.**
2. **Студенты** .... **задачи.**
3. **Люди** .... **много вреда окружающей среде.**
4. **Огурцы** .... **в банке.**
5. **Петухи** .... **на заборе.**
6. **Полицейские** .... **на все стороны.**
7. **Молодые люди** .... **странные сигареты.**
8. **Не все космонавты** .... **в Бога.**
9. **Осенью с деревьев** .... **жёлтые и красные листья.**

11 Wyszukaj i zaznacz 10 czasowników koniugacji I.

П	А	Р	А	Ш	Ю	Т	Н	Е	Т	З	Н	А	Т	Ь	И	З
У	З	В	А	Т	Ь	С	Ё	С	Т	Р	Ы	Б	А	Л	Л	А
П	Р	И	Ч	Ё	С	К	П	О	Г	И	Б	А	Т	Ь	Я	Ж
С	А	Д	И	Т	Ь	С	Я	З	А	С	Т	О	Л	Д	В	И
З	А	С	Т	Е	Н	Ч	И	В	Ы	Й	М	О	Л	О	Д	Г
З	А	К	И	А	В	И	С	Е	Т	Ь	О	Й	Ч	Е	Л	А
О	В	Е	Д	К	П	Ч	Е	Л	А	М	Ё	Д	С	П	Я	Т
С	М	О	Т	Р	Е	Т	Ь	Т	Е	Л	Е	В	И	Е	З	Ь
О	Р	Ч	И	Т	О	Т	А	М	И	Л	Е	П	И	Т	Ь	Н
В	И	Д	Е	Т	Ь	Т	Е	Р	Е	С	Н	О	Г	Ь	О	Ж
Р	У	Б	А	К	И	Р	Ы	Б	К	А	С	К	А	З	К	А
А	У	Д	И	Т	Б	Р	А	Т	Ь	О	Р	И	Я	Ч	У	К
Т	У	К	Т	У	К	К	Т	О	В	Ы	Л	Ж	Д	А	Т	Ь
Ь	У	Г	А	Л	И	Н	Ы	Д	О	Л	Л	А	Р	Ы	Е	С
Т	О	Ж	И	Д	А	Т	Ь	В	Ы	Г	Л	Я	Д	Е	Т	Ь

12 Odszukaj błędy ortograficzne w czasownikach i zapisz poprawne formy, zaznaczając akcenty.

1. **Паша, кого ты видиш на этой фотографии?** ....
2. **Я вижю моего папу.** ....
3. **Ты знаеш кто стоит рядом с папой?** ....
4. **Нет, не знайу.** ....
5. **Где жывёт Галина Ивановна?** ....
6. **Подросток жюёт жевательную резинку.** ....
7. **Я чювствую себя неважно.** ....
8. **Не жялей меня, милая!** ....
9. **Я тебя совсем не жалейу.** ....

3.3. Czas przyszły

Czas przyszły (**будущее время**) nazywa czynności, które odbędą się po momencie, w którym ma miejsce wypowiedź, np.

Я принесу тебе бутерброды. Przyniosę ci kanapki.
Учитель прочитает доклад. Nauczyciel odczyta wykład.

Czas przyszły w języku rosyjskim ma dwie postaci:

prostą (**будущее простое время**)
złożoną (**будущее сложное время**)

- czasowniki w czasie przyszłym prostym odmieniają się tak samo, jak czasowniki w czasie teraźniejszym, a czas przyszły rozpoznać można po specyficznych dla niego przedrostkach: **в-**, **вы-**, **с-**, **за-**, **о-**, **пере-**, **про-**, **ис-**, **под-**, **при-**, **над-**, np.
  Завтра я перепишу это сочинение. Jutro przepiszę to wypracowanie.
  Он выучит это стихотворение наизусть за два часа. On nauczy się tego wiersza na pamięć w ciągu dwóch godzin.
  Послезавтра мы поедем к бабушке. Pojutrze pojedziemy do babci.

- formy czasu przyszłego złożonego tworzone są od czasowników niedokonanych w bezokoliczniku oraz osobowych form czasu przyszłego prostego pomocniczego czasownika **быть**, np.
  буду писать (będzie pisać),
  будет читать (będziesz pisać),
  будут пить (będzie pisać).

Odmiana czasownika pomocniczego **быть** w czasie przyszłym prostym str. 62

Aspekt czasownika wpływa istotnie na jego znaczenie:

- w przypadku czasowników dokonanych forma czasu przyszłego prostego oznacza, iż desygnowana czynność zostanie zakończona, np.
  она сделает (ona zrobi),
  они пойдут (oni pójdą);

- semantycznym punktem odniesienia dla czynności w czasie przyszłym prostym jest czas teraźniejszy, tj.
  теперь она делает (teraz ona robi) – **скоро она сделает** (niebawem ona zrobi),
  теперь они здесь (teraz oni są tutaj) – **скоро они пойдут** (niebawem oni stąd pójdą).

- w przypadku czasowników niedokonanych forma czasu przyszłego złożonego oznacza, iż desygnowana czynność będzie trwała w przyszłości, będzie zatem ciągła lub powtarzalna (cykliczna), jednak nie zostanie ostatecznie zakończona, np.
  она будет делать (ona będzie robić),
  они будут идти (oni będą iść).

W zależności od kontekstu wypowiedzi, formy czasu przyszłego mogą być również używane w znaczeniu innych czasów. Szeroko rozpowszechnione jest używanie form czasu przyszłego prostego dla określenia procesów teraźniejszych, zachodzących cyklicznie, np.

Буря мглою небо кроет
Вихри снежные крутя;
То, как зверь, она завоет,
То заплачет, как дитя (...)[1]

[1] A. S. Puszkin, Зимний вечер, «Собрание сочинений в десяти томах», Художественная литература, Sankt-Petersburg 1974 г.

Formy czasu przyszłego prostego mogą wyrażać także czynności mające miejsce jednocześnie z momentem wypowiedzi, np. **Попрошу не вертеться**. (**Прошу не вертеться**). Proszę się nie wiercić.

W zestawieniu **z partykułą przeczenia не** formy czasu przyszłego prostego wyrażają niemożność zrealizowania danej czynności w momencie wypowiedzi, np.
Я не вспомню Ваш номер. Nie pamiętam pani/pana numeru.

Także forma czasu przyszłego złożonego z przeczeniem może być używana w znaczeniu czasu teraźniejszego, aczkolwiek głównie w mowie potocznej, np.
Не будет у Вас сигарет? Nie będzie pan miał papierosów?

ĆWICZENIA

13 Uzupełnij tabelkę czasownikami z ramki.

делать сделать чистить утешить провести замкнуть прочитать ослепнуть жить найти проводить решать петь спеть выбрать писать написать почистить

Czas przyszły prosty – 1 os. lp.	Czas przyszły złożony – 1 os. lp.
сделаю,	**буду делать**,

14 Uzupełnij zdania czasownikami w nawiasach w odpowiedniej formie czasu przyszłego.

1. **Завтра мы (пойти) .... в универмаг.**
2. **На следующей неделе мы (писать) .... коллоквиум.**
3. **В пятницу Антон Павлович (улететь) .... в Каир.**
4. **Летом парнишки (играть) .... в футбол.**
5. **Молодой человек, Вы (пить) .... чай или кофе?**
6. **После работы Измаил Донатович (написать) .... письмо семье в Лондоне.**
7. **Сколько часов ты (писать) .... эту контрольную?**
8. **Не волнуйтесь, я всё быстренько (написать) ....**
9. **Мама, ты (купить) .... мне ходящую куклу?**

15 Uzupełnij zdania z lewej kolumny odpowiednimi formami czasownika z prawej.

1. **Я не** .... **сегодня в школу, я болен.**
2. **Если не** ...., **то не** .... **хорошую работу.**
3. **С такой манерой не** .... **девушку.**
4. **Я больше не** .... **тебе.**
5. **Он мне больше не** .... **.**
6. **Я** .... **в кино.**
7. **Она** .... **звездой.**
8. **Мы с ней не** .... **.**
9. **Она с нами не** .... **.**

a. **найдёшь**
b. **поверит**
c. **станет**
d. **буду сниматься**
e. **будет говорить**
f. **пойду**
g. **будем говорить**
h. **поверю**
i. **будешь учиться**

16 Uzupełnij tabelkę.

дать – czas przyszły			
Liczba pojedyncza		Liczba mnoga	
я	....	**мы**	**дадим**
ты	....	**вы**	....
он	**даст**	**они**	**дадут**
она	....		
оно	....		

4. Przymiotnik *Имя прилагательное*

Przymiotnik (**имя прилагательное**) to część mowy określająca rzeczowniki, a zatem desygnująca cechy i właściwości: osób, np. **мудрый человек** (mądry człowiek), **молодой офицер** (młody oficer); przedmiotów, np. **высокое здание** (wysoki budynek), **розовый берет** (różowy beret); zjawisk konkretnych, np. **сильный дождь** (silny deszcz), **белый снег** (biały śnieg) oraz stanów i pojęć abstrakcyjnych, np. **большая любовь** (wielka miłość), **комичное положение** (komiczna sytuacja).

Przymiotniki odmieniają się przez rodzaje, liczby i przypadki; ich formą podstawową jest mianownik liczby pojedynczej, rodzaju męskiego. Przymiotniki odpowiadają na pytania:

какой? (jaki?)	**старший брат** (starszy brat),
какая? (jaka?)	**маленькая деревня** (mała wioska),
какое? (jakie?)	**лёгкое упражнение** (łatwe zadanie),
какие? (jakie?)	**старые дома** (stare domy),
чей? (czyj?)	**лисий хвост** (lisi ogon),
чья? (czyja?)	**ахиллесова пята** (pięta achillesowa),
чьё? (czyja?)	**мамино платье** (mamina sukienka),
чьи? (czyje?)	**волчьи зубы** (wilcze zęby).

Ponieważ przymiotniki występują w związku zgody z określanymi rzeczownikami, obie części mowy mają taki sam rodzaj gramatyczny. Np.

высокое дерево (wysokie drzewo)

przymiotnik	rzeczownik
l.poj., r.n.	l.poj., r.n.

W języku rosyjskim przymiotnik zawsze poprzedza rzeczownik. Np.
голубое небо (błękitne niebo),
фруктовый суп (zupa owocowa),
волчья стая (wilcze stado = stado wilków).
Zasada ta odnosi się zarówno do mowy potocznej, jak i języka literackiego.

Jeśli akcent w przymiotniku rodzaju męskiego pada na temat, to kończy się on na **-ий** (**-ый**). Np.
глупый (głupi),
летний (letni).

Jeśli akcent pada na końcówkę, to przymiotnik kończy się na **-ой**. Np.
большой (duży) ,
голубой (niebieski).

W przeciwieństwie do języka polskiego, w języku rosyjskim przymiotniki w mianowniku liczby mnogiej mają we wszystkich rodzajach taką samą formę. Np.
красивые парни (ładni chłopcy) – **красивые девушки** (ładne dziewczęta).

W przymiotnikach akcent pada zawsze na tę samą sylabę niezależnie od rodzaju i liczby. Np.
белый (biały),
белая (biała),
белое (białe),
белые (białe, biali).

Przymiotniki rosyjskie pod względem semantycznym dzielą się na:
jakościowe – **качественные прилагательные**
względne – **относительные прилагательные**
dzierżawcze – **притяжательные прилагательные**

Przymiotniki jakościowe (**качественные**) określają zmienne właściwości przedmiotów, co oznacza, że podlegają stopniowaniu, tj. mogą występować w większym lub mniejszym natężeniu. Np.
сильный ветер (silny wiatr),
более сильный ветер (silniejszy wiatr),
сильнейший ветер (najsilniejszy wiatr).

- przymiotniki jakościowe określają rzeczownik przede wszystkim według:

formy, np.	**круглый** (okrągły), **угловатый** (kanciasty);
wagi, np.	**лёгкий** (lekki), **тяжёлый** (ciężki);
koloru, np.	**белый** (biały), **зелёный** (zielony), **оранжевый** (pomarańczowy);
smaku, np.	**сладкий** (słodki), **солёный** (słony), **кислый** (kwaśny);
dźwięku, np.	**тихий** (cichy), **громкий** (głośny);
zapachu, np.	**пахучий** (pachnący), **ароматный** (aromatyczny), **тухлый** (zgniły);
rozmiaru, np.	**большой** (wielki), **узкий** (wąski), **широкий** (szeroki);
właściwości, np.	**хрупкий** (kruchy), **упругий** (sprężysty), **мягкий** (miękki);
temperatury, np.	**тёплый** (ciepły), **жаркий** (gorący), **морозный** (mroźny);

ogólnej oceny, np. **вредный** (szkodliwy), **полезный** (pożyteczny);

Rodzaj przymiotnika			
Rodzaj męski **какой? чей?**	Rodzaj nijaki **какое? чьё?**	Rodzaj żeński **какая? чья?**	Wspólna forma dla wszystkich rodzajów **какие? чьи?**
умн-ый мальчик (mądry chłopiec)	**умн-ое решение** (mądra decyzja)	**умн-ая голова** (mądra głowa)	**умн-ые фразы** (mądre frazy)
молод-ой человек (młody człowiek)	**молод-ое поколение** (młode pokolenie)	**молод-ая семья** (młoda rodzina)	**молод-ые деревья** (młode drzewa)
зимн-ий вечер (zimowy wieczór)	**зимн-ее утро** (zimowy poranek)	**зимн-яя погода** (zimowa pogoda)	**зимн-ие сапоги** (zimowe buty)

Wszystkie przymiotniki jakościowe posiadają następujący zespół właściwości słowotwórczych:

- tworzenie pełnej i krótkiej formy, np.
красивый – **красив** (piękny),
молодая – **молода** (młoda),
великий – **велико** (wielkie),
весёлые – **веселы** (weseli);

- stopniowanie, np.
счастливый (szczęśliwy),
счастливее (szczęśliwszy),
счастливейший (najszczęśliwszy)

  lub
самый счастливый (najbardziej szczęśliwy);

- tworzenie przysłówków zakończonych na **-о**, **-е**, np.
хороший (dobry) – **хорошо** (dobrze);

- tworzenie rzeczowników abstrakcyjnych, np.
зелёный (zielony) – **зелень** (zieleń),
красный (czerwony) – **красота** (czerwień);

- tworzenie par synonimicznych, np.
грустный (smutny) – **печальный** (rozżalony);

- tworzenie par antonimicznych, np.
глубокий (głęboki) – **мелкий** (płytki);

- łączenie się z przysłówkami miary i stopnia, np.
очень богатый (bardzo bogaty),
недостаточно привлекательный (niewystarczająco atrakcyjny),
слишком дорогой (zbyt drogi);

- tworzenie form subiektywnej oceny poprzez zdrabnianie przymiotnika, np.
злой (zły) – **злющий** (bardzo zły, dosł. „wściekIutki"),
тяжёлый (ciężki) – **тяжёленький** (bardzo ciężki, dosł. „ciężutki").

Przymiotniki względne (**относительные**) desygnują stałe cechy osób lub przedmiotów, nie podlegają zatem stopniowaniu, np. stół może być drewniany (**деревянный стол**), ale nie może być bardziej lub mniej drewniany.

- tematem przymiotników względnych jest zawsze wyraz podstawowy, czyli ten, od którego przymiotnik został utworzony, np.
  лисий (ryży, dosł. lisi) od rzeczownika **лис** (lis),
  апельсиновый (pomarańczowy) od rzeczownika **апельсин** (pomarańcza)

- cechy wyrażone przez przymiotniki względne mogą być związane z:

czasem, np.	**летний день** (letni dzień), **вчерашний хлеб** (wczorajszy chleb);
osobą, np.	**родительское собрание** (zebranie rodzicielskie), **детская комната** (pokój dziecięcy);
liczbą, np.	**двойная цена** (podwójna cena), **тройная пересадка** (potrójny przeszczep);
miejscem, np.	**сибирская тайга** (syberyjska tajga), **городской транспорт** (miejski transport);
pojęciem, np.	**научный блог** (blog naukowy), **социологический институт** (instytut socjologiczny);
materiałem, np.	**стеклянное здание** (szklany budynek), **бумажная свадьба** (papierowe gody = druga rocznica ślubu);
czynnością, np.	**машина, которая стирает** = **стиральная машина** (pralka), **машина, которая моет посуду** = **посудомоечная машина** (zmywarka);
jednostką miary, np.	**килограммовый торт** (kilogramowy tort), **километровая гонка** (kilometrowy wyścig);
przeznaczeniem, np.	**спортивная обувь** (buty sportowe), **конный спорт** (sport konny, tj. jeździectwo);

Przymiotniki względne, w odróżnieniu od jakościowych, nie podlegają stopniowaniu, nie posiadają także form krótkich, tworzą za to wyrażenia synonimiczne, np.
шерстяная блузка = **блузка из шерсти** (wełniana bluzka).

Przymiotniki dzierżawcze (**притяжательные**) odpowiadają na pytania **чей?**, **чья?**, **чьё?**, **чьи?** i oznaczają przynależność przedmiotu do osoby lub zwierzęcia.

- tworzy się je od rzeczowników za pomocą przyrostków:

-ин, np.	**мамина сумка** (mamina torba – torba mamy), **Татьянина книга** (Tatianina książka – książka Tatiany), **ариаднина нить** (nić Ariadny);

-ий, np. **медвежий след** (niedźwiedzi ślad),
птичий голос (ptasi głos),
собачий лай (psie szczekanie);
-ов (**-ев**), np. **ахиллесова пята** (pięta achillesowa),
сизифов труд (syzyfowa praca),
Рафаэлева Мадонна (Madonna Rafaela).

- przymiotniki dzierżawcze utworzone za pomocą przyrostków **-ин** i **-ов** wskazują na przynależność do jednej konkretnej osoby, wśród nich dużą grupę stanowią te, które wskazują na stosunki rodzinne, np.
  бабушкин (babciny),
  дедушкин (dziadkowy),
  тётин (ciociny)

  oraz utworzone od imion, np.
  Татьянин (należący do Tatiany),
  Петин (należący do Pietii).

4.1. Rola przymiotników w zdaniu

Przymiotniki określają rzeczowniki, dlatego odpowiadają im pod względem rodzaju, przypadka i liczby. W zdaniu pełnią funkcję:

- **przydawki**, np.
  Я купила новый ноутбук. Kupiłem nowy laptop.

lub

- **prostego orzeczenia imiennego** (tę funkcję może także pełnić rzeczownik); w gramatyce polskiej określa się je mianem orzecznika, czyli drugiego poza łącznikiem elementu orzeczenia imiennego (np. został **napisany**), natomiast w gramatyce rosyjskiej w zdaniu orzecznik może występować bez łącznika, wówczas przymiotnik funkcjonuje jako proste orzeczenie imienne. Np.
  Ближе берега вода кажется красной. Bliżej brzegu woda wydaje się (być) czerwona.
  Его голос мелодичен. Jego głos (jest) melodyjny.

Rola przymiotników w zdaniu, składnia str. 175.

ĆWICZENIA

1 Uzupełnij tabelę, odpowiednio segregując przymiotniki ramki.

большой школьная верхнее дорогое сосновая змеиный сладкие городской зимняя летний тёмная русское голубые стеклянные пахучие хорошее

Rodzaj męski	Rodzaj nijaki	Rodzaj żeński	Liczba mnoga
....	....	**зимняя**	....
....	....	....	....
....	....	....	....
....	....	....	....

2 Uzupełnij zdania właściwymi pytaniami.

Przykład: ...**Чьё**... **это гнездо? Это птичье гнездо.**

1. .... **это человек? Это хороший человек.**
2. .... **это упражнение? Это лёгкое упражнение.**
3. .... **это очки? Это мамины очки.**
4. .... **это лай? Это собачий лай.**
5. .... **это обувь? Это спортивная обувь.**
6. .... **это вечера? Это зимние вечера.**
7. .... **это мобилка? Это новая мобилка.**

3 Uzupełnij zdania, wstawiając odpowiednie końcówki przymiotników.

1. **Мой школьн**...... **друг работает сейчас бухгалтером.**
2. **Игорь учит английск**...... **и немецк**...... **языки.**
3. **Я купил себе осенн**...... **пальто.**
4. **Утренн**...... **мгла была причиной многих дорожных происшествий.**
5. **Она положила чист**...... **полотенца на стол.**
6. **Тебе идёт этот чёрн**...... **шерстян**...... **свитер.**

4 Połącz przymiotniki z odpowiednimi rzeczownikami, aby utworzyć kolokacje.

1. **волчий**	a. **услуга**
2. **медвежья**	b. **машина**
3. **горький**	c. **вкус**
4. **стиральная**	d. **девушка**
5. **двухлетний**	e. **ребёнок**
6. **милая**	f. **аппетит**

5 **Dopisz przymiotniki we właściwej formie.**

1. (zajęczy) .... **натура**
2. (żółty, zimowy) .... **перчатки**
3. (orli) .... **гнездо**
4. (świeży, górski) .... **воздух**
5. (ciężki) .... **экзам**

4.2. **Odmiana przymiotników**

W języku rosyjskim występują trzy podstawowe typy deklinacji przymiotnika.

I. Odmiana przymiotników jakościowych i względnych
II. Odmiana przymiotników dzierżawczych zakończonych na **-ин** (**-ын**), **-ов** (**-ев**)
III. Odmiana przymiotników dzierżawczych zakończonych na **-ий**, **-ья**, **-ье**, **-ьи**

Odmiana przymiotników jakościowych i względnych (**склонение имён прилагательных**)

Pod względem budowy tematu ta grupa przymiotników dzieli się na:

- **twardotematowe**, np.
  голубой (błękitny),
  богатый (bogaty);

- **miękkotematowe**, np.
  синий (ciemnoniebieski),
  летний (letni);

- **mieszane**, np.
  большой (wielki),
  свежий (świeży);
  полнолицый (pucułowaty, o pełnej twarzy).

Odmiana przymiotników twardotematowych

	Liczba pojedyncza			Liczba mnoga
Przypadek	Rodzaj męski	Rodzaj żeński	Rodzaj nijaki	
M.	**богатый**	**богатая**	**богатое**	**богатые**
D.	**богатого**	**богатой**	**богатого**	**богатых**
C.	**богатому**	**богатой**	**богатому**	**богатым**
B.	**богатый** **богатого**	**богатую**	**богатое** **богатого**	**богатые** **богатых**
N.	**богатым**	**богатой**	**богатым**	**богатыми**
Ms.	**богатом**	**богатой**	**богатом**	**богатых**

Odmiana przymiotników miękkotematowych

	Liczba pojedyncza			Liczba mnoga
Przypadek	Rodzaj męski	Rodzaj żeński	Rodzaj nijaki	
M.	**летний**	**летняя**	**летнее**	**летние**
D.	**летнего**	**летней**	**летнего**	**летних**
C.	**летнему**	**летней**	**летнему**	**летним**
B.	**летний** **летнего**	**летнюю**	**летнее** **летнего**	**летние** **летних**
N.	**летним**	**летней**	**летним**	**летними**
Ms.	**летнем**	**летней**	**летнем**	**летних**

Biernik przymiotników rodzaju męskiego i nijakiego oraz liczby mnogiej może mieć **dwie formy**:

- B = D
  równą **dopełniaczowi** – w związku z rzeczownikami żywotnymi, np.
  видеть красивого мужчину (widzieć przystojnego mężczyznę)

lub

- B = M
  równą **mianownikowi** – w związku z rzeczownikami nieżywotnymi, np.
  видеть красивый пейзаж (widzieć piękny krajobraz).

Odmiany twardotematowa i miękkotematowa różnią się samogłoskami występującymi w końcówkach.

	Odmiana twardotematowa	Odmiana miękkotematowa	
M.	**богатый**	**летний**	**ы→и**
D.	**богатого**	**летнего**	**о→е**

W języku rosyjskim inaczej niż w języku polskim, końcówki narzędnika i miejscownika różnią się od siebie.

N.	(**с**) **новым**	(z) now**ym**
Ms.	(**об**) **новом**	(o) now**ym**

Odmiana przymiotników z tematem zakończonym na ж, ш, ч, щ i к, г, х

- kiedy akcent pada na końcówkę, przymiotniki zakończone na **ш**, **ж**, **ч**, **щ** odmieniają się według odmiany twardotematowej, np.
  большой (ogromny),
  золотой (złoty);

- przymiotniki zakończone na **к**, **г**, **х** odmieniają się według odmiany twardotematowej, jeśli w mianowniku liczby pojedynczej rodzaju męskiego końcówka jest nieakcentowana **-ий**, **-ая**, **-ее**, np.
  польский (polski),
  английская (angielska),
  строгое (srogie).

Zgodnie z zasadą, że po **к**, **г**, **х** w języku rosyjskim nie występuje **ы**, tylko **и**, w rodzaju męskim i nijakim w narzędniku musi się pojawić końcówka **-им**.

Mieszany typ odmiany przymiotników

	Liczba pojedyncza			Liczba mnoga
Przyp.	Rodzaj męski	Rodzaj żeński	Rodzaj nijaki	
M.	**большой**	**большая**	**большое**	**большие**
D.	**большого**	**большой**	**большого**	**больших**
C.	**большому**	**большой**	**большому**	**большим**
B.	**большой** **большого**	**большую**	**большое** **большого**	**большие** **больших**
N.	**большим**	**большой**	**большим**	**большими**
Ms.	**большом**	**большой**	**большом**	**больших**

Wiele rosyjskich nazwisk utworzonych jest od przymiotników. Nazwiska zakończone na **-ой**, **-ый**, **-ий** (**Толстой**, **Белый**, **Горький**, **Калакуцкий**) odmieniają się według odmiany twardotematowej.

- kiedy akcent pada na temat zakończony na **ш**, **ж**, **ч**, **щ**, przymiotniki odmieniają się według deklinacji miękkotematowej, np.
  свежий (świeży),
  жёлтый (żółty),
  добрый (dobry),
  горячий (gorący);

- przymiotniki zakończone na **к**, **г**, **х**, które w mianowniku liczby pojedynczej rodzaju męskiego mają akcentowaną końcówkę **-ой**, odmieniają się według deklinacji miękkotematowej, np.
  другой (inny),
  глухой (głuchy),
  сухой (suchy);

Odmiana przymiotników o temacie zakończonym na ш, ж, ч, щ

	Liczba pojedyncza			Liczba mnoga
Przypadek	Rodzaj męski	Rodzaj żeński	Rodzaj nijaki	
M.	**свежий**	**свежая**	**свежее**	**свежие**
D.	**свежего**	**свежей**	**свежего**	**свежих**
C.	**свежему**	**свежей**	**свежему**	**свежим**
B.	**свежий** **свежего**	**свежую**	**свежее** **свежего**	**свежие** **свежих**
N.	**свежим**	**свежей**	**свежим**	**свежими**
Ms.	**свежем**	**свежей**	**свежем**	**свежих**

Odmiana przymiotników dzierżawczych zakończonych na -ин (-ын), -ов (-ев)

- przymiotniki dzierżawcze zakończone na **-ин**, **-ын**, **-ов** (**-ев**) mają mieszany typ odmiany, tzn. końcówki charakterystyczne zarówno dla rzeczowników, jak i przymiotników

- przymiotniki te tworzone są od rzeczowników rodzaju żeńskiego i męskiego:
  сестра (siostra) – **сестрин** (siostrzany),
  мама (mama) – **мамин** (maminy),
  отец (ojciec) – **отцов** (ojcowy).

Odmiana przymiotników dzierżawczych zakończonych na -ин (-ын), -ов (-ев)

Przyp.	Liczba pojedyncza			Liczba mnoga
	Rodzaj męski	Rodzaj żeński	Rodzaj nijaki	
M.	**маминФ**	**мамина**	**мамино**	**мамины**
D.	**мамина** **маминого**	**маминой**	**мамина маминого**	**маминых**
C.	**мамину** **маминому**	**маминой**	**мамину маминому**	**маминым**
B.	**B = M** lub **B = D**	**мамину**	**мамино**	**B = M** lub **B – D**
N.	**маминым**	**маминой**	**маминым**	**мамиными**
Ms.	**мамином**	**маминой**	**мамином**	**маминых**

- przymiotniki dzierżawcze zakończone na **-ин** (**-ын**), **-ов** (**-ев**), w **rodzaju męskim i nijakim** liczby pojedynczej we wszystkich przypadkach, oprócz narzędnika i miejscownika, mają końcówki typowe dla odmiany rzeczowników (**Ф**, **-а**, **-у**), zaś w narzędniku i miejscowniku zachowane zostają końcówki odmiany przymiotnikowej (**-ым**, **-ом**)

- przymiotniki w **rodzaju żeńskim** w mianowniku i bierniku mają końcówki typowe dla odmiany rzeczowników, a w pozostałych przypadkach – końcówki typowe dla odmiany przymiotnikowej.

Odmiana przymiotników dzierżawczych zakończonych na -ий, -ья, -ье, -ьи

- przymiotniki dzierżawcze zakończone na **-ий** to przede wszystkim przymiotniki pochodzące od nazw zwierząt

- przy ich tworzeniu bardzo często zachodzi wymiana spółgłosek:

волк (wilk)	– **волчий** (wilczy)	к→ч
верблюд (wielbłąd)	– **верблюжий** (wielbłądzi)	д→ж
птица (ptak)	– **птичий** (ptasi)	ц→ч
собака (pies)	– **собачий** (psi)	к→ч

- przymiotniki dzierżawcze zakończone na **-ий** mają w mianowniku rodzaju męskiego **końcówkę zerową** (tzw. formant zerowy), w rodzaju nijakim końcówkę **-е**, w rodzaju żeńskim końcówkę **-а**, natomiast w liczbie mnogiej końcówkę **-и**. W pozostałych przypadkach końcówki są typowe dla miękkiego typu odmiany przymiotników jakościowych i względnych.

W **przymiotnikach dzierżawczych** typu **собачий** (psi) **znak miękki** piszemy we wszystkich rodzajach i przypadkach liczby pojedynczej i mnogiej za wyjątkiem mianownika i biernika rodzaju męskiego liczby pojedynczej.

Odmiana przymiotników dzierżawczych zakończonych na -ий, -ья, -ье, -ьи

	Liczba pojedyncza			Liczba mnoga
Przypadek	Rodzaj męski	Rodzaj żeński	Rodzaj nijaki	
M.	**собачийø**	**собачья**	**собачье**	**собачьи**
D.	**собачьего**	**собачьей**	**собачьего**	**собачьих**
C.	**собачьему**	**собачьей**	**собачьему**	**собачьим**
B.	**собачий**	**собачью**	**собачье**	**собачьи**
N.	**собачьим**	**собачьей**	**собачьим**	**собачьими**
Ms.	**собачьем**	**собачьей**	**собачьем**	**собачьих**

Przymiotniki nieodmienne

Niewielką grupę stanowią przymiotniki nieodmienne. Należą do nich między innymi wyrazy zapożyczone oznaczające:

- nazwy kolorów, np.
  бордо (bordo),
  хаки (khaki),
  беж (beżowy),
  маренго (marengo);
- nazwy rozmiarów fasonów odzieży, np.
  макси (maksi),
  мини (mini),
  плиссе (plisowany),
  клёш (kloszowany),
  гофре (pomarszczony);
- określenia wagi, np.
  брутто (brutto),
  нетто (netto);
- nazwy języków, np.
  хинди (hindi),
  коми (komi),
  урду (urdu).

ĆWICZENIA

6 **Określ typ odmiany przymiotników, a następnie przetłumacz podane niżej wyrażenia.**

Wyrażenie	Typ odmiany	Tłumaczenie
1. **осенний ветер**		
2. **крокодиловы слёзы**		
3. **отцова радость**		
4. **верблюжий горб**		
5. **Никитин брат**		
6. **глубокое озеро**		
7. **глиняная посуда**		

7 Odpowiedz na pytania. W odpowiedziach użyj wyrazów podanych w nawiasach w odpowiedniej formie.

1. **О каком концерте он говорит? (вчерашний)**

   ....

2. **На какой обед он их пригласил? (домашний)**

   ....

3. **Кокое пальто она не купила? (плюшевый)**

   ....

4. **Какой аллеей он шёл? (тополевый)**

   ....

5. **Каким ответом она его отправила? (сбивчивый)**

   ....

6. **Чьи это были следы? (лисий)**

   ....

7. **В чьих брюках она пошла на вечеринку? (сестрин)**

   ....

8. **Чьё молоко ты пьёшь? (козий)**

   ....

8 Uzupełnij zdania, wstawiając odpowiednie końcówki przymiotnika.

1. **Не все любят купаться в горяч...... воде.**
2. **У твоего сына прекрасн...... зелён...... глаза.**
3. **Игорь ещё никогда не видел Кавказск...... гор.**
4. **Мы не знаем английск...... и французск...... языков.**
5. **Я читаю интересн...... книгу.**
6. **О Даше говорят, что это человек с весёл...... характером.**
7. **На верхн...... полках стояли психологическ...... книги.**
8. **Я жду городск...... автобуса.**
9. **Детство начинается с мамин...... улыбки.**

9 Uzupełnij zdania przymiotnikami w nawiasie w odpowiedniej formie.

1. **Я купила себе мобильный телефон с .... (красивый) дизайном.**
2. **Самолёт – это .... и .... (быстрый, удобный) средство транспорта.**
3. **Эта афиша приглашает на выставку........................... (польский) живописца Войцеха Косака.**
4. **– Аня, ты знаешь, где можно купить .... и .... (хороший, дешёвый) юбку.**
5. **Они хотят отдохнуть на .... (свежий) воздухе.**
6. **Нелегко отличить .... (волчий) следы от .... (лисий).**

4.3. Krótka i długa forma przymiotników

Pełną i **krótką formę** (**краткая и полная форма**) posiadają **przymiotniki jakościowe**. Np.
гордый – горд (dumny),
богатый – богат (bogaty).

Przymiotniki względne posiadają wyłącznie **formę pełną**. Np.
серебряный (srebrny),
африканский (afrykański),
кожаный (skórzany),

- przymiotniki w **formie krótkiej** odpowiadają na pytanie: **каков?**, **какова?**, **какого?**, **каковы?**; posiadają kategorie rodzaju i liczby, natomiast nie odmieniają się przez przypadki

W języku rosyjskim formy krótkie przymiotników są bardzo popularne i często stosowane. W języku polskim natomiast formy te są już praktycznie nieużywane. Do najpopularniejszych należą: zdrów, wesół, gotów.

- **pełna forma** przymiotników wskazuje na **stałą** właściwość lub cechę rzeczownika, np.
  Павел – это счастливый человек. Paweł jest szczęśliwym człowiekiem.
  – tzn. zawsze (ogólnie) jest szczęśliwy.

- **forma krótka** wskazuje na czasową (chwilową) właściwość rzeczownika, np.
  Павел получил пятёрку по физике и он очень счастлив по этому поводу.
  Paweł otrzymał piątkę z fizyki i jest bardzo szczęśliwy z tego powodu.
  – tzn. on jest szczęśliwy w tym określonym momencie

- w wielu przypadkach **pełna forma** przymiotnika wskazuje na **absolutną** cechę rzeczownika, nie związaną z jakimiś konkretnymi warunkami jego pojawienia, np.
  широкая улица (szeroka ulica – cecha stała ulicy, niezależnie od tego, kto nią idzie, itp.)

- **krótka forma** oznacza względną cechę przedmiotu, np.
  брюки короткие – брюки коротки (krótkie spodnie – spodnie nie są ogólnie krótkie, lecz za krótkie dla jakiejś konkretnej osoby)

- jeśli przed przymiotnikiem występują słowa **как** i **так**, występuje on w formie krótkiej, np.
  Вода в море была так холодна, что мы не решились купаться. Woda w morzu była tak zimna, że zdecydowaliśmy się nie pływać.

- jeśli przed przymiotnikiem występują zaimki **такой** lub **какой**, wówczas obowiązkowa jest forma długa, np.
  Она сегодня такая рассеянная. Ona dzisiaj jest taka roztargniona.

Przymiotniki wchodzące w skład **zwrotu porównawczego ze spójnikami как** (jak), **точно** (dokładnie), **будто** (jak gdyby, niby), **словно** (niby, jak), stosujemy w pełnej formie, np.
Она бегала по офису как ненормальная. Biegała po biurze jak szalona.
Он был так бледен, что выглядел как мёртвый. Był tak blady, że wyglądał jak martwy.

- **forma długa** przymiotnika pełni w zdaniu funkcję **przydawki** lub **orzecznika**, np.
  Они говорили о вчерашней холодной ночи. Rozmawiali o wczorajszej zimnej nocy.

- **forma krótka** pełni **wyłącznie** rolę **orzecznika**, np.
  Вчерашняя ночь была холодна. Wczorajsza noc była zimna.

Tworzenie krótkich form przymiotników

- krótka forma przymiotnika tworzona jest od tematu pełnych przymiotników poprzez dodanie do nich końcówek rodzajowych w liczbie pojedynczej i jednakowej końcówki dla wszystkich rodzajów w liczbie mnogiej

- forma krótka rodzaju męskiego jest równa tematowi przymiotnika w formie długiej, np.
  новый (nowy) – **нов**,
  хороший (dobry) – **хорош**,
  синий (ciemnoniebieski) – **синь**,
  крутой (stromy) – **крут**,
  плохой (kiepski) – **плох**,
  здоровый (zdrowy) – **здоров**;

- formę krótką rodzaju żeńskiego, nijakiego oraz liczby mnogiej tworzymy poprzez odrzucenie ostatniej samogłoski od formy pełnej przymiotnika, np.
  rodzaj żeński:
  синяя (niebieska) – **синя**,
  молодая (młoda) – **молода**,
  ценная (cenna) – **ценна**;

  rodzaj nijaki:
  белое (białe) – **бело**,
  умное (mądre) – **умно**,
  свежее (świeże) – **свежо**;

  liczba mnoga:
  лебединые (łabędzie) – **лебедины**,
  понятные (zrozumiałe) – **понятны**,
  великие (wielkie) – **велики**.

Tworzenie krótkich form przymiotników

Rodzaj	Forma długa	Forma krótka	Końcówka
	Liczba pojedyncza		
męski	**красив-ый ребёнок**	**ребёнок красивø**	**ø**
żeński	**красив-ая роза**	**роза красив-а**	**-а (-я)**
nijaki	**красив-ое озеро**	**озеро красив-о**	**-о (-е)**
	Liczba mnoga		
wszystkie rodzaje	**красив-ые цветы**	**цветы красив-ы**	**-ы (-и)**

! W formach krótkich po spółgłoskach szumiących **ж**, **ш**, **ч**, **щ** nie piszemy znaku miękkiego (**ь**), np.
горячий – **горяч** (gorący),
свежий – **свеж** (świeży),
хороший – **хорош** (dobry).

- jeśli temat przymiotnika zakończony jest na dwie lub więcej spółgłosek, wówczas przy tworzeniu formy krótkiej pojawia się ruchome **o** lub **e** (pod akcentem **ё**), np.
  близкий (bliski) – **близок**
  крепкий (silny) – **крепок**
  горький (gorzki) – **горек**
  способный (zdolny) – **способен**;

- istnieje wiele **wyjątków** dotyczących zasad tworzenia krótkich form przymiotników, dlatego poprawność utworzonych form w razie wątpliwości należy weryfikować przy pomocy słownika; przykładem takich wyjątków są formy krótkie utworzone od przymiotników **большой** i **маленький**, np.
  большой (ogromny) – **велик, велика, велоко, велики**,
  маленький (maleńki) – **мал, мала, мало, малы**.

Niektóre przymiotniki jakościowe **nie tworzą krótkiej formy**, należą do nich między innymi:

- przymiotniki oznaczające kolor poprzez asocjację z rzeczownikiem, np.
  розовый (różowy),
  кофейный (kawowy),
  сиреневый (bzowy),
  кремовый (kremowy),
  голубой (niebieski),
  фисташковый (pistacjowy);

- przymiotniki oznaczające maści zwierząt (ze szczególnym uwzględnieniem maści koni), np.
  гнедой (gniady),
  саврасый (bułany),
  вороной (kary, wrony),
  пегий (dereszowaty);

- odczasownikowe przymiotniki z wrostkiem **-л-**, np.
  мерзлый (lodowaty),
  бывалый (bywały),
  отсталый (zacofany),
  облезлый (wyliniały);

- przymiotniki z wrostkiem **-ск-**, np.
  братский (bratni),
  дружеский (przyjazny),
  деревенский (wiejski),
  героический (bohaterski);

- przymiotniki zakończone na **-ческий**, np.
  товарищеский (koleżeński),
  космический (kosmiczny),
  туристический (turystyczny),
  исторический (historyczny);

- przymiotniki z wrostkiem **-н-**, np.
  ближний (bliski),
  весенний (wiosenny),
  последний (ostatni),
  внутренний (wewnętrzny);

- przymiotniki z przyrostkiem **-ов** (**-ев**), np.
  деловой (biznesowy),
  дождевой (deszczowy),
  волевой (energiczny),
  передовой (postępowy, przodujący);

- przymiotniki-zdrobnienia oznaczające subiektywną ocenę, np.
  злющий (bardzo zły),
  большущий (wielgachny),
  широченный (bardzo szeroki),
  здоровенный (potężny);

- przymiotniki wchodzące w skład nazewnictwa terminologicznego, czyli nazwy o ustalonym znaczeniu, np.
  смородина красная (czerwona porzeczka),
  скорый поезд (pociąg pośpieszny).

! Istnieje także grupa przymiotników, które mają **wyłącznie formę krótką**. Przymiotniki te współcześnie mogą funkcjonować także jako predykaty, czyli zastępować w zdaniu orzeczenie. Należą do nich, np.
рад (rad), **люб** (miły),
должен (dłużny), **горазд** (zręczny).

ĆWICZENIA

10 **Utwórz krótkie formy podanych przymiotników.**

Pełna forma przymiotnika	Krótka forma przymiotnika			
	rodzaj męski	rodzaj żeński	rodzaj nijaki	liczba mnoga
больной	....	....	....	....
сладкий	....	....	....	....
мягкий	....	....	....	....
торжественный	....	....	....	....
вкусный	....	....	....	....

11 **Uzupełnij zdania przymiotnikami w nawiasach w formie krótkiej.**

1. **Эти места** ....? **(свободный)**
2. **Нам не** .... **снег и мороз. (страшный)**
3. **Сегодня воздух** .... **и** .... **(лёгкий, чистый)**
4. **Мой друг** .... **по иностранным языкам. (способный)**
5. **Она так** ...., **что сегодня не пошла на работу. (усталый)**
6. **Озеро Ханьча** .... **и** .... **(глубокий, длинный)**
7. **Сено было** .... **и** .... **(похучий, свежий)**
8. **Наша экскурсия по Европе была** ...., **но** ....
   (короткий, интенсивный)

12 Zaznacz przymiotniki, które nie tworzą formy pełnej.

1. **полон**
2. **рад**
3. **ясен**
4. **силён**
5. **горазд**
6. **холоден**
7. **прав**
8. **люб**
9. **важен**

13 W poniższym tekście odszukaj i podkreśl przymiotniki w formie krótkiej, określ ich rodzaj i liczbę, a następnie zapisz ich formę pełną.

Погода в тот день была странна. Утром небо было безоблачным. После обеда появились тёмные синие тучи. Сильный ветер начал дуть с моря. А вечером солнце стало совсем красное, будто огненное. Море сначала было тихим, но потом вдруг стало грозным. Большие волны вызывали у многих беспокойство, но трое молодых человека, кажется, не боялись. Они пошли купаться, хотя это было опасно. Одни говорили, что эти молодые люди очень смелы, а другие, что очень глупы.

....
....
....

4.4. Stopniowanie przymiotników

Stopniowanie przymiotników (**степени сравнения имён прилагательных**) służy zaznaczaniu różnic w natężeniu cechy lub właściwości desygnowanej przez przymiotnik. W języku rosyjskim stopniują się **tylko przymiotniki jakościowe**.

W języku rosyjskim wyróżniamy trzy stopnie przymiotników:

stopień równy (**положительная степень**), np. **светлый** (jasny),

stopień wyższy (**сравнительная степень**), np. **светлее** (jaśniejszy),

stopień najwyższy (**превосходная степень**), np. **самый светлый** (najjaśniejszy).

Stopień równy wskazuje na podstawową (naturalną) wartość cechy, np.
порядочный (przyzwoity),
сладкий сок (słodki sok),
старый холостяк (stary kawaler).

Stopień wyższy informuje o większym natężeniu danej cechy w porównaniu do czegoś, np.
Дружба ценнее денег. Przyjaźń (jest) cenniejsza od pieniędzy.
Розовое полотенце суше белого. Różowy ręcznik są bardziej suche niż biały.

- w języku rosyjskim występują dwie formy stopnia wyższego:
prosta (**простая**), np.
добрее (lepszy),
чище (czystszy);
złożona (**сложная**), np.
более тёплый (bardziej ciepły),
менее быстрый (mniej bystry);

- stopień wyższy służy głównie do konstruowania porównań, np.
  У тебя лицо светлее, чем у меня. Twoja twarz jest jaśniejsza od mojej.
  Здоровье дороже денег. Zdrowie cenniejsze niż pieniądze.

- w zdaniu prosta forma stopnia wyższego pełni rolę prostego prostego orzeczenia imiennego lub przydawki, np.
  Он храбрее тебя. On (jest) odważniejszy od ciebie.
  Ты задал мне вопрос сложнее, чем твой друг. Zadałeś mi bardziej skomplikowane pytanie niż twój kolega.

Forma prosta stopnia wyższego przymiotników

- formę prostą stopnia wyższego tworzymy przez dodanie do tematu przymiotnika w stopniu równym przyrostka **-ее (-ей)** lub **-е**

- niektóre przymiotniki tworzą stopień wyższy **nieregularnie** przy pomocy przyrostków **-ше** lub **-же**

- przymiotniki w formie prostej nie odmieniają się

- jeżeli temat przymiotnika w stopniu równym kończy się na **г**, **к**, **т**, **х**, **д**, **ст**, **зк**, **в**, to w stopniu wyższym następuje zmiana końcówki tematu na **ж**, **ш**, **ч**, **щ**, **вл**

Tworzenie stopnia wyższego za pomocą przyrostka **-ей** jest charakterystyczne dla mowy potocznej, np. **новый** (nowy) – **новей**.

- część przymiotników tworzy stopień wyższy w sposób **całkowicie nieregularny** (**супплетивно**). Wówczas postać przymiotnika w stopniu wyższym jest całkiem inna niż w stopniu równym, np.
  хороший (dobry) – **лучше** (lepszy),
  плохой (zły) – **хуже** (gorszy);

- jeśli temat przymiotnika w stopniu równym kończy się na **-ок** (**-к**), to przy tworzeniu stopnia wyższego przyrostki te zostają opuszczone, np.
  широкий (szeroki) – **шире** (szerszy),
  сладкий (słodki) – **слаще** (słodszy);

Stopień wyższy prosty może być tworzony przez dodanie przedrostka **по-**, który oznacza niewielkie zmniejszenie lub zwiększenie cechy, np. **крепко** – **крепче** – **покрепче** (mocno – mocniej – nieco/trochę mocniej). Zastosowanie stopnia wyższego z przedrostkiem **по-** jest typowe dla mowy potocznej, np.
Говори потише. Mów nieco ciszej.

Wymiana końcówek podczas stopniowania przymiotników

Forma podstawowa	Wymiana spółgłoski	Końcówki stopnia wyższego	Stopień wyższy
красивый **сильный** **добрый** **злой**	- - - -	**-ее**	**красивее** **сильнее** **добрее** **злее**
молодой **высокий** **резкий** **чистый** **узкий** **дешёвый**	**д : ж** **к : ч** **зк : ч** **ст : щ** **зк : ж** **в : вл**	**-е**	**моложе** **выше** **резче** **чище** **уже** **дешевле**
далёкий **маленький** **тонкий** **долгий** **глубокий** **редкий**	- - - - - -	**-ше** **-же**	**дальше** **меньше** **тоньше** **дольше** **глубже** **реже**

Forma złożona stopnia wyższego przymiotników

- formę złożoną (opisową) (**аналитическая форма**) stopnia wyższego tworzy się przez dodanie do formy stopnia równego wyrazu **более** (bardziej) lub **менее** (mniej);

- forma złożona odmienia się przez przypadki, posiada kategorie rodzaju i liczby, np.
  более (менее) тёплый, тёплая, тёплое, тёплые;
  более (менее) тёплого, тёплому, тёплых;

- w zdaniu forma złożona stopnia wyższego pełni rolę prostego orzeczenia imiennego lub przydawki, np.
  Чёрная рубашка более удобная, чем фиолетовая. Czarna koszula jest wygodniejsza niż fioletowa.
  Они принесли на вечеринку более вкусные блюда, чем наши соседи. Oni przynieśli na imprezę smaczniejsze dania niż nasi sąsiedzi.

- niektóre przymiotniki tworzą tylko złożone formy stopnia wyższego, np.
  более дружеский (bardziej przyjazne),
  менее деловой (mniej służbowy),
  более цепкий (bardziej obrotny),
  менее запустелый (mniej zaniedbany),
  более жестокий (bardziej okrutny).

ĆWICZENIA

14 Od podanych przymiotników utwórz prostą i złożoną formę stopnia wyższego.

Przymiotnik	Prosta forma stopnia wyższego	Złożona forma stopnia wyższego
больной (chory)	....	....
грустный (smutny)	....	....
громкий (donośny)	....	....
тугой (twardy)	....	....
светлый (jasny)	....	....
трагичный (tragiczny)	....	....
узкий (wąski)	....	....
русый (płowy)	....	....

15 Wpisz właściwą formą przymiotnika w stopniu wyższym.

1. **Тиш..... едешь, дальш..... будешь.** (посл.)
2. **Для меня немецкий язык трудн....., чем русский.**
3. **Многие говорят, что палмтопы стали популярн....., чем ноутбуки.**
4. **Покупки в интернет-магазинах дешевл....., чем в обычных.**
5. **Время дорож..... денег.** (посл.)
6. **Эта задача сложн....., чем та.**

16 Uzupełnij zdania właściwą formą stopnia wyższego przymiotników.

1. **Тюльпаны душистые цветы, но левкой** .... **их.**
2. **Вчера у меня был плохой день, но сегодня ещё** .... **.**
3. **Моя идея хорошая, но твоя** .... **.**
4. **Этот десерт сладкий, но тот** .... **.**
5. **Я считаю, что Сейшельские острова – это туристически интересный регион, но Бермудские острова** .... **.**

17 Ułóż zdania z rozsypanych wyrazów.

1. **она / на / меня / моложе / два / года**

....

2. **короче / Одра / Вислы**

....

3. **сегодня / вчера / море / чем / спокойнее**

....

4. **всё / и / всё / теплее / длиннее / становятся / дни**

....

Stopień najwyższy wskazuje na maksymalne natężenie opisywanej przez przymiotnik cechy, np.
Рысы – это самая высокая вершина Польши. Rysy to najwyższy szczyt Polski.
Глеб – это мой вернейший друг. Gleb to mój najwierniejszy przyjaciel.

- w języku rosyjskim występują dwie formy stopnia najwyższego:

  prosta (**простая**), np.
  счастливейший (najszczęśliwszy),
  величайший (największy);

  złożona (**сложная**), np.
  самый сложный (najtrudniejsze),
  добрее всех (najlepsze);

- przymiotniki w formie prostej i złożonej stopnia najwyższego odmieniają się przez rodzaje, liczby oraz przypadki;

- wyjątkiem jest forma złożona tworzona przy pomocy słów **всего**, **всех**, np.
  добрее всех (najlepszy),
  больше всего (najwięcej).

Forma prosta stopnia najwyższego przymiotników

- **formę prostą** stopnia najwyższego przymiotników tworzymy przez dodanie do tematu przymiotnika w stopniu równym wrostka **-ейш-** (**-айш-**) i końcówki przymiotnikowej; wrostka **-айш-** używamy, jeśli w temacie przymiotnika występuje zjawisko wymiany spółgłosek (**к**, **г**, **х** wymienia się na **ж**, **ш**, **ч**)

Forma podstawowa	Wymiana spółgłoski	Przyrostki stopnia najwyższego	Stopień najwyższy
красивый (ładny)	-		**красивейший**
сильный (silny)	-		**сильнейший**
добрый (dobry)	-	**-ейш-**	**добрейший**
злой (zły)	-		**злейший**
высокий (wysoki)	**к : ч**		**высочайший**
краткий (krótki)	**к : ч**		**кратчайший**
близкий (bliski)	**зк : ж**	**-айш-**	**ближайший**
тихий (cichy)	**х : ш**		**тишайший**
строгий (srogi)	**г : ж**		**строжайший**

- część przymiotników tworzy stopień najwyższy w sposób **całkowicie nieregularny**; wówczas postać przymiotnika w stopniu najwyższym jest inna niż w stopniu równym, np.
  хороший (dobry) – **лучший** (najlepszy),
  плохой (zły) – **худший** (najgorszy).

Przy tworzeniu formy prostej stopnia najwyższego można dodać przedrostek **наи-**; forma ta jest czarakterystyczna dla stylu literackiego, np.
наикратчайший (najkrótszy),
наивысший (najwyższy),
наименьший (najmniejszy),
наилучший (najlepszy).

Forma złożona stopnia najwyższego przymiotników

W języku rosyjskim występują dwie formy złożone stopnia najwyższego.

- stopień najwyższy utworzony przy pomocy wyrazu **всех** stosuje się mówiąc o osobach, przedmiotach lub zjawiskach tego samego typu, np.
Она чаще всего болела гриппом. Ona najczęściej chorowała na grypę. (czyli chorowała na różne choroby, ale najczęściej na grypę)

- stopień najwyższy utworzony przy pomocy wyrazu **всего** informuje o tym, że natężenie cechy porównywanego obiektu przewyższa natężenie cechy ogółu innych obiektów, np.
Она чаще всех болела гриппом. – Ona najczęściej chorowała na grypę. (częściej niż inni)

- formę złożoną stopnia najwyższego tworzymy także przez dodanie do przymiotnika w stopniu wyższym zaimka **всех** (**всего**), np.
Ваш доклад был интереснее всего. Pani wykład był najbardziej interesujący.
Дмитрий оказался наблюдателнее всех. Dymitr okazał się najbardziej spostrzegawczy.

- formę złożoną stopnia najwyższego tworzymy przez dodanie do przymiotnika w stopniu równym słowa **самый** (**самая, самое, самые**) lub **наиболее** (**наименее**), np.:
Самое холодное место в России – деревня Оймякон. Najzimniejszym miejscem w Rosji jest wieś Ojmiakon.
Февраль это самый короткий месяц в году. Luty jest najkrótszym miesiącem w roku.
На этом сайте перечислены наиболее распространённые модели сотовых телефонов. Na tej stronie znajduje się lista najbardziej popularnych modeli telefonów komórkowych.
Представители наиболее развитых стран Европы говорили о наименее развитых странах мира. Przedstawiciele najbardziej rozwiniętych krajów europejskich rozmawiali o najsłabiej rozwiniętych krajach świata.

- niektóre przymiotniki mają w stopniu najwyższym wyłącznie formę złożoną, np.
дружеский (przyjacielski),
сухой (suchy),
молодой (młody),
горластый (hałaśliwy),
жидкий (ciekły),
больной (chory).
Кто из животных самый горластый? Które zwierzę jest najbardziej hałaśliwe?
Беседа преобретает более дружеский, чем официальный характер. Rozmowa staje się bardziej przyjacielska niż oficjalna.

ĆWICZENIA

18 **Uzupełnij zdania, dopisując właściwe końcówki do przymiotników stopnia najwyższego.**

1. **Эльбрус – это высоч......ая вершина Кавказа.**
2. **Зимой в Сибири стоят сильн......ие морозы.**
3. **Он рассказал нам о важн......их событиях в своей жизни.**
4. **В Париж я полетела на ранн......ем самолёте.**
5. **Я этого не пожелала бы и зл......ему врагу.**
6. **Извините, где находится ближ......ая остановка такси?**

19 Uzupełnij zdania przymiotnikami w nawiasie w odpowiedniej formie stopnia najwyższego. Tam, gdzie to możliwe utwórz formę prostą stopnia najwyższego.

1. **Россия является .... (большой) государством мира. Её территория почти вдвое больше Канады.**
2. **Россия является .... (крупный) производителем природного газа.**
3. **В Москве живёт .... (большой) миллиардеров.**
4. **Озеро Байкал – это .... (глубокий) озеро мира.**
5. **На Камчатке находится .... (высокий) действующий вулкан Евразии Ключевская Сопка.**

20 Przekształć zdania według wzoru.

Przykład: **Это дерево самое высокое в моей деревне.**
Это дерево выше всех в моей деревне.

1. **У Виктора самые хорошие оценки по истории.**
....
2. **Это место самое удобное.**
....
3. **Какие самые высокие горы в России?**
....
4. **Блины с икрой самые вкусные.**
....
5. **Это самый трудный разговор в его жизни.**
....

21 Połącz części zdań, aby utworzyć logiczną całość.

1. **Чихуахуа – это самая**
2. **Розы – это самые**
3. **Зелёный – это самый**
4. **В Дубае находится самое**
5. **В конкурсе взяли участие самые**

a. **любимые цветы влюблённых.**
b. **высокое здание в мире.**
c. **модный цвет в этом сезоне.**
d. **маленькая собака в мире.**
e. **талантливые ученики.**

5. Zaimek *Местоимение*

Zaimek (**местоимение**) to odmienna część mowy, wskazująca przedmioty, osoby lub ich cechy, ale nie nazywająca ich, np.

Это он. – To on.
Кира видит себя в зеркале. – Kira widzi siebie w lustrze.
Мы потеряли наши чемоданы. – [My] zgubiliśmy nasze torby.
Он взял тот маленький календарь. – [On] wziął ten mały kalendarz.
Скажи, который час? – Powiedz, która jest [godzina]?
Люба, кто-то тебе звонил. – Luba, ktoś do ciebie dzwonił.

W zdaniu zaimki zastępują rzeczowniki, przymiotniki lub liczebniki. Według **kategorii gramatycznych** zaimki dzielą się na trzy grupy:

- **rzeczowne** (**местоимения-существительные**) – zastępujące rzeczowniki, np.
  я (ja),
  ты (ty),
  она (ona),
  мы (my),
  кто (kto),
  некто (ktoś),
  себя (się, siebie),
  никто (nikt),
  что-нибудь (cokolwiek),
  кое-кто (niektórzy, ten i ów),

- **przymiotne** (**местоимения-прилагательные**) – zastępujące przymiotniki, np.
  мой (mój),
  этот (ten),
  какой (jaki),
  всякий (każdy, wszelki),
  некоторый (jakiś, pewien),

- **liczebne** (**местоимения-числительные**) – zastępujące liczebniki, np.
  сколько (ile),
  столько (tyle),
  несколько (kilka).

Natomiast ze względu na **kategorie semantyczne** zaimki dzielą się aż na dziewięć rodzajów:

- **osobowe** (**личные**), np.
  я (ja),
  ты (ty),
  он (on),
  она (ona),
  оно (ono);
  мы (my),
  вы (wy),
  они (oni),

- **dzierżawcze** (**притяжательные**), np.
  мой (mój),
  твой (twój),
  его (jego),
  её (jej),
  наш (nasz),
  ваш (wasz),
  их (ich),
  свой (swój);

- **zwrotny** (**возвратное**): **себя** (się);

- wskazujące (**указательные**), np.
  этот (ten),
  тот (tamten),
  такой (taki),
  столько (tyle),
  таков (takowy);

- pytające (**вопросительные**), np.
  кто? (kto?),
  что? (co?),
  какой? (jaki?),
  чей? (czyj?),
  который? (który?),
  каков? (jaki?),
  сколько? (ile?),
  где? (gdzie?);
  куда? (dokąd?),
  откуда? (skąd?),
  когда (kiedy),

- względne (**относительные**), np.
  кто (kto),
  что (co),
  какой (jaki),
  чей (czyj),
  который (który),
  каков (jaki),
  сколько (ile),
  где (gdzie);
  куда (dokąd),
  откуда (skąd),
  когда (kiedy),

- przeczące (**отрицательные**), np.
  никто (nikt),
  ничто (nic),
  ничей (niczyj),
  никакой (żaden),
  некого (nie ma kogo),
  нечего (nie ma niczego);

- nieokreślone (**неопределённые**), np.
  кто-то (ktoś),
  что-то(coś),
  какой-то (jakiś),
  кто-нибудь (ktokolwiek),
  что-нибудь (cokolwiek),
  чей-либо (czyjkolwiek),
  кое-кто (niektórzy, ten i ów),
  нечто (coś),
  несколько (kilka, parę),
  откуда-то (skądś),
  какой-нибудь (jakikolwiek),
  сколько-нибудь (ileś),
  кто-либо (ktokolwiek),
  что-либо (cokolwiek),
  какой-либо (jakikolwiek),
  кое-что (coś, coś niecoś),
  некто (ktoś),
  некий (niejaki, pewien),
  кое-куда (gdzieś, gdzieniegdzie),
  зачем-то (po coś, dlaczegoś);

- uogólniające (**определительное**), np.
  сам (sam),
  самый (sam, właśnie ten),
  весь (cały),
  всякий (każdy,wszelki),
  другой (inny, drugi),
  иной (inny),
  любой (każdy, którykolwiek),
  всюду (wszędzie),
  везде (wszędzie),
  всегда (zawsze).

5.1. Zaimki osobowe

Rosyjskie **zaimki osobowe** (**личные местоимения**) to: **я** (ja), **ты** (ty), **он** (on), **она** (ona), **оно** (ono), **мы** (my), **вы** (wy), **они** (oni). Wskazują w zdaniu na osobę lub przedmiot, np.

Он приедет завтра. On przyjdzie jutro.

Я мерил силы на свой аршин. Mierzyłem siły na zamiary.

Zaimki te odmieniają się przez przypadki.
Zaimki **я**, **ты**, **мы**, **вы**, **они** nie mają rodzaju, natomiast zaimki 3. os. l.poj. występują w trzech rodzajach:

rodzaj męski – **он**,
rodzaj żeński – **она**,
rodzaj nijaki – **оно**.

! W pytaniach ze słówkiem pytającym zaimki osobowe zawsze stoją przed czasownikiem. Ich obecność jest obowiązkowa.

Schemat zdania pytającego

Где ты купила эти джинсы?

słówko pytające — zaimek osobowy — czasownik

Odmiana zaimków osobowych w liczbie pojedynczej

M.	**я** – ja	**ты** – ty	**он** – on	**она** – ona	**оно** – ono
D.	**меня** – mnie	**тебя** – ciebie	**его** – jego	**её** – jej	**его** – jego
C.	**мне** – mi	**тебе** – tobie	**ему** – jemu	**ей** – jej	**ему** – jemu
B.	**меня** – mnie	**тебя** – ciebie	**его** – jego	**её** – ją	**его** – jego
N.	**мной** – (ze) mną	**тобой** – (z) tobą	**им** – (z) nim	**ею** – (z) nią	**им** – (z) nim
Ms.	**(обо) мне** – (o) mnie	**(о) тебе** – (o) tobie	**(о) нём** – (o) nim	**(о) ней** – (o) niej	**(о) нём** – (o) nim

Odmiana zaimków osobowych w liczbie mnogiej

M.	**мы** – my	**вы** – wy	**они** – oni
D.	**нас** – nas	**вас** – was	**их** – ich
C.	**нам** – nam	**вам** – wam	**им** – im
B.	**нас** – nas	**вас** – was	**их** – ich
N.	**нами** – nami	**вами** – wami	**ими** – nimi
Ms.	**(о) нас** – (o) nas	**(о) вас** – (o) was	**(о) них** – (o) nich

Zaimki osobowe w dopełniaczu i bierniku mają taką samą formę (B. = D.), np.
Его не было дома. Nie było go w domu. (D., l.p.)
Я его вижу. Ja go widzę. (B., l.p.)

Łącząc się z przyimkiem **к**, **с**, **над**, lub **перед** zaimek **меня** ma formę wzbogaconą o samogłoskę **о**, np.

Пойдёшь со мной на вечеринку к Борису? Pójdziesz ze mną na imprezę u Borysa?

Zaimki **он**, **она**, **оно** w przypadkach zależnych po przyimkach tworzą formy oboczne z **н**, np.
Завтра у неё день рождения. Jutro jej urodziny.
У него плохое настроение. On jest w kiepskim nastroju.

Zaimek **вы** (wy / państwo) w zależności od znaczenia może być pisany wielką lub małą literą.

- wielką literą piszemy **Вы**, jeśli stanowi oficjalny, grzecznościowy zwrot skierowany do osoby nieznajomej lub kiedy autorem wypowiedzi jest dziecko zwracające się do znajomego dorosłego. Np.
  Вы нашли сайт этого интернет-магазина? Czy Pan/Pani znalazł/a stronę www tego sklepu internetowego?

- małą literą piszemy **вы**, jeśli wskazuje na grupę osób, np.
  Вика мне сказала, что вы купили тюльпаны своей учительнице. Wika powiedziała mi, że [wy] kupiliście tulipany swojej nauczycielce.

W języku polskim zaimki osobowe często mają formę domyślną, np.
Dokąd (ty) idziesz? – **Куда ты идёшь?**
(Ja) Idę do sklepu. – **Я иду в магазин.**

ĆWICZENIA

1 **Wykreśl wyraz, który nie jest zaimkiem osobowym.**

1. **ими** / **моя** / **его** / **нас**
2. **моему** / **тобой** / **вам** / **неё**
3. **вами** / **тобой** / **меня** / **моей**
4. **её** / **них** / **наше** / **вас**
5. **себя** / **вами** / **мне** / **оно**

2 **Tam, gdzie to konieczne uzupełnij zaimki w zdaniach literą н.**

1. **У** ...**её болят глаза.**
2. **Мы не пойдём на эту дискотеку без** ...**его.**
3. **Сегодня** ...**его не было на уроке химии.**
4. **Хоть слово не обух, а от** ...**его гибнут.** (посл.)
5. **От** ...**их мы вернулись поздно.**
6. **Благодаря** ...**ему все могли послушать эту песенку.**
7. **Я написал** ...**ей СМС-ку.**

3 Uzupełnij zdania zaimkami w nawiasie w odpowiedniej formie.

1. **Не беспокойся обо .... (я).**
2. **У .... (он) работа в руках плесневеет.**
3. **Как .... (она) зовут?**
4. **С .... (они) всегда весело.**
5. **Почему .... (ты) не пришёл на тренировку?**
6. **Я уже не думаю о .... (она).**
7. **А с .... (вы) такое бывало?**
8. **Мы ждём .... (вы) в нашем клубе.**
9. **При .... (ты) моё сердце бьётся сильнее.**
10. **Они .... (мы) спрашивали про экзамены.**

5.2. Zaimki dzierżawcze

Rosyjskie **zaimki dzierżawcze** (**притяжательные местоимения**) to: **мой** (mój), **твой** (twój), **его** (jego), **её** (jej), **наш** (nasz), **ваш** (wasz), **их** (ich), **свой** (swój).

- zaimki dzierżawcze wskazują na przynależność czegoś do kogoś i odpowiadają na pytania **чей?** (czyj?), **чья?** (czyja?), **чьё?** (czyje?), **чьи?** (czyi, czyje?), np.
  Она взяла (чей?) его рюкзак. Ona wzięła [czyj?] jego plecak.
  Сегодня (чьи?) наши магазины предлагают самые низкие цены на ноутбуки и палмтопы. Dzisiaj (czyje?) nasze sklepy oferują najniższe ceny laptopów i palmtopów.

- zaimki **мой**, **твой**, **наш**, **ваш** odmieniają się przez rodzaje, liczby i przypadki; w liczbie pojedynczej występują w rodzaju męskim, żeńskim i nijakim, zaś forma liczby mnogiej jest wspólna dla wszystkich rodzajów.

Это мой дом.	**Это мои дома, комнаты, здания.**
Это моя комната.	
Это моё здание.	

! Przy konstruowaniu zdań należy pamiętać, że zaimki **мой**, **твой**, **наш**, **ваш** tworzą z określanymi rzeczownikami **związek zgody**, czyli występują w tym **samym, co one rodzaju, liczbie i przypadku**, np.

Добрый и честный человек – сила нашего сердца. (посл.)

нашего ↓ dopełniacz liczby pojedynczej rodzaju nijakiego

сердца ↓ dopełniacz liczby pojedynczej rodzaju nijakiego

- zaimki dzierżawcze **его, её, их** (brzmiące identycznie jak dopełniacz zaimków osobowych 3.os. l.poj.) **nie odmieniają się przez przypadki**, choć mogą łączyć się z rzeczownikami we wszystkich przypadkach, np.
  Он не хотел вмешиваться в его дела. On nie chciał się wtrącać w jego sprawy.
  Я пошёл к его родителям. Poszedłem do jego rodziców.
  Вы поздравили её с днём рождения? Czy złożyliście jej życzenia z okazji urodzin?

Jeśli przed zaimkami dzierżawczymi **его, её, их** stoi przyimek, nie zmieniają one swojej formy (w przeciwieństwie do zaimków osobowych), czyli nie posiadają formy obocznej z **н**, porównaj:

	zaimek osobowy	zaimek dzierżawczy
Przykład	**У неё тишотка.**	**У её брата новая модель МР-4.**

Odmiana zaimka dzierżawczego **мой**				
Liczba	Liczba pojedyncza			Liczba mnoga
Przypadek	rodzaj męski	rodzaj żeński	rodzaj nijaki	wszystkie rodzaje
M.	**мой** – mój	**моя** – moja	**моё** – moje	**мои** – moje
D.	**моего** – mojego	**моей** – mojej	**моего** – mojego	**моих** – moich
C.	**моему** – mojemu	**моей** – mojej	**моему** – mojemu	**моим** – moim
B.	**мой** – mój **моего** – mojego	**мою** – moją	**моё** – moje **моего** – mojego	**мои** – moje **моих** – moich
N.	**моим** – moim	**моей** – moją	**моим** – moim	**моими** – moimi
Ms.	(о) **моём** – (o) moim	(о) **моей** – (o) mojej	(о) **моём** – (o) moi	(о) **моих** – (o) moich

Według podanego wzoru odmieniają się również zaimki **твой** (**твоя**, **твоё**, **твои**) oraz **свой** (**своя**, **своё**, **свои**).

Zaimki dzierżawcze w rodzaju męskim i nijakim oraz **w liczbie mnogiej** mają **dwie formy biernika**. Biernik jest równy dopełniaczowi, jeśli zaimek określa rzeczownik żywotny, np.
моего друга (mojego przyjaciela),
его папы (jego ojca).
Kiedy zaś odnosi się do rzeczownika nieżywotnego, biernik jest tożsamy z mianownikiem, np.
мой телефон (mój telefon),
наш спектакль (nasz spektakl).

Odmiana zaimka dzierżawczego **ваш**				
	Liczba pojedyncza			Liczba mnoga
Przypadek	rodzaj męski	rodzaj żeński	rodzaj nijaki	wszystkie rodzaje
M.	**ваш** – wasz	**ваша** – wasza	**ваше** – wasze	**ваши** – wasze
D.	**вашего** – waszego	**вашей** – waszej	**вашего** – waszego	**ваших** – waszych
C.	**вашему** – waszemu	**вашей** – waszej	**вашему** – waszemu	**вашим** – waszym
B.	**ваш** – wasz **вашего** – waszego	**вашу** – waszą	**ваше** – wasze **вашего** – waszemu	**ваши** – wasze **ваших** – waszych
N.	**вашим** – waszym	**вашей** – waszą	**вашим** – waszym	**вашими** – waszymi
Ms.	(о) **вашем** – (o) waszym	(о) **вашей** – (o) waszej	(о) **вашем** – (o) waszym	(о) **ваших** – (o) waszych

Według podanego wzoru odmienia się także zaimek **наш** (**наша**, **наше**, **наши**).

ĆWICZENIA

4 Połącz zaimki osobowe z odpowiednimi zaimkami dzierżawczymi.

1. **я** a. **его**
2. **мы** b. **их**
3. **вы** c. **моим**
4. **они** d. **наше**
5. **Ты** e. **вашу**
6. **он** f. **твоя**
7. **она** g. **её**

5 Wybierz właściwą formę zaimka dzierżawczego.

1. **Она убирает ..... комнату.**
   a. **твоя**
   b. **твою**
   c. **твои**

2. **Аким видел ..... сестру на дискотеке.**
   a. **нашей**
   b. **вашего**
   c. **его**

3. **Мы встретились с ..... друзьями.**
   a. **её**
   b. **наше**
   c. **мои**

4. **Я был вчера у ..... парикмахера.**
   a. **твоя**
   b. **твоего**
   c. **твоей**

5. **Дела свидетельствуют об уме человека, слова – о ..... знаниях.** (посл.)
   a. **его**
   b. **её**
   c. **их**

6. **За ..... жито меняи побито.** (посл.)
   a. **ваша**
   b. **моё**
   c. **нашим**

6 **Uzupełnij zdania zaimkami w nawiasie w odpowiedniej formie.**

1. **Это** .... (**наш**) **собака и** .... (**наш**) **кошка.**
2. **Лена, мне очень нравятся** .... (**твой**) **фотографии.**
3. **Сколько комнат в** .... (**ваш**) **доме?**
4. **Я уважаю** .... (**твой**) **родителей.**
5. **У** .... (**мой**) **подруги годовщина свадьбы.**
6. **Зина, не бери** .... (**мой**) **ноутбука!**

5.3. **Zaimek zwrotny**

W języku rosyjskim występuje jeden **zaimek zwrotny** (**возвратное местоимение**) **себя**.
Zaimek zwrotny **себя** wskazuje, że czynność skierowana jest na jej wykonawcę, np.

Он купил себе машину. Kupił sobie samochód.

Она нашла себя на школьной фотографии. Ona znalazła siebie na szkolnej fotografii.

Zaimek zwrotny **себя** nie ma rodzaju ani liczby. Odmienia się przez przypadki zależne, nie występuje natomiast w mianowniku.

Odmiana zaimka zwrotnego	
M.	------
D.	**себя** – siebie
C.	**себе** – sobie
B.	**себя** – siebie / się
N.	**собою, собой** – (z) sobą
Ms.	(**о**) **себе** – (o) sobie

Aby wskazać na relacje wzajemne, stosuje się wyrażenie zaimkowe **друг друга** (siebie nawzajem), np.

Они каждый день встречаются друг с другом. Oni spotykają się codziennie.

Wyrażenie **друг друга**, podobnie jak zaimek **себя** (siebie) nie występuje w mianowniku.

Odmiana wyrażenia zaimkowego **друг друга**	
M.	------
D.	**друг друга** – siebie nawzajem / się
C.	**друг другу** – sobie nawzajem / się
B.	**друг друга** – siebie nawzajem / się
N.	**друг с другом** – (z) sobą nawzajem / się
Ms.	**друг о друге** – (o) sobie nawzajem / się

ĆWICZENIA

7 Uzupełnij zdania zaimkiem **себя** w odpowiednim przypadku.

1. **Нет лучше шутки, чем над** .... (посл.)
2. **Вечером он будет у** ....
3. **Посмотри на** ...., **ты выглядишь как настоящая принцесса.**
4. **Я довольна** ....
5. **Сегодня Артём и Нестор чувствуют** .... **очень хорошо.**
6. **Всё устроилось само** ....
7. **Она не любит рассказывать о** ....
8. **Не кричи о** ...., **пусть другие о тебе хоть тихо скажут.** (посл.)

8 Uzupełnij zdania wyrażeniem **друг друга** w odpowiedniej formie, z przyimkiem lub bez.

1. **Мы хорошо знаем** ....
2. **Близнецы очень похожи** ....
3. **Они часто думают** ....
4. **Мы звоним** .... **в каждую субботу.**
5. **Они не встречались** .... **долгое время** .
6. **Вы часто помогаете** ....?
7. **Они познакомились** .... **на море.**
8. **Они очень любят** ....

9 Do podanych czasowników dobierz odpowiednią formę zaimka **себя**.

1. **чувствовать**	a. **в себя**
2. **выходить**	b. **из себя**
3. **представлять**	c. **собой**
4. **владеть**	d. **себе**
5. **приходить**	e. **себя**
6. **читать**	f. **про себя**

10 Uzupełnij przysłowia i powiedzenia zaimkiem **себя** lub **друг друга** we właściwej formie.

друг на друга   **себе**   **друг друга**   **себя**   **друг другу**   **друг за друга**   **друг над другом**   **друг другу**

1. **Кто не полезен** .... **– и для других бесполезен.**
2. **Самое трудное для человека – узнать** ....
3. .... **держаться – ничего не бояться.**
4. **Один смеётся над собой, двое –** .... **трое – над кем-нибудь.**
5. **Дружбой** .... **не обидишь, а защитишь.**
6. **Злой с лукавым знаются,** .... **ссылаются.**
7. **Трусы грозят** .... **а храбрецы сражаются.**
8. **Услуга за услугу – помочь хотим** ....

5.4. Zaimki wskazujące

Do **zaimków wskazujących** (**указательные местоимения**) należą: **этот** (ten), **тот** (tamten), **такой** (taki), **столько** (tyle), **таков** (taki, takowy).

Zaimki tej grupy wskazują na przedmioty lub ich cechy (m.in. jakość, wielkość), np.

Этот свитер мне не подходит, покажите мне, пожалуйста, тот. Ten sweter mi nie pasuje, proszę pokazać mi tamten.
Познакомь меня с той девушкой. (Poznaj mnie z tamtą dziewczyną).

- zaimki **этот**, **тот**, **такой** odmieniają się przez rodzaje, liczby i przypadki i tworzą związek zgody z rzeczownikami, które określają

- zaimek liczebny **столько** odmienia się tylko przez przypadki

- zaimek **таков** odmienia się wyłącznie przez rodzaje i liczby: **таков**, **такова**, **таково**, **таковы**

W tekstach literackich możemy spotkać takie zaimki, jak: **этакий** (taki, takiż), **экий** (a to, to ci, ależ), **сей** (ten), **оный** (ów). Są to formy archaiczne, zatem w mowie potocznej praktycznie nie są używane.

Zaimek **этот** (ten) wskazuje na przedmiot znajdujący się blisko, natomiast **тот** (tamten) wskazuje na przedmiot bardziej oddalony.

- zaimek **тот** odmienia się przez rodzaje, liczby i przypadki, końcówki deklinacyjne są takie same, jak w przypadku przymiotnika, np. **большой**

Odmiana zaimka **этот**				
	Liczba pojedyncza			Liczba mnoga
Przypadek	rodzaj męski	rodzaj żeński	rodzaj nijaki	wszystkie rodzaje
M.	**этот** – ten	**эта** – ta	**это** – to	**эти** – te
D.	**этого** – tego	**этой** – tej	**этого** – tego	**этих** – tych
C.	**этому** – temu	**этой** – tej	**этому** – temu	**этим** – tym
B.	**этот** – ten **этого** – tego	**эту** – tę	**это** – to **этого** – tego	**эти** – te **этих** – tych
N.	**этим** – tym	**этой (-ою)** – tą	**этим** – tym	**этими** – tymi
Ms.	**(об) этом** – (o) tym	**(об) этой** – tej	**(об) этом** – tym	**(об) этих** – (o) tych

Odmiana zaimka **тот**				
	Liczba pojedyncza			Liczba mnoga
Przypadek	rodzaj męski	rodzaj żeński	rodzaj nijaki	wszystkie rodzaje
M.	**тот** – tamten	**та** – tamta	**то** – tamto	**те** – tamte
D.	**того** – tamtego	**той** – tamtej	**того** – tamtego	**тех** – tamtych
C.	**тому** – tamtemu	**той** – tamtej	**тому** – tamtemu	**тем** – tamtym
B.	**тот** – tamten **того** – tamtego	**ту** – tamtą	**то** – tamto **того** – tamtego	**те** – tamte **тех** – tamtych
N.	**тем** – tamtym	**той (-ою)** – tamtą	**тем** – tamtym	**теми** – tamtymi
Ms.	**(о) том** – (o) tamtym	**(о) той** – (o) tamtej	**(о) том** – (o) tamtym	**(о) тех** – (o) tamtych

Odmiana zaimka столько[1]		
Przypadek	liczba pojedyncza	Liczba mnoga
M.	**столько** – tyle	—
D.	**стольких** – tyle	—
C.	**стольку** – tylu	**стольким** – tylu
B.	**столько** – tyle	**стольких** – tyle
N.	**столькими** – z tyloma	—
Ms.	(о) **стольких** – (o) tylu	—

ĆWICZENIA

11 Uzupełnij zdania zaimkiem **это**, **этот**, **эта** lub **эти**.

1. .... **женщина была свидетелем происшествия.**
2. .... **предметы положите, пожалуйста, в углу.**
3. .... **жёлтые цветы называются лютики.**
4. .... **молодой человек учится в общеобразовательном лицее.**
5. .... **море тёплое и чистое.**
6. .... **брюки Аллы.**
7. .... **улица самая большая в нашем городе.**
8. .... **музей открыт ежедневно с девяти до двадцати.**

12 Uzupełnij zdania zaimkami w nawiasie w odpowiedniej formie.

1. **Многих людей интересует жизнь** .... **актёра.** (**этот**)
2. **Я был на** .... **выставке.** (**эта**)
3. **На** .... **снимках есть вся моя семья.** (**эти**)
4. **Мы помогли** .... **человеку.** (**этот**)
5. **Ты уже прочитала** .... **книгу?** (**эта**)
6. **Я много слышал об** .... **озере.** (**это**)

13 Uzupełnij zdania zaimkami w nawiasie przetłumaczonymi na język rosyjski.

1. .... **рубашка мне нравится больше, чем** .... (ta, tamta)
2. .... **фильм интереснее, чем** .... (ten, tamten)
3. .... **помидор уже спелый, а** .... **ещё нет.** (tamten, ten)
4. .... **книги стоят двести рублей, а** .... – **четыреста рублей.** (te, tamte)
5. .... **задание мне кажется проще, чем** .... (to, tamto)

[1] Słowo столько zakłada liczbę mnogą. W liczbie pojedynczej wykorzystuje się je tylko dla zbiorczych rzeczników, np. кофе (kawa).

14 Uzupełnij zaimki w zdaniach odpowiednimi końcówkami.

1. **Это курс для те......, кто хочет выучить английский язык.**
2. **Дай мне эт...... книгу.**
3. **Я долго не мог забыть о то...... событии.**
4. **Что находится в то...... карзине?**
5. **Не с те...... поведёшься – ничего не наберёшься.** (посл.)
6. **Моя тётя живёт в то...... доме.**

5.5. Zaimki pytające

Zaimki pytające (**вопросительные местоимения**) to: **кто** (kto), **что** (co), **какой** (jaki), **чей** (czyj), **который** (który), **каков**, **сколько** (ile), **где**, **куда** (dokąd), **откуда** (skąd), **когда** (kiedy).

Zaimki pytające służą do budowania pytań o osoby, przedmioty, cechy, miejsce, czas i kierunek. Odpowiadają na nie wyrazy pełnoznaczne (samodzielnie znaczące), tj. rzeczowniki (**кто? что?**), przymiotniki (**какой? чей?**), przysłówki (**где? куда? откуда? почему? зачем?**) i liczebniki (**который? сколько?**).

Zaimki **кто**, **что**, **сколько** nie mają rodzaju i liczby, odmieniają się tylko przez przypadki.

Odmiana zaimków pytających **кто, что, сколько**			
Przypadek	**кто**	**что**	**сколько**
M.	**кто** – kto	**что** – co	**сколько** – ile
D.	**кого** – kogo	**чего** – czego	**скольких** – ilu
C.	**кому** – komu	**чему** – czemu	**скольким** – ilu
B.	**кто** – kto **кого** – kogo	**что** – co **чего** – czego	**сколько** – ile **скольких** – ilu
N.	**кем** – kim	**чем** – czym	**сколькими** – z iloma
Ms.	(о) **ком** – (o) kim	(о) **чём** – (o) czym	(о) **скольких** – (o) ilu

- zaimek **кто?** służy do konstruowania pytań o ludzi lub zwierzęta, np.
Кто это? Это моя знакомая. Kto to? To moja znajoma.

- zaimek **что?** służy do konstruowania pytań o przedmioty, zjawiska lub pojęcia abstrakcyjne, np.
Что это? Это моя ручка. Co to jest? To mój długopis?

W przeciwieństwie do języka polskiego, w języku rosyjskim narzędnik i miejscownik zaimków **кто**, **что** różnią się.

Jeśli przed czasownikiem w czasie przeszłym stoi zaimek pytający **кто**, to czasownik ten jest rodzaju męskiego, np.
Кто это сделал? Это сделала моя сестра. Kto to zrobił? Zrobiła to moja siostra.
Kiedy przed czasownikiem w czasie przeszłym stoi zaimek **что**, to czasownik jest rodzaju nijakiego, np.
Что это было? Это была хорошая спортивная машина. Co to było? To był dobry samochód sportowy.

- zaimek **сколько?** służy do tworzenia pytań o cenę lub liczbę, np.
  Сколько стоит бутылка минеральной воды? Ile kosztuje butelka wody mineralnej?

- zaimek **какой** odmienia się przez rodzaje, liczby i przypadki; stosujemy go, gdy pytamy o właściwość przedmiotu lub osoby, np.
  Какая у вас погода? Jaka jest u was pogoda?

Odmiana zaimka **какой**				
	Liczba pojedyncza			Liczba mnoga
Przypadek	rodzaj męski	rodzaj żeński	rodzaj nijaki	wszystkie rodzaje
M.	**какой** – jaki	**какая** – jaka	**какое** – jakie	**какие** – jakie
D.	**какого** – jakiego	**какой** – jakiej	**какого** – jakiego	**каких** – jakich
C.	**какому** – jakiemu	**какой** – jakiej	**какому** – jakiemu	**каким** – jakim
B.	**какой** – jaki	**какую** – jaką	**какое** – jakie	**какие** – jakie
	какого – jakiego		**какого** – jakiego	**каких** – jakich
N.	**каким** – jakim	**какой** – jaką	**каким** – jakim	**какими** – jakimi
Ms.	**каком** – (o) jakim	**какой** – (o) jakiej	**каком** – jakim	**каких** – (o) jakich

- zaimek **который** stosujemy, kiedy pytamy o kolejność występowania jakiegoś przedmiotu lub jakiejś osoby; odmienia się przez rodzaje, liczby i przypadki, np.
  Которая ты была на мете? Która byłaś na mecie?

Odmiana zaimka **который**				
	Liczba pojedyncza			Liczba mnoga
Przypadek	rodzaj męski	rodzaj żeński	rodzaj nijaki	wszystkie rodzaje
M.	**который** – który	**которая** – która	**которое** – które	**которые** – które
D.	**которого** – którego	**которой** – której	**которого** – którego	**которых** których –
C.	**которому** – któremu	**которой** – której	**которому** – któremu	**которым** – którym
B.	**который** – który **которого** – którego	**которую** – którą	**которое** – które **которого** – którego	**которых** – których **которое** – które
N.	**которым** – którym	**которой** – którą	**которым** – którym	**которыми** – którymi
Ms.	**котором** – (o) którym	**которой** – (o) której	**котором** – (o) którym	**которых** – (o) których

Zaimki **какой** i **который** odmieniają się tak, jak przymiotniki twardotematowe.

W zaimku **чей** znak miękki rozdzielający (**ь**) piszemy przed końcówką we wszystkich rodzajach i przypadkach liczby pojedynczej i mnogiej z wyjątkiem mianownika liczby pojedynczej rodzaju męskiego.

Zaimek **чей** stosujemy, gdy pytamy o przynależność danego przedmiotu lub osoby; odmienia się przez rodzaje, liczby i przypadki

Odmiana zaimka **чей**				
	Liczba pojedyncza			Liczba mnoga
Przypadek	rodzaj męski	rodzaj żeński	rodzaj nijaki	wszystkie rodzaje
M.	**чей** – czyj	**чья** – czyja	**чьё** – czyje	**чьи** – czyje
D.	**чьего** – czyjego	**чьей** – czyjej	**чьего** – czyjego	**чьих** – czyich
C.	**чьему** – czyjemu	**чьей** – czyjej	**чьему** – czyjemu	**чьим** – czyim
B.	**чей** – czyj **чьего** – czyjego	**чью** – czyją	**чьё** – czyje **чьего** – czyjego	**чьи** – czyje **чьих** – czyich
N.	**чьим** – czyim	**чьей** – czyją	**чьим** – czyim	**чьими** – czyimi
Ms.	**чьём** – (o) czyim	**чьей** – (o) czyjej	**чьём** – (o) czyim	**чьих** – (o) czyich

ĆWICZENIA

15 **Podkreśl zaimki, które odmieniają się jednocześnie przez liczby, rodzaje i przypadki.**

1. **кто**
2. **чей**
3. **сколько**
4. **какой**
5. **что**
6. **который**

16 **Uzupełnij pytania zaimkiem *КТО?* lub *ЧТО?*.**

1. .... **это? Это волейболный мяч.**
2. .... **это? Это аквариум.**
3. .... **это? Это моя новая подруга.**
4. .... **это? Это Вера.**
5. .... **это? Это такса.**
6. .... **это? Это жаворонок.**

17 **Wstaw odpowiedni zaimek pytający.**

1. .... **стоит этот шоколад?**
2. .... **это сумка, Игы?**
3. .... **хочет поехать в командировку?**
4. .... **цветы купим Зине?**
5. .... **лежит на столе?**

18 **Przetłumacz zdania na polski.**

1. Czym się interesujesz?

....

2. Czyją siostrę widziałeś wczoraj w kinie?

....

3. O czym on tak długo rozmyśla?

....

4. Czyj plecak leży pod ławką?

....

5. O czyich imieninach zapomniał Paweł?

....

6. Czyje jest to lusterko?

....

19 **Uzupełnij dialogi zaimkiem какой lub который we właściwej formie.**

1. – .... **ветчину вы хотите?**
   – **Пятую слева.**

2. – .... **помидоры у вас есть?**
   – **Красные и жёлтые.**

3. – **С** .... **перрона отходит скорый поезд в Минск?**
   – **С пятого перрона.**

4. – **О** .... **профессии вы мечтали в детстве?**
   – **Я хотела стать врачом.**

20 **Wybierz pytanie, które pasuje do podkreślonego wyrazu.**

1. **Я хорошо знаю этот город.**
   a. **Как?**
   b. **Каков?**
   c. **Что?**
   d. **Какая?**

2. **Это угольник.**
   a. **Кто она?**
   b. **Кто это?**
   c. **Какая?**
   d. **Что это?**

3. **Эта женщина не носит очки.**
   a. **Какая?**
   b. **Чья?**
   c. **Кто?**
   d. **Какой?**

4. **Возьму эти оранжевые розы.**
   a. **Какая?**
   b. **Что?**
   c. **Какие?**
   d. **Как?**

21 Uzupełnij zdania zaimkami w nawiasie przetłumaczonymi na jęz. rosyjski.

1. (Kogo) .... **не было на занятиях?**
2. (Czyja) .... **это машина?**
3. (Ile) .... **лет твоему брату?**
4. (Jaki) .... **сегодня число?**
5. **В** (którym) .... **месяце ты родился?**
6. **С** (czym) .... **эти пирожки?**
7. **На** (kogo) .... **она похожа?**
8. **О** (kim) .... **рассказывал Милан.**

5.6. **Zaimki względne**

Zaimki względne (**относительные местоимения**) to: **кто** (kto), **что** (co), **какой** (jaki), **чей** (czyj), **который** (który), **каков** (jaki), **столько** (tyle), **где** (gdzie), **куда** (dokąd), **откуда** (skąd), **когда** (gdy).

Zaimki względne mają taką samą postać, jak zaimki pytające, natomiast różnią się pod względem funkcji jaką pełnią w zdaniu. Zaimki względne używane są do łączenia zdania podrzędnego ze zdaniem nadrzędnym (głównym), np.

У меня есть подруга, которая занимается гандболом. Mam koleżankę, która zajmuje się piłką ręczną.

Лодкой поплыли все, кто боялся летать. Łódką popłynęły te osoby, które bały się latać.

Всем интересно, сколько будет стоить новая модель Ауди. Wszyscy są ciekawi, ile będzie kosztował nowy model Audi.

ĆWICZENIA

22 Wybierz właściwy zaimek.

1. **Это любовь, о какой / о чём мечтает каждая женщина.**
2. **Я не знаю человека, над которым / кем вы смеётесь.**
3. **Это тот человек, которого / чьё мы видели вчера в парке.**
4. **Человек он был гостеприиимный, каких / какой уже нет.**
5. **Нельзя всего того говорить, что / о ком люди говорят.** (посл.)
6. **Ты меня не мучай и не спрашивай, сколько / где мне лет.**

23 Uzupełnij zdania zaimkami w nawiasie przetłumaczonymi na jęz. rosyjski.

1. **Язык – это орган речи, с помощью .... люди передают друг другу свои эмоции.** (którego)
2. **Она думала о людьях, ... никогда не видела.** (których)
3. **Я видел, что это было совсем не то, ... было во всех его прежних действиях.** (co)
4. **Это было в тот же день, ..., я родился.** (kiedy)
5. **Вот человек, ... книгу ты читал.** (czyją)
6. **Дом, в .... мы жили, сгорел.** (którym)

24 Uzupełnij zdania zaimkami względnymi z ramki.

которое	**кто**	**как**	**когда**	**что**

1. **Мы подошли к озеру, ... манило своей красотой.**
2. **Кто может знать, ... ждёт меня?**
3. **Друзья рассказывают, ... присутствовал среди гостей.**
4. **Он хорошо знает, ... надо общаться с этими людьми.**
5. **Раз в месяц, в тот день, ... ей приносят билеты, она забирает всех в театр.**

5.7. **Zaimki przeczące**

Zaimki przeczące (**отрицательные местоимения**) to: **никто** (nikt), **ничто** (nic), **ничей** (niczyj), **никакой** (żaden), **некого** (nikogo), **нечего** (niczego).

- zaimki przeczące wskazują na brak osoby, przedmiotu lub jego cechy, np. **Никто не хотел сделать покупки.** Nikomu nie chciało się zrobić zakupów.
- tworzy się je od zaimków pytających przy pomocy przedrostków **ни** lub **не**, dlatego wzorzec odmiany zaimków przeczących jest taki sam, jak zaimków pytających
- zaimki przeczące odmieniają się według wzoru odmiany zaimków pytających
- zaimki przeczące z **ни-** stosujemy tylko w zdaniach, w których czasownik poprzedza przeczenie **не**, np. **Дима ничем не интересуется**. Dima niczym się nie interesuje.

Odmiana zaimka przeczącego **никакой**				
	liczba pojedyncza			liczba mnoga
Przypadek	rodzaj męski	rodzaj żeński	rodzaj nijaki	wszystkie rodzaje
M.	**никакой**	**никакое**	**никакая**	**никакие**
D.	**никакого**	**никакого**	**никакой**	**никаких**
C.	**никакому**	**никакому**	**никакой**	**никаким**
B.	**никакого** (z rzeczownikiem żywotnym) **никакой** (z rzeczownikiem nieżywotnym)	**никакое**	**никакую**	**никаких** (z rzeczownikiem żywotnym)/ **никакие** (z rzeczownikiem nieżywotnym)
N.	**никаким**	**никаким**	**никакой, никакою**	**никакими**
Ms.	**никаком**	**никаком**	**никакой**	**никаких**

Odmiana zaimka przeczącego **ничей**				
	liczba pojedyncza			liczba mnoga
Przypadek	rodzaj męski	rodzaj żeński	rodzaj nijaki	wszystkie rodzaje
M.	**ничей**	**ничьё**	**ничья**	**ничьи**
D.	**ничьего**	**ничьего**	**ничьей**	**ничьих**
C.	**ничьему**	**ничьему**	**ничьей**	**ничьим**
B.	**ничьего** (z rzeczownikiem żywotnym)/ **ничей** (z rzeczownikiem nieżywotnym)	**ничьё**	**ничью**	**ничьих** (z rzeczownikiem żywotnym)/ **ничьи** (z rzeczownikiem nieżywotnym)
N.	**ничьим**	**ничьим**	**ничьей, ничьею**	**ничьими**
Ms.	**ничьём**	**ничьём**	**ничьей**	**ничьих**

Odmiana zaimków **никто** i **ничто**				
Przypadek	**никто**		**ничто**	
M.	**никто** – nikt	------------	**ничто** – nic	--------------
D.	**никого** – nikogo	**ни от кого** – od nikogo	**ничего** – niczego	**ни для чего** – do niczego
C.	**никому** – nikomu	**ни к кому** – nikomu	**ничему** – niczemu	**ни к чему** – niczemu
B.	**никого** – nikogo	**ни на кого** – na nikogo	**ничего** – niczego	**ни за что** – za nic
N.	**никем** – nikim	**ни с кем** – z nikim	**ничем** – niczym	**ни с чем** – z niczym
Ms.	-----------------	**ни о ком** – o nikim	----------------	**ни на чём** – na niczym

Zaimki przeczące z przyimkami pisze się **rozdzielnie**. Przyimek znajduje się pomiędzy przyrostkiem a zaimkiem, np.
ни с того ни с сего (ni z tego ni z owego),
не о чём (nie ma o czym).

- zaimki przeczące utworzone za pomocą przedrostka **не-** wskazują, że czynność jest niemożliwa do wykonania; przedrostek **не-** jest zawsze akcentowany, np.
Мне не с кем пойти в кино. Nie mam z kim pójść do kina.
Никто не хотел пойти в кино. Nikt nie chciał iść do kina.

Odmiana zaimków **некого** i **нечего**		
Przypadek	**некого**	**нечего**
M.	---------	------------
D.	**некого** – nikogo	**нечего** – niczego
C.	**некому** – nikomu	**нечему** – niczemu
B.	**некого** – nikogo	**нечего** – niczego
N.	**некем** – nikim	**нечем** – niczym
Ms.	---------	------------

ĆWICZENIA

25 Zdecyduj jak należy zapisać podane zaimki – łącznie czy rozdzielnie.

1. **(ни) кто** ....
2. **(не) чему** ....
3. **(не) с кем** ....
4. **(ни) чей** ....
5. **(ни) с чьем** ....
6. **(не) у кого** ....
7. **(не) кто** ....
8. **(ни) какой** ....

26 26 Uzupełnij zaimki brakującymi cząstkami **не** lub **ни**.

1. **Я** ..... **чем не увлекаюсь**.
2. **Мне** ....**чему радоваться**.
3. ..... **у кого не было сомнения, что она была невиновата.**
4. **Она уехала из дома так, чтобы её** ..... **кто не видел.**
5. **Упрямого** ..... **чем не убедишь.** (посл.)
6. ..... **чьими похвалами не возносись.** (посл.)
7. **Ему** ..... **с кем было посоветоваться, у него не было друзей.**
8. **Родную мать** ..... **кем не заменишь.** (посл.)
9. ..... **с кого спрашивать, когда сам виноват.** (посл.)
10. ..... **за какие коврыжки не войду в эту воду.**

27 Przetłumacz zdania na jęz. polski.

1. **Мне сочувствия не надо.**

....

2. **Ему ни с кем не хотелось говорить.**

....

3. **Ему не с кем было говорить.**

....

4. **Мне не о чём думать.**

....

5. **Они ни на что не обращали внимания.**

....

6. **Он никогда не опаздывал.**

....

28 Połącz zdania z brakującymi zaimkami.

1. .... **не знает, где ты живёшь.**	a. **нигде**
2. .... **поговорить об этой проблеме.**	b. **не с кем**
3. **Мне** .... **спросить, как называется это экзотическое животное.**	c. **никто**
4. **Не презирай совета** ...., **а прежде выслушай его.**	d. **ничьего**
5. **Я** .... **не находил покоя.**	e. **не у кого**

5.8. Zaimki nieokreślone

Zaimki nieokreślone (**неопределённые местоимения**) to: **кто-то** (ktoś), **что-то**, **какой-то**, **кто-нибудь** (ktoś, ktokolwiek), **что-нибудь**, **какой-нибудь**, **сколько-нибудь**, **кто-либо** (ktokolwiek, ktoś), **что-либо** (cokolwiek, coś), **какой-либо** (jakikolwiek, jakiś), **чей-либо** (czyjkolwiek, czyjś), **кое-кто** (niektórzy, ten i ów), **кое-что** (coś, coś niecoś), **некто**, **нечто**, **некий** (niejaki, jakiś, pewien), **несколько** (kilka, parę), **кое-куда** (gdzieś, gdzieniegdzie), **откуда-то** (skądś, nie wiadomo skąd), **зачем-то** (po coś, dla jakiejś przyczyny).

Zaimki tej grupy wskazują na bliżej nieokreśloną osobę, przedmiot, miejsce lub ilość. Tworzone są od zaimków pytających za pomocą przedrostków i przyrostków:

- **не-**, np. **некто** (ktoś), **нечто** (coś), **несколько** (kilka), **некий** (устар.) (niejaki, jakiś, pewien), **некоторый** (niektóry);

- **кое-**, np. **кое-кто** (niektórzy, ten i ów, ktoś), **кое-что** (coś, coś niecoś), **кое-какой** (niektóry, pewny);

- **-то**, np. **кто-то** (ktoś), **что-то** (coś), **какой-то** (jakiś), **чей-то** (czyjś);

- **-либо**, np. **кто-либо** (ktokolwiek, ktoś), **что-либо** (cokolwiek, coś), **какой-либо** (jakikolwiek, jakiś), **чей-либо** (czyjkolwiek, czyjś);

- **-нибудь**, np. **кто-нибудь** (ktokolwiek, ktoś), **что-нибудь** (cokolwiek, coś), **какой-нибудь** (jakikolwiek, jakiś), **чей-нибудь** (czyjkolwiek, czyjś).

Zaimki z przedrostkiem **кое-** i przyrostkami **-то**, **-нибудь**, **-либо** są synonimiczne, ale każdy z nich ma nieco inne znaczenie.

Zaimki z przyrostkiem **-то** wskazują:

- na coś lub kogoś nieznanego zarówno mówiącemu, jak i słuchającemu, np.
  К тебе кто-то заходил. Ktoś cię odwiedził. dosł. Ktoś do ciebie zachodził.

- na sytuację znaną w swoim czasie, ale w danym momencie zapomnianą, np.
  Я видела где-то эту книгу, но сейчас не помню. Gdzieś widziałam tę książkę, ale teraz nie pamiętam.

- na to, że mowa jest o jednym konkretnym obiekcie, np.
  Он всегда берёт с собой в поход какой-то рюкзак. On zawsze zabiera na wycieczkę jakiś plecak. – oznacza to, że on bierze zawsze ten sam lub tego samego rodzaju plecak.

- na działanie pojedyncze i nie powtarzające się, które wyrażone jest za pomocą czasownika dokonanego, np.
  Она съела стаканчик какого-то мороженого. Zjadła puchar jakichś lodów.

Zaimki z przyrostkiem **-нибудь** znaczą tyle co: wszystko jedno kto lub co, bez znaczenia kto lub co.

- używamy ich, gdy mamy na myśli kogokolwiek lub cokolwiek; w zdaniach z nimi ważne jest działanie, a nie jego przedmiot, np.
  Спой что-нибудь. Zaśpiewaj coś. – nie ważne co się zaśpiewa, byle tylko zaśpiewać
  Когда ты будешь в Париже, купи мне что-нибудь. Gdy będziesz w Paryżu, kup mi coś. – nie liczy się co zostanie kupione, byleby tylko zostało kupione

- zaimki z przyrostkiem **-нибудь** stosujemy, gdy wskazywane działanie powtarza się i jest związane za każdym razem z innym obiektem, np.
  Каждый день она есть стаканчик какого-нибудь мороженого. – przedmiot działania, czyli lody mogą być różne.

Zaimki z przyrostkiem **-либо** są bliskie w znaczeniu zaimkom z przyrostkiem **-нибудь**, mają jednak bardziej ogólne znaczenie, wskazują na to, że działanie odnosi się do każdej z nieokreślonych osób i przedmiotów, np.

Он попросил кого-нибудь принести воды. – czyli: On poprosił jedną z niewielu nieznanych osób.
Он попросил кого-либо принести воды. – On poprosił kogokolwiek z nieznanych ludzi.

Zaimki z przyrostkiem **-либо** są charakterystyczne dla języka literackiego i rzadko pojawiają się w mowie potocznej.

Zaimki nieokreślone z przedrostkiem **кое-** wskazują:

- na coś lub kogoś nieznanego słuchającemu, ale znanego mówiącemu; mówiący wypowiada się, nie konkretyzując przedmiotu rozmowy, np.
  Мне надо кое о чём поговорить с Сашей. Muszę o czymś porozmawiać z Saszą.

- na działanie, które wykonywane jest źle, niedbale lub z trudem, np.
  После тренировки я была так устала, что кое-как дошла до дома. Po treningu byłam tak zmęczona, że ledwie doszłam do domu.

Zaimki z przedrostkiem **кое-**, występujące z przyimkami pisze się oddzielnie, np. **кое у кого**, **сделать кое для кого** (zrobić coś dla kogoś).

Zaimek **некто** występuje tylko w mianowniku, **нечто** w mianowniku i bierniku, a pozostałe zaimki nieokreślone odmieniają się jak zaimki pytające, od których powstały.

Przedrostek **кое-** i przyrostki **-то**, **-нибудь**, **-либо** są **nieodmienne**, a co za tym idzie w zaimkach nieokreślonych odmienia się tylko jeden z dwóch tworzących je elementów.

Odmiana zaimka nieokreślonego **кто-либо**	
Przypadek	Liczba pojedyncza
M.	**кто-либо** – ktokolwiek
D.	**кого-либо** – kogokolwiek
C.	**кому-либо** – komukolwiek
B.	**кого-либо** – kogokolwiek
N.	**кем-либо** – kimkolwiek
Ms.	**(о) ком-либо** – (o) kimkolwiek

Zaimek nieokreślony **несколько** wymaga, aby stojący za nim rzeczownik miał formę dopełniacza liczby mnogiej, np.
Прошло несколько жарких дней. Minęło kilka gorących dni.

29 Uzupełnij zdania zaimkami w nawiasie pisanymi łącznie, oddzielnie lub z dywizem[1].

1. **Он** .... **рассказал о себе. (кое что)**
2. **Пусть** .... **включит свет. (кто нибудь)**
3. .... **современные фильмы не привлекают внимания зрителей. (не которые)**
4. **Они ездили** .... **летом? (куда нибудь)**
5. **Тебе** .... **пришла посылка. (откуда то)**
6. **Я хочу тебя** .... **спросить. (кое о чём)**

30 Wybierz odpowiedni zaimek.

1. **Вечером мы идём на какой-то / некоторый спектакль в театр.**
2. **Ты знаешь некто / что-нибудь о польской музыке.**
3. **Говорят, кое-где / где-нибудь сохранились даже деревянные усадьбы.**
4. **Он тебе кое-как / что-то, принёс.**
5. **Тебя кто-нибудь / никакой видел?**

[1] Dywiz (łącznik) – krótka, pozioma kreska (-), używana m.in. przy łączeniu wyrazów złożonych lub przy przenoszeniu części wyrazów do następnego wiersza. Za Słownikiem języka polskiego, PWN: www.sjp.pwn.pl

31 Przetłumacz podane zdania na jęz. polski..

1. **Кто-то тихо постучал в дверь.**

....

2. **Их сейчас нет дома, они поехали на какую-то экскурсию.**

....

3. **Дай мне какую-нибудь книгу.**

....

4. **Сегодня у них будет кое-кто из новых знакомых.**

....

5. **Спой нам какой-нибудь романс.**

....

6. **Валя, тебе кто-то звонит!**

....

5.9. Zaimki uogólniające

Do **zaimków uogólniających** (**определительные местоимения**) zaliczamy: **сам** (sam), **самый** (właśnie ten, sam), **весь** (cały, wszystek), **всякий** (każdy, wszelki), **каждый** (każdy), **иной** (inny, niektóry, niejeden), **любой** (każdy, którykolwiek, jakikolwiek), **другой** (inny, drugi), **всяческий** (wszelki).

Zaimki uogólniające wskazują na ogólną cechę określanego rzeczownika, np.

Каждый, кто хочет, может принять участие в этом конкурсе. Każdy kto chce, może wziąć udział w tym konkursie.

Это был не кто иной, только сам Никита Михалков! To był nie kto inny, jak sam Nikita Michałkow.

Zaimki **сам, весь, всякий, каждый** (każdy), **любой** (każdy, którykolwiek, jakikolwiek) odmieniają się przez rodzaje, liczby i przypadki.

Zaimki **сам** i **самый** różnią się znaczeniem, natomiast w odmianie przez przypadki różnią się tylko formami mianownika i miejscem akcentu.

Zaimka **сам** używamy:

- dla podkreślenia, że ktoś wykonuje coś sam (samodzielnie), np.
  Он сам построил свой дом. On sam zbudował swój dom.
  Витя всё сделал сам. Wiktor zrobił wszystko sam.

- w celu wyodrębnienia danej osoby; w tym przypadku słowo **сам** ma znaczenie: nie kto inny, jak, np.
  Сам премьер-министр сказал, что все пострадавшие от наводнения получат денежную компенсацию. Sam premier powiedział, że wszystkie ofiary powodzi otrzymają rekompensatę pieniężną.

Odmiana zaimka **сам**				
	Liczba pojedyncza			Liczba mnoga
Przypadek	rodzaj męski	rodzaj żeński	rodzaj nijaki	wszystkie rodzaje
M.	**сам** – sam	**сама** – sama	**само** – same	**сами** – same
D.	**самого** – samego	**самой** – samej	**самого** – samego	**самих** – samych
C.	**самому** – samemu	**самой** – samej	**самому** – samemu	**самим** – samym
B.	**сам** – sam **самого** – samego	**саму** – samą	**само** – same **самого** – samego	**сами** – same **самих** – samych
N.	**самим** – samym	**самой** – samą	**самим** – samym	**самими** – samymi
Ms.	**(о) самом** – (o) samym	**(о) самой** – (o) samej	**(о) самом** – (o) samym	**(о) самих** – (o) samych

W zaimku **сам** akcent we wszystkich przypadkach pada na końcówkę, wyjątkiem jest mianownik liczby mnogiej, w którym akcentowany jest temat.

Zaimka **самый** używamy:

- do wskazywania bliskości, np.
  Эта гостиница находится у самого моря. Ten hotel jest położony **nad samym** morzem.
- do tworzenia formy złożonej stopnia najwyższego przymiotników, np.
  Как ты думаешь, какой самый лучший клип Леди Гаги? Jak sądzisz, który teledysk Lady Gagi jest **najlepszy**?

Odmiana zaimka **самый**				
	Liczba pojedyncza			Liczba mnoga
Przypadek	rodzaj męski	rodzaj żeński	rodzaj nijaki	wszystkie rodzaje
M.	**самый** – sam	**самая** – sama	**самое** – same	**самые** – same
D.	**самого** – samego	**самой** – samej	**самого** – samego	**самых** – samych
C.	**самому** – samemu	**самой** – samej	**самому** – samemu	**самым** – samym
B.	**самый** – sam **самого** – samego	**самую** – samą	**самое** – same **самого** – samego	**самые** – same **самых** – samych
N.	**самым** – samym	**самой** – samą	**самым** – samym	**самыми** – samymi
Ms.	**(о) самом** – (o) samym	**(о) самой** – (o) samej	**(о) самом** – (o) samym	**(о) самых** – (o) samych

W zaimku **самый** akcent pada na temat i zostaje zachowany we wszystkich przypadkach.

Zaimek **весь** wskazuje na pełny zakres lub zasięg czegoś, np.
Все за одного, один за всех. Jeden za wszystkich, wszyscy za jednego.
Na język polski tłumaczymy to słowo jako cały, wszystek, wszystko, np.
весь город (całe miasto),
вся команда (cały pokój),
все знают (wszyscy wiedzą).
Zaimek **весь** służy także do tworzenia złożonej formy stopnia najwyższego przymiotników i przysłówków, np. **лучше всего** (najlepiej), **лучше всех** (najlepszy).

Odmiana zaimka **весь**				
	Liczba pojedyncza			Liczba mnoga
Przypadek	rodzaj męski	rodzaj żeński	rodzaj nijaki	wszystkie rodzaje
M.	**весь** – cały	**вся** – cała	**всё** – całe	**все** – całe
D.	**всего** – całego	**всей** – całej	**всего** – całego	**всех** –całych
C.	**всему** – całemu	**всей** – całej	**всему** – całemu	**всем** –całym
B.	**весь** – cały **всего** – całego	**всю** – całą	**всё** – całe **всего** – całego	**все** – całe **всех** – całych
N.	**всем** – całym	**всей** – całą	**всем** – całym	**всеми** – całymi
Ms.	(o) **всём** – (o) całym	(o) **всей** – (o) całej	(o) **всём** – (o) całym	(o) **всех** – (o) całych

Zaimek **всякий** na język polski tłumaczymy jako każdy, wszelki, wszelkiego rodzaju, jakikolwiek, np.
всякий может это сделать (każdy może to zrobić),
без всякого сомнения (bez żadnej wątpliowości),
отсутствие всяких правил (brak jakichkolwiek reguł).

Odmiana zaimka **всякий**				
	Liczba pojedyncza			Liczba mnoga
Przypadek	rodzaj męski	rodzaj żeński	rodzaj nijaki	wszystkie rodzaje
M.	**всякий**	**всякое**	**всякая**	**всякие**
D.	**всякого**	**всякого**	**всякой**	**всяких**
C.	**всякому**	**всякому**	**всякой**	**всяким**
B.	**всякого** (z rzeczownikami żywotnymi)/ **всякий** (z rzeczownikami nieżywotnymi)	**всякое**	**всякую**	**всяких** (z rzeczownikami żywotnymi)/ **всякие** (z rzeczownikami nieżywotnymi)
N.	**всяким**	**всяким**	**всякой, всякою**	**всякими**
Ms.	**всяком**	**всяком**	**всякой**	**всяких**
Krótka forma	**всяк**	**всяко**	**всяка**	**всяки**

ĆWICZENIA

32 Uzupełnij tabelkę przykładami.

1. **Я это от самого министра узнал.**
2. **Он сам решил задачу.**
3. **Мальчик сам зажёг огонь.**
4. **Я всё делаю сама.**
5. **Ада и Пётр – самые лучшие спортсмены в группе.**

znaczenia zaimka **сам**	
samodzielnie	ja, ty, on,...i nikt inny
....	....
....	....
....	....
....	....

33 Podkreśl zaimki uogólniające i przetłumacz zdania na jęz. polski.

1. **В этом городе все дома высокие.**
   ....
2. **Каждый день мы купаемся в море.**
   ....
3. **Автобус приходит каждые пять минут.**
   ....
4. **Всё закончилось хорошо.**
   ....
5. **Всякий скажет, что в этой пекарне самые вкусные торты.**
   ....
6. **Это совсем другое дело.**
   ....

34 Przetłumacz podane związki frazeologiczne na polski.

1. **в другой раз** ....
2. **другими словами** ....
3. **из другой оперы** ....
4. **никто другой** ....
5. **с другой стороны** ....
6. **и тот и другой** ....

6. Liczebnik *Имя числительное*

Liczebnik to samodzielna część mowy określająca liczbę, ilość, a także kolejność przedmiotów w szeregu. Opowiada na pytania:

который (który),
сколько (ile).

Liczebniki rosyjskie podzielić możemy na dwie grupy leksykalno-gramatyczne:

- **liczebniki główne** (**количественные числительные**), np.
  два (dwa),
  пять (pięć),
  двадцать (dwadzieścia),
  пятьдесят (pięćdziesiąt),
  двести (dwieście);

- **liczebniki zbiorowe** (**собирательные числительные**), np.
  оба (obaj, obie),
  двое (dwaj, dwoje),
  пятеро (pięcioro),
  шестеро (sześcioro),
  семеро (siedmioro),
  девятеро (dziewięcioro), itp.

W skład liczebników głównych wchodzą:

- **liczebniki główne określone** (**определённо-количественные числительные**) oznaczające określoną liczbę lub ilość przedmiotów, np.
  полтора (półtora),
  два (dwa),
  пять (pięć);

- **liczebniki główne nieokreślone** (**неопределённо-количественные числительные**) oznaczające nieokreśloną liczbę lub ilość przedmiotów, np.
  мало (mało),
  немало (niemało),
  много (dużo),
  немного (niedużo);

  do tej grupy należą także **liczebniki zaimkowe** (**местоименные числительные**), np.
  несколько (trochę),
  сколько (ile),
  сколько-нибудь (ileś tam),
  сколько-то (ileś),
  столько (tyle).

Zarówno określone jak i nieokreślone liczebniki główne mogą oznaczać liczbę lub ilość przedmiotów oraz liczbę w matematyce, np.

три головы (trzy głowy),
двадцать солдатов (dwudziestu żołnierzy),
несколько хлеба и молока (trochę chleba i mleka),
дважды два это четыре (dwa razy dwa to cztery).

Liczebniki główne określone mają także znaczenie kolejności lub miary, np.

номер сорок четыре (numer czterdzieści cztery),

место двести двадцать (miejsce dwieście dwadzieścia).

Mianem liczebnika określa się także inne części mowy mające znaczenie ilości, liczby lub kolejności, odpowiadające na pytania **który** i **ile**.

Znaczenie tych wyrazów sprawia, że nie mają one kategorii liczby gramatycznej, np.
przymiotnik **многие** (wiele),
многие люди (wielu ludzi),
многие животные (wiele zwierząt).

Formy **один** – **одни** nie stanowią przeciwstawnej pary pod względem liczby gramatycznej.

- słówko **одни** (jeden) ma znaczenie liczby, kiedy określa rzeczownik z grupy pluralia tantum, np.
  одни перчатки (jedne rękawiczki – jedna para rękawiczek),
  одни кальсоны (jedne kalesony – jedna para kalesonów).
- w innych przypadkach oznacza wyłączność jakiegoś przedmiotu lub zjawiska, np.
  в купе сидели одни мужчины – w przedziale siedzieli **tylko** mężczyźni
- lub pełni rolę zaimka nieokreślonego, np.
  Одни знакомые девушки уехали в Париж. Pewne znajome dziewczęta wyjechały do Paryża.

Rzeczowniki pluralia tantum str. 11, 14.

Wyraz **ноль** oznaczający „zero" w języku rosyjskim zaliczany jest do rzeczowników.

Pomimo podobieństwa semantycznego, różnice w odmianie takich wyrazów jak **один** (jeden) i **первый** (pierwszy), czy **много** (dużo) i **многие** (mnogie) świadczą o tym, iż należą one do różnych części mowy.

Zarówno liczebniki porządkowe, jak i zaimkowe odmieniają się odpowiednio według wzorca przymiotnikowego i zaimkowego.

Liczebniki typu **миллион** (milion), **миллиард** (miliard) lub **ноль** (zero) odmieniają się według wzorca odmiany rzeczownika, np.

Odmiana rzeczownika **миллион** (milion)		
Liczba pojedyncza		Liczba mnoga
M.	**миллион рублей**	**миллионы рублей**
D.	**миллиона рублей**	**миллионов рублей**
C.	**миллиону рублей**	**миллионам рублей**
B.	**миллион рублей**	**миллионы рублей**
N.	**миллионом рублей**	**миллионами рублей**
Ms.	**миллионе рублей**	**миллионах рублей**

W mianowniku i bierniku zarówno liczebniki główne, jak i zbiorowe łączą się z **rzeczownikami nieżywotnymi w dopełniaczu**, np.
два стола (dwa stoły),

трое саней (trzy pary sań),
пять суток (pięć dób).
We wszystkich innych przypadkach liczebniki, łącząc się z rzeczownikami nieżywotnymi, mają formę tego samego przypadka, co określany rzeczownik, np.
двух столов – двум столам – пяти суток – пятью сутками.

ĆWICZENIA

1 Uzupełnij tabelkę, określając typy liczebników z ramki.

семь трое пять пятеро сто сколько тысяча много шестеро девять девяносто три

количественные числительные	собирательные числительные

2 Zaznacz akcenty w podanych liczebnikach.

1. **трое**
2. **семеро**
3. **пятеро**
4. **шестеро**
5. **двое**
6. **девятеро**
7. **оба**
8. **обе**
9. **восьмеро**

3 Zaznacz liczebniki główne nieokreślone.

1. **много**
2. **несколько**
3. **пятеро**
4. **тысяча**
5. **двести два**
6. **пятьдесят три**
7. **семеро**
8. **мало**
9. **восьмеро**
10. **оба**
11. **семьсот**
12. **сколько-нибудь**

4 Uzupełnij tabelkę, określając typ liczebników głównych oraz do jakich części mowy należy zaliczyć wyrazy występujące w funkcji liczebnika.

трое два пятьсот полтора двести тысяча первый семьсот немало ноль мало столько восемь несколько сто семь четыре сотня четыреста

определённо-количественные числительные	неопределённо-количественные числительные

6.1. Liczebniki główne

Ze względu na budowę **liczebniki główne** (**количественные числительные**) możemy podzielić na:

- **liczebniki proste** – **простые числительные** – o jednowyrazowym temacie, np.
  два (dwa), **десять** (dziesięć), **сто** (sto), **сколько** (ile), **столько** (tyle), **пятнадцать** (piętnaście);
- **złożone** – **сложные числительные** – o złożonym temacie, np.
  шестьдесят (sześćdziesiąt),
  восемьсот (osiemset);
- **wieloskładnikowe** – **составные числительные** – powstałe z połączenia kilku prostych lub złożonych liczebników głównych, np.
  двадцать восемь (dwadzieścia osiem),
  семьсот девяносто три (dziewięćdziesiąt trzy),
  тысяча семьсот девяносто три (1 793),
  миллион двадцать тысяч семьсот девяносто три (1 020 793).

W niektórych klasyfikacjach do liczebników wieloskładnikowych zaliczane są tzw. **liczebniki ułamkowe** (**дробные числительные**), np.
пять восьмых (pięć ósmych),
три четвёртых (trzy czwarte),
две целых и тридцать пять сотых (dwa i trzydzieści pięć setnych).

ĆWICZENIA

5 **Podkreśl w tekście liczebniki główne.**

У Жанны в кармане было три тысячи сто рублей. Пятьсот рублей она положила в копилку. За сто рублей она купила яйца, за триста восемьдесят рублей – муку. Двадцать рублей она использовала на билет в метро. Сколько рублей осталось у девушки в кармане?

6 **Posegreguj liczebniki główne z poprzedniego ćwiczenia.**

простые числительные	**сложные числительные**	**составные числительные**
....	....	....
....	....	....
....	....	....
....	....	....

7 Rozwiąż krzyżówkę.

1. **Сто и сто – это** ....
2. **Дважды пять – это** ....
3. **Шестьсот и двести – это** ....
4. **Дважды три – это** ....
5. **Восемьдесят и двадцать – это** ....
6. **Один отнять один – это** ....
7. **Девятьсот девяносто семь и три – это** ....

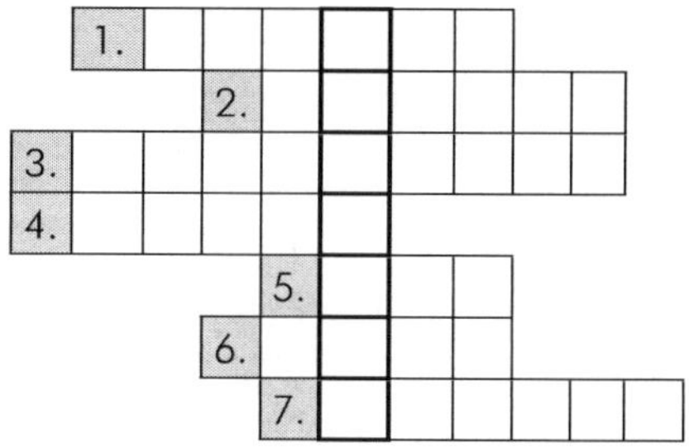

Отгадка: ....

8 Zapisz słownie podane ułamki.

1. 1/4 ....
2. 7/8 ....
3. 1/2 ....
4. 5/6 ....
5. **0.2** ....
6. 3/4 ....
7. 1/3 ....
8. **0.5** ....
9. 2/7 ....

6.2. Charakterystyka liczebników

Liczebniki nie posiadają morfologicznej (związanej z budową wyrazu) kategorii rodzaju. Wyjątek stanowią liczebniki: **один** (jeden), **два** (dwa), **оба** (oba), **полтора** (półtora). Liczebniki te występują w rodzaju męskim i nijakim, np.

два стола (dwa stoły),
оба мужчины (obu mężczyzn),
полтора рубля (półtora rubla),
один мальчик (jeden chłopiec)

oraz żeńskim, np.

две книги (dwie książki),
одна девушка (jedna dziewczynka),
обе женщины (obie kobiety),
полторы комнаты (półtora pokoju).

Kiedy liczebniki te określają rzeczowniki żywotne, mają taką samą formę w dopełniaczu i bierniku, zaś w połączeniu z rzeczownikami nieżywotnymi biernik jest identyczny z mianownikiem.

Odmiana liczebników **два, три, четыре** dla rodzaju męskiego / nijakiego i żeńskiego z rzeczownikami żywotnymi i nieżywotnymi				
	Rodzaj męski / nijaki		Rodzaj żeński	
Przypadek	z rzeczownikiem żywotnym	z rzeczownikiem nieżywotnym	z rzeczownikiem żywotnym	z rzeczownikiem nieżywotnym
M.	**два мужчины**	**два стола**	**две женщины**	**две книги**
	три мужчины	**три стола**	**три женщины**	**три книги**
	четыре мужчины	**четыре стола**	**четыре женщины**	**четыре книги**
D.	**двух мужчин**	**двух столов**	**двух женщин**	**двух книг**
	трёх мужчин	**трёх столов**	**трёх женщин**	**трёх книг**
	четырёх мужчин	**четырёх столов**	**четырёх женщин**	**четырёх книг**
C.	**двум мужчинам**	**двум столам**	**двум женщинам**	**двум книгам**
	трём мужчинам	**трём столам**	**трём женщинам**	**трём книгам**
	четырём мужчинам	**четырём столам**	**четырём женщинам**	**четырём книгам**
B.	**двух мужчин**	**два стола**	**двух женщин**	**две книги**
	трёх мужчин	**три стола**	**трёх женщин**	**три книги**
	четырёх мужчин	**четыре стола**	**четырёх женщин**	**четыре книги**
N.	**двумя мучжинами**	**двумя столами**	**двумя женщинами**	**двумя книгами**
	тремя мужчинами	**тремя столами**	**тремя женщинами**	**тремя книгами**
	четырьмя мучжинами	**четырьмя столами**	**четырьмя женщинами**	**четырьмя книгами**
Ms.	**двух мужчин**	**двух столов**	**двух женщин**	**двух книг**
	трёх мужчин	**трёх столов**	**трёх женщин**	**трёх книг**
	четырёх мужчин	**четырёх столов**	**четырёх женщин**	**четырёх книг**

Odmiana liczebnika **полтора** (półtora) dla rodzaju męskiego / nijakiego i żeńskiego		
Przypadek	Rodzaj męski / nijaki l.p.	Rodzaj żeński l.p.
M.	**полтора рубля**	**полторы булки**
D.	**полутора**	**полутора**
C.	**полутора**	**полутора**
B.	**полтора рубля**	**полторы булки**
N.	**полутора**	**полутора**
Ms.	**полутора**	**полутора**

Liczebniki główne, za wyjątkiem **два, один** i **полтора**, nie określają gramatycznego rodzaju rzeczowników, z którymi się łączą, np.

пять рублей (rodzaj męski),
пять девушек (rodzaj żeński),
пять окон (rodzaj nijaki).

Liczebniki zbiorowe, za wyjątkiem wyrazu **оба**, nie posiadają kategorii rodzaju, ale przyjmują rodzaj rzeczowników, które określają, np.

трое парней (trzech facetów),
пятеро детей (pięcioro dzieci),
четверо девушек (cztery dziewczynki).

Liczebniki zbiorowe łączą się także z:

- zaimkami typu **мы**, **вы**, **они**, np.
  нас было трое (było nas trzech),
  их четверо (ich czworo),
  вас двое (was dwoje);

- rzeczownikami, np. **дети** / **ребята** (dzieci), czy **люди** / **лица** (osoby), np.
  двое детей (dwoje dzieci),
  восьмеро ребят (ośmioro dzieci),
  трое людей (trzy osoby),
  семеро лиц (siedem osób);

- z rzeczownikami **pluralia tantum**, np.
  двое суток (dwie doby),
  пятеро саней (pięć par sań),
  трое ботинок (trzy pary butów),
  пятеро спортивных штанов (pięć par spodni dresowych),
  шестеро кальсон (sześć par kalesonów).

Użycie określonego liczebnika zależy od tego czy rzeczownik, który określa jest **żywotny** czy **nieżywotny**. W grupie liczebników głównych kategorię żywotności posiadają jedynie wyrazy **два**, **три** i **четыре**, np.

две картины (z rzeczownikiem nieżywotnym)
ale
двух парней (z rzeczownikiem ożywotnym).

Rzeczowniki żywotne i nieżywotne str. 28.

Liczebniki nie posiadają morfologicznej kategorii liczby.

- liczebniki **оба**, **полтора** oraz **два**, **три**, **четыре** łączą się z rzeczownikami w dopełniaczu liczby pojedynczej, np.
  оба окна (oba okna),
  полтора мыла (półtora mydła),
  два дня (dwa dni),
  три мяча (trzy piłki),
  четыре студента (czterech studentów);

- liczebniki główne **пять**, **шесть**, **семь** i dalej, a także liczebniki zbiorowe (poza liczebnikiem **оба**) łączą się z rzeczownikami w dopełniaczu liczby mnogiej; reguła ta odnosi się tylko do tych wyrażeń, w których liczebnik występuje w mianowniku lub równym mu bierniku, np.
  пять дней (pięć dni),
  шесть окон (sześć okien),
  семь мыл (siedem mydeł),
  восемь мячей (osiem bramek),
  пятеро студентов (pięciu studentów),
  четверо книг (cztery książki);

- we wszystkich pozostałych przypadkach rzeczownik łączący się z liczebnikiem występuje w liczbie mnogiej, np.
  два дня (dwa dni) – **двух дней**,
  оба парня (obaj mężczyźni) – **обоих парней**,
  полтора года (półtora roku) – **полутора лет**;

- kiedy z rzeczownikiem łączy się liczebnik główny, a w skład wyrażenia wchodzi także określający rzeczownik przymiotnik, to przymiotnik ten we wszystkich przypadkach zachowuje liczbę mnogą, np.
  два праздничных дня (dwa świąteczne dni),
  оба весёлых чёрта (dwa wesołe czorty).

Liczebniki główne w języku rosyjskim mogą przejmować cechy rzeczowników, jest to tzw. **субстантивация числительных**. Następuje ona wówczas, gdy liczebnik nazywa cyfrę, ocenę szkolną lub godzinę. Liczebnik, który przejął cechy rzeczownika, występuje w rodzaju nijakim, np.
  получила сильное три (dostała mocne trzy),
  на листке написано десять (na kartce napisano dziesięć).

Liczebniki zbiorowe mogą funkcjonować jako rzeczowniki wyłącznie, kiedy określają liczbę osób, np.
  семеро одного не ждут (siedmiu na jednego nie czeka),
  пришло / пришли трое (przyszli we troje),
  идёт / идут двое (idą we dwoje).

ĆWICZENIA

9 Zapisz słownie liczebniki w nawiasach.

1. (**2/10**) .... **секунды решили о победе команды из Мурманска.**
2. **Светлане еженедельно выдают** (**500**) .... **рублей карманных денег.**
3. **У Нины и Алексея** (**3**) .... **детей.**
4. **Белое BMW стоит** (**300**) .... **тысяч рублей.**
5. **Нина едет в Швецию через** (**1,5**) .... **месяца.**
6. (**2**) .... **суток милиция искала подозреваемого.**
7. **Вору удалось украсть** (**150**) .... **MP-4 плееров.**
8. **У Янки в классе** (**11**) .... **девушек.**
9. (**7**) .... **одного не ждут.**

10 Połącz nazwy miar z ich opisami.

1. **1 километр**	a. **сто сантиметров**
2. **1 тонна**	b. **сто квадратных метров**
3. **1 ар**	c. **тысяча граммов**
4. **1 миллиметр**	d. **один кубический дециметр**
5. **1 метр**	e. **сто литров**
6. **1 литр**	f. **одна тысячная метра**
7. **1 килограмм**	g. **тысяча метров**
8. **1 гектолитр**	h. **тысяча килограммов**
9. **1 грамм**	i. **тысяча миллиграммов**

11 We fragmencie „Małego Księcia" A. de Saint-Exupéry'ego podkreśl wszystkie wyrazy występujące w znaczeniu liczebnika (liczebniki i inne części mowy).

«Маленький принц поднялся на высокую гору. Прежде он никогда не видал гор, кроме своих трёх вулканов, которые были ему по колено. Потухший вулкан служил ему табуретом. И теперь он подумал: «С такой высокой горы я сразу увижу всю планету и всех людей». Но увидел только скалы, острые и тонкие, как иглы.
— Добрый день, — сказал он на всякий случай.
«Добрый день... день... день...» - откликнулось эхо.
— Кто вы? — спросил Маленький принц.
«Кто вы... кто вы... кто вы... – откликнулось эхо.
— Будем друзьями, я совсем один, — сказал он.
«Один... один... один...» — откликнулось эхо.
«Какая странная планета! — подумал Маленький принц. — Совсем сухая, вся в иглах и солёная. И у людей не хватает воображения. Они только повторяют то, что им скажешь... Дома у меня был цветок, моя краса и радость, и он всегда заговаривал первым».[1]

12 Wypisz podkreślone wyrazy z poprzedniego ćwiczenia i określ jakie to części mowy.

....
....
....
....

[1] Antoine de Saint-Exupéry, „Mały Książę" (fragm.). Przekład rosyjski według Nory Gal (1958) – vavilon.ru/noragal.

6.3. Odmiana liczebników

Liczebniki rosyjskie można podzielić na **odmienne** (**склоняемые**) i **nieodmienne** (**несклоняемые**). Do nieodmiennych należą liczebniki **мало** (mało) i **немало** (niemało), do odmiennych – wszystkie pozostałe.

Liczebniki odmieniają się przez sześć przypadków i mają takie same końcówki, jak rzeczowniki i przymiotniki, które określają. W przypadku **liczebników wieloskładnikowych** (**составные числительные**) przez przypadki odmienia się każdy wyraz wchodzący w skład liczebnika.

Ze względu na wzorzec odmiany liczebniki rosyjskie można podzielić na 5 grup:

1. odmiana liczebników **два**, **три**, **четыре**;

2. odmiana liczebników **пять**, **шесть**, **семь**, **восемь**, **девять**, **десять**; liczebniki zakończone na **-дцать**, np.
   одиннадцать (jedenaście),
   двенадцать (dwanaście)
   oraz liczebniki zakończone na -**десять**, np.
   шестьдесят (sześćdziesiąt),
   семьдесят (siedemdziesiąt);

3. odmiana liczebników **двести** (dwieście), **триста** (trzysta), **четыреста** (czterysta) i wszystkich liczebników zakończonych na **-сот**, np.
   пятьсот (pięćset),
   семьсот (siedemset);

4. odmiana liczebników **сорок** (czterdzieści), **девяносто** (dziewięćdziesiąt), **сто** (sto) oraz liczebników **полтора** (półtora) i **полтораста** (sto pięćdziesiąt);

5. odmiana liczebników **оба** (oba), **трое** (troje), **четверо** (czworo), **немного** (mało), **много** (dużo), **сколько** (ile), **столько** (tyle), **несколько** (kilka).

6.3.1. Odmiana liczebników głównych

Liczebniki z grupy 1 czyli **два**, **три**, **четыре** odmieniają się podobnie jak przymiotniki.

Odmiana liczebników **два**, **три**, **четыре** dla rodzaju męskiego, nijakiego i żeńskiego z rzeczownikami żywotnymi i nieżywotnymi str. 126.

Liczebniki z grupy 2, tj. od **пять** do **десять**, a także wszystkie liczebniki zakończone na **-дцать** i **-десять** tworzą końcówki zgodnie ze wzorcem III deklinacji rzeczowników, np.

Odmiana liczebników z grupy 2: **пять, -дцать, -десять** z rzeczownikiem i przymiotnikiem		
	Rodzaj męski/nijaki	Rodzaj żeński
M.	**пять чёрных коней**	**пять весёлых обезьян**
	одиннадцать чёрных коней	**одиннадцать весёлых обезьян**
	семьдесят чёрных коней	**семьдесят весёлых обезьян**
D.	**пяти чёрных коней**	**пяти весёлых обезьян**
	одиннадцати чёрных коней	**одиннадцати весёлых обезьян**
	семидесяти чёрных коней	**семидесяти весёлых обезьян**
C.	**пяти чёрным коням**	**пяти весёлым обезьянам**
	одиннадцати чёрным коням	**одиннадцати весёлым обезьянам**
	семидесяти чёрным коням	**семидесяти весёлым обезьянам**
B.	**пять чёрных коней**	**пять весёлых обезьян**
	одиннадцать чёрных коней	**одиннадцать весёлых обезьян**
	семьдесят чёрных коней	**семьдесят весёлых обезьян**
N.	**пятью чёрными конями**	**пятью весёлыми обезьянами**
	одиннадцатью чёрными конями	**одиннадцатью весёлыми обезьянами**
	семьюдесятью чёрными конями	**семьюдесятью весёлыми обезьянами**
Ms.	**пяти чёрных конях**	**пяти весёлых обезьянах**
	одиннадцати чёрных конях	**одиннадцати весёлых обезьянах**
	семидесяти чёрных конях	**семидесяти весёлых обезьянах**

W wyrazie **восемь** (osiem) w formach dopełniacza i celownika, a także w narzędniku i miejscowniku zanika samogłoska **е**. Wyrazy **восемь** i **восемьдесят** (osiemdziesiąt) w narzędniku posiadają dwie formy, tj.
восьмью / **восемь**,
восмьюдесятью / **восемьюдесятью**;
Formy **восьмью** i **восмьюдесятью** są charakterystyczne dla języka potocznego.

Cechą charakterystyczną odmiany liczebników zakończonych na **-десять** jest tzw. **podwójna odmiana** – **двойное склонение** – a mianowicie odmiana obu części wyrazu. Np.
пятьюдесятью (pięćdziesiąt),
семьюдесятью (siedemdziesiąt),
шестидесяти (sześćdziesiąt).

Odmiana rzeczowników III deklinacji str. 25.

Liczebniki grupy 3, tj. **двести** (dwieście), **триста** (trzysta), **четыреста** (czterysta) oraz liczebniki zakończone na **-сот** odmieniają się zgodnie ze wzorcem odmiany rzeczowników I deklinacji w liczbie mnogiej, np.

Odmiana liczebników z grupy 3: **двести, четыреста, -сот** z rzeczownikiem i przymiotnikiem	
M.	**двести гнилых апельсинов**
	четыреста гнилых апельсинов
	пятьсот гнилых апельсинов
D.	**двухсот гнилых апельсинов**
	четырёхсот гнилых апельсинов
	пятисот гнилых апельсинов
C.	**двумстам гнилым апельсинам**
	четырёмстам гнилым апельсинам
	пятистам гнилым апельсинам
B.	**двести гнилых апельсинов**
	четыреста гнилых апельсинов
	пятьсот гнилых апельсинов
N.	**двумястами гнилыми апельсинами**
	четырьмястами гнилыми апельсинами
	пятьюстами гнилыми апельсинами
Ms.	**двухстах гнилых апельсинах**
	четырёхстах гнилых апельсинах
	пятистах гнилых апельсинах

Zdarza się, że w mowie potocznej, a niekiedy także w tekstach, liczebniki złożone (**сложные числительные**) typu **двести** (dwieście), **триста** (trzysta), **пятьсот** (pięćset) traktowane są jako nieodmienne części mowy, np.
в шестьсот километрах от Москвы (600 km od Moskwy),
было уничтожено более двести зданий (zniszczono ponad dwieście budynków).
Takie użycie liczebników złożonych jest niezgodne z normą języka literackiego.

Liczebniki grupy 4, tj. **сорок** (czterdzieści), **девяносто** (dziewięćdziesiąt), **сто** (sto) w odmianie tworzą tylko dwie formy: mianownika i biernika oraz jedną formę dla wszystkich pozostałych przypadków, np.

Odmiana liczebników z grupy 4: **сорок, девяносто** z rzeczownikiem	
M.	**сорок мышей**
	девяносто мух
D.	**сорока мышей**
	девяноста мух
C.	**сорока мышей**
	девяноста мух
B.	**сорок мышей**
	девяносто мух
N.	**сорока мышей**
	девяноста мух
Ms.	**сорока мышей**
	девяноста мух

Cząstka **-сто** wchodząca w skład liczebnika złożonego może zachować składniowe funkcje rzeczownika. Wówczas liczebnik wymusza na rzeczowniku, który określa, przyjęcie liczebnikowego wzorca odmiany, np.

с тремястами солдат (z trzystu żołnierzy) – a nie **с тремястами солдатами**.

Wyraz **сто** jako rzeczownik (liczba 100; **сотня**) występuje tylko w przypadkach zależnych (wszystkich poza mianownikiem) liczby mnogiej, zazwyczaj w połączeniu z liczebnikami **много** i **несколько**, np.

о нескольких стах долларов (kilkaset dolarów),
с несколькими стами долларов (z kilkaset dolarów).

Opcjonalnie, gdy wyraz **сто** używany jest jako rzeczownik, w jego odmianie można użyć form rzeczownika **сотня**, np.

о нескольких сотнях долларов,
с несколькими сотнями долларов.

Należące również do **4 grupy liczebniki полтора** (półtora) i **полтораста** (150) także tworzą tylko dwie formy – mianownika i biernika oraz jedną formę dla pozostałych przypadków. Liczebniki **полтора** (półtora) i **полтораста** (sto pięćdziesiąt) w mianowniku i bierniku rządzą przypadkiem rzeczownika, w pozostałych przypadkach gramatycznych liczebniki te mają końcówki zgodne z liczbą mnogą określanego przez nie rzeczownika. W mowie potocznej oraz niektórych tekstach spotyka się wyrażenia typu:

в полуторастах (zamiast **полутораста**) **километров, полуторастам стран**.

Odmiana liczebnika **полтора** dla rodzaju męskiego / nijakiego i żeńskiego – tabela na str. 126.

ĆWICZENIA

13 Znajdź i zaznacz dziesięć liczebników zbiorowych.

Д	В	О	Е	В	О	С	Е	М	Ь	Д	Е	С	Я	Т	Т	Р	И
Е	Т	Ы	С	Я	Ч	А	П	Я	Т	Ь	С	Т	О	П	Я	Т	Ь
В	П	Я	Т	Ь	С	О	П	Д	А	Ч	Е	Т	В	Е	Р	О	Т
Я	Т	Ы	С	Я	Ч	А	Я	В	С	Е	М	Н	О	Г	О	Н	Е
Т	Р	И	С	Т	А	С	Т	Е	Л	И	Е	Л	Е	Ч	Т	О	Б
Е	Л	Е	К	Т	Р	О	Е	С	Т	О	Р	О	К	П	Я	Т	Ь
Р	О	Ш	Е	С	Т	Ь	Р	Т	Р	И	О	Б	А	О	Д	И	Н
О	С	Е	М	Ь	С	В	О	С	Ь	М	Е	Р	О	В	Е	Л	Е
С	О	Т	Н	Я	В	О	С	Е	М	Ь	С	О	Т	Н	Е	Ь	С
С	Е	М	Ь	Ш	Е	С	Т	Е	Р	О	С	Е	М	Ь	О	К	К
Т	Р	И	Д	Е	С	Я	Т	Е	Р	О	Д	И	Н	О	К	О	О

14 Popraw błędy ortograficzne w podanych liczebnikach.

восем, сто пятьнадцат, нол, семсоть, тысячя девятьсот девяносто сем, одинадцать, шестсот, шестьнадцать, семьеро, три, триста, двесте, девятьеро, четыреста сорак

....

....

....

....

15 Liczebniki z nawiasów zapisz słownie we właściwej formie. Na końcu zdania znajdziesz pytania pomocnicze.

1. **Следовательно легенде, князя Попеля съело (200) .... мышей. (кто? что?)**
2. **Перед смертью он присматривался (200) .... мышей. (кому? чему?)**
3. **Летописцы говорили о (200) .... мышах. (ком? чём?)**
4. **Князь Попель никак не мог справиться с (200) .... мышами. (кем? чем?)**
5. **У меня в подвале нет (200) .... мышей. (кого? чего?)**
6. **Мы никогда в жизни не видели (200) .... мышей. (кого? что?)**
7. **Больше (200) .... мышей не поместится в эти клетки. (кого? чего?)**
8. **До сегодняшнего дня поют песни о (200) .... мышах, которые съели князя полян. (ком? чём?)**
9. **Самые красивые среди (200) .... мышей поедут на конкурс в Милан. (кого? чего?)**

16 Wykreśl nieprawidłowe formy liczebników.

1. **У ребят сорока / сорок цветных карандашей.**
2. **С пятью / пяти студентами я хочу поговорить лично.**
3. **У соседов три / трое детей.**
4. **Полиция обнаружила сотню / сто килограмм кокаина.**
5. **Обе / оба девушки рады нашей встречей.**
6. **Альберт ждал Кристину полторы / полтора года.**
7. **У родителей Даши две / двое машины.**
8. **Леся с братом нашли в лесу шестисот / шестьсот евро!**
9. **Они ешё не знают, что сделают с этими шестьюстами / шестистами евро.**
10. **– Давай купим тысяч / тысячу жевательных резинок! – сказала Леся. Но её брат возразил.**
11. **– Нет – сказал он – лучше их спрятать и никому не говорить об этих шестистах / шестьюстах евро....**

6.3.2. Odmiana liczebników zbiorowych i liczebników głównych nieokreślonych

Liczebniki 5 grupy, tj. liczebniki zbiorowe **оба** (oba), **двое** (dwoje), **трое** (troje), **четверо** (czworo), **пятеро** (pięcioro), **шестеро** (sześcioro), **семеро** (siedmioro), **восьмеро** (ośmioro), **девятеро** (dziewięcioro), **десятеро** (dziesięcioro) itp., a także liczebniki główne nieokreślone **много**, **немного**, **мало**, **немало**, **сколько**, **столько**, **несколько** itp. w przypadkach zależnych mają takie same końcówki jak **przymiotniki jakościowe** (**качественные прилагательные**) i **względne** (**относительные прилагательные**), jest to tzw. deklinacja przymiotników (**адъективное склонение**).

Odmiana liczebników z grupy 5: **двое, семеро, сколько**		
Z rzeczownikiem nieżywotnym		Z rzeczownikiem żywotnym
M.	**двое ножниц**	**двое детей**
	семеро ножниц	**семеро детей**
	сколько ножниц	**сколько детей**
D.	**двоих ножниц**	**двоих детей**
	семерых ножниц	**семерых детей**
	скольких ножниц	**скольких детей**
C.	**двоим ножницам**	**двоим детям**
	семерым ножницам	**семерым детям**
	скольким ножницам	**скольким детям**
B.	**двое ножниц**	**двоих детей**
	семеро ножниц	**семерых детей**
	сколько ножниц	**скольких детей**
N.	**двоими ножницами**	**двоими детьми**
	семерыми ножницами	**семерыми детьми**
	сколькими ножницами	**сколькими детьми**
Ms.	**двоих ножницах**	**двоих детях**
	семерых ножницах	**семерых детях**
	скольких ножницах	**скольких детях**

Liczebniki główne nieokreślone (**неопределённо-количественные**) włącznie z **liczebnikami zaimkowymi** (**местоименные**) typu: **много** (wiele), **немного** (niewiele), **сколько** (ile), **столько** (tyle) w mianowniku mają końcówkę **-o**, a w pozostałych przypadkach mają końcówki zgodne z wzorcem odmiany przymiotników jakościowych i względnych.

Końcówki przypadków zależnych liczebników **много** i **немного** odpowiadają końcówkom **przymiotników zaimkowych** (**местоименные прилагательные**) w przypadkach zależnych.

Liczebniki główne nieokreślone mogą łączyć się z rzeczownikiem w mianowniku lub bierniku, np. **посетил многих друзей** (odwiedził wielu porzyjaciół) – **посетил много друзей**. Forma z użyciem mianownika jest częściej spotykana we współczesnym języku rosyjskim.

ĆWICZENIA

17 Utwórz liczebniki zbiorowe od podanych liczebników głównych.

1. **пять** ....
2. **три** ....
3. **семь** ....
4. **восемь** ....
5. **два** ....
6. **четыре** ....
7. **девять** ....
8. **десять** ....
9. **шесть** ....

18 Liczebnik **сколько** wstaw we właściwej formie.

1. **Девушка,** .... **стоит морковь?**
2. .... **депутатов не хватает на собрании?**
3. .... **депутатам надо послать извещение?**
4. .... **депутатами наша партия может гордиться?**
5. **О** .... **депутатах говорилось в статье?**
6. **За** .... **депутатами ты голосовал?**
7. .... **выступлениями мы будем хвастаться в старости.**
8. .... **лет прошло от войны?**
9. **Во** .... **войнах участвовали твои родные?**

6.4. Liczebniki w wyrażeniach z przyimkiem *no*

W wyrażeniach przyimkowych z **по** liczebniki występują w **celowniku** lub **mianowniku**, np.

по пяти яблок (po pięć jabłek),
по десяти тетрадей (po dziesięć notesów).

W przeciwieństwie do wyrażeń utworzonych przy pomocy innych przyimków (**без**, **к**, **с**, **о**), w wyrażeniach z przyimkiem **по** tylko liczebnik jest w celowniku, rzeczownik zaś jest w dopełniaczu, np.

по шести яблок (po sześć jabłek),
по десяти тетрадей (po dziesięć notesów).

W wyrażeniach z przyimkiem **по** liczebniki mają następujące formy:

- liczebniki główne **два**, **три**, **четыре**, **девяносто**, **сто**, **двести**, **триста**, **четыреста** i zbiorowe **двое**, **трое**, **четверо** mają formę zgodną z **mianownikiem**, np.
  нам дали по три карандаша (dali nam trzy ołówki),
  по двести рублей (po dwieście rubli);

- liczebnik **один** ma zawsze formę **celownika**, np.
  по одному из вариантов (jedną z opcji);

Pozostałe liczebniki – od 5 do 10 i wzwyż, **двадцать** (dwadzieścia), **тридцать** (trzydzieści), **сорок** (czterdzieści) itd. – występują w dwóch wariantach:

- w formie **celownika** (norma języka literackiego), np.
  по тридцати копеек (po trzydzieści kopiejek);

- a także w formie zgodnej z **mianownikiem** (norma mowy potocznej), np.
  по семь копеек за штуку (po siedem kopiejek za akcję),
  по пять билетов (po pięć biletów).

Liczebniki **główne nieokreślone** mają formę: **по нескольку недель** (przez kilka tygodni), **по многу дней** (przez wiele dni) itp. Spotykana w mowie potocznej forma zgodna z mianownikiem, np. **по несколько недель** nie występuje w języku literackim.

ĆWICZENIA

19 **Liczebniki z nawiasów wstaw we właściwej formie.**

1. **У каждого ребёнка по (один) .... рюкзаку.**
2. **Солдатам выдали по (сорок) .... патронов.**
3. **Потом им дали ещё по (пять) .... гранатов.**
4. **У каждого отряда было по (двести) .... танков.**
5. **На фронте солдаты не спали по (несколько) .... дней.**
6. **Лейтенант по (десять) .... раз объяснял призывникам, что делать.**
7. **Молодому солдату по (несколько) .... раз снилась его девушка.**
8. **У каждого пленного отобрали по (триста) .... золотых монет.**
9. **Пленным вручили по (два) .... набора тюремной одежды.**

20 **Liczebniki w nawiasach zapisz słownie we właściwej formie.**

1. **Дети, берите только по (1)** .... **конфетке!**
2. **Каждый студент получил по (1)** .... **оценке.**
3. **По (1)** .... **стороне лес, по другой – деревня.**
4. **Туристы дали каждому из подростков по (1)** .... **евро.**
5. **Женщины купили по (3)** .... **торты.**
6. **Судостроителям дали по (200)** .... **рублей повышения.**
7. **Ребята получили по (3)** .... **мороженные.**
8. **В каждом приюте для животных было по (400)** .... **котов.**
9. **У каждого кота должно быть по (1)** .... **миске.**

6.5. Akcentuacja liczebników

Liczebniki rosyjskie ze względu na akcentuację podzielić można na trzy typy:

- liczebniki z akcentuacją typu A
- typu B
- typu B1

Czwartą grupę stanowią liczebniki o nieregularnym typie akcentuacji.

Akcentuacja typu A

Charakteryzuje się nieruchomym akcentem na temacie we wszystkich formach:

Odmiana liczebnika **одиннадцать** (jedenaście)	
M	**одиннадцать**
D	**одиннадцати**
C	**одиннадцати**
B	**одиннадцать**
N	**одиннадцатью**
Ms	**одиннадцати**

Obejmuje wszystkie liczebniki główne zakończone na **-надцать**, a także liczebnik zbiorowy **оба**, **обе**, w którym akcent przemieszcza się w przypadkach zależnych na ostatnią sylabę tematu, czyli o jedną sylabę w prawo w porównaniu z akcentem w mianowniku, np.

Odmiana liczebnika оба		
Przypadek	Rodzaj męski/nijaki	Rodzaj żeński
M.	**оба**	**обе**
D.	**обоих**	**обеих**
C.	**обоим**	**обеим**
B.	**обоих** (z rzeczownikami żywotnymi) / **оба** (z rzeczownikami nieżywotnymi)	**обеих** (z rzeczownikami żywotnymi) / **обе** (z rzeczownikami nieżywotnymi)
N.	**обоими**	**обеими**
Ms.	**обоих**	**обеих**

Akcentuacja typu B

W tym typie występuje nieruchomy akcent na końcówce w mianowniku i dopełniaczu. W przypadku liczebników zakończonych na **-сот** w bierniku pojawia się umowny akcent na końcówce, np.
пять (pięć), **пяти**, **пяти**, **пять**, **пятью**, **о пяти**.

Ten typ akcentuacji obejmuje liczebniki: **два** (dwa), **три** (trzy), **пять** (pięć), **шесть** (sześć), **семь** (siedem), **сто** (sto), **пятьсот** – **пятисот**, **пятистам**, **пятьсот**, **пятистами**, **о пятистах** (około pięciuset), **шестьсот** (sześćset), **семьсот** (siedemset), **восемьсот** (osiemset), **девятьсот** (dziewięćset).

Akcentuacja typu B1

Charakteryzuje się akcentem na końcówce w przypadkach zależnych i na temacie w mianowniku, np.
четыре (cztery), **четырёх**, **четырём**, **четыре**, **четырьмя**, **о четырёх**.

Obejmuje liczebniki: **четыре** (cztery), **восемь** (osiem), **девять** (dziewięć), **десять** (dziesięć), **двадцать** (dwadzieścia), **тридцать** (trzydzieści), **сорок** (czterdzieści); **двести** (dwieście), **триста** (trzysta), **четыреста** (czterysta).

Należą do niej także wszystkie liczebniki zbiorowe: **двое** (dwoje), **двоих** (dwóch), **двоим**, **двоих**, **двоими**, **о двоих**, **трое** (troje), **четверо** (czworo), **пятеро** (pięcioro), **шестеро** (sześcioro), **семеро** (siedmioro), **восьмеро** (ośmioro), **девятеро** (dziewięcioro), **десятеро** (dziesięcioro).

Liczebniki z **akcentuacją nieregularną** to:

- **пятьдесят** (pięćdziesiąt), **шестьдесят** (sześćdziesiąt), **семьдесят** (siedemdziesiąt), **восемьдесят** (osiemdziesiąt) – akcent przechodzi w przypadkach zależnych na ostatnią sylabę pierwszego członu wyrazu
- **полтора** (półtora), **полторы**, **полтораста** – w przypadkach zależnych akcent przemieszcza się o dwie sylaby w lewo w odniesieniu do sylaby akcentowanej w mianowniku i bierniku
- liczebnik **один** (jeden)

ĆWICZENIA

21 Uzupełnij idiomy właściwymi liczebnikami z ramki.

двух обеими обе трёх одну пять двумя семеро седьмом

1. **Бить в .... точку.**
2. **Быть на .... небе.**
3. **Заблудиться в .... соснах.**
4. **Знать как свои .... пальцев.**
5. **..................... одного не ждут.**
6. **Палка о .... концах.**
7. **Положить кого-либо на .... лопатки.**
8. **Погнаться за .... зайцами.**
9. **Подписываться под чем-либо .... руками.**

22 Zaznacz akcenty w liczebnikach z poprzedniego ćwiczenia.

....

....

23 Posegreguj liczebniki z poprzedniego ćwiczenia zgodnie z typem akcentuacji.

Акцентный тип А	Акцентный тип В	Акцентный тип В1

24 Popraw błędne oznaczenia akcentów w liczebnikach. Zapisz poprawną akcentuację.

1. **Шерлоку Холмсу удалось поймать вора в полторы суток.** ....
2. **Двое детей сидели на скамейке.** ....
3. **Студент не мог справиться с шестьюдесятью заданиями.** ....
4. **У Полянских семеро детей.** ....
5. **Эти обе девушки нам знакомы!** ....
6. **«Я поднялся на лафет. Двести пушек било.»**[1] ....
7. **Джека Потрошителя подозревают в убийстве более пяти женщин.** ....
8. **Даша, ты читала «Сказки Тысячи и Одной Ночи»?** ....
9. **Крещение Руси состоялось в девятьсот восемьдесят восьмом году.** ....

[1] Adam Mickiewicz, *Reduta Ordona* (fragm). Tłumaczenie S. Kirsanow.

7. Przysłówek *Наречие*

Przysłówek (**наречие**) to samodzielna, nieodmienna część mowy, która określa:

- cechę czynności, np.
  идти медленно (iść wolno),
  бежать быстро (szybko biec);

- cechę stanu, np.
  ужасно страдать (strasznie / okropnie cierpieć),
  сильно любить (bardzo kochać);

- cechę jakości, np.
  пронзительно резкий (przenikliwie ostry);

- cechę przedmiotu, np.
  дом напротив (dom naprzeciwko),
  глаза навыкате (wyłupiaste oczy);

- właściwości cechy, np.
  ослепительно ясно (olśniewająco jasno),
  очень скоро (bardzo szybko);

Przysłówki odpowiadają na pytania:

как? jak?,
где? gdzie?,
куда? dokąd?,
когда? kiedy?,
почему? dlaczego?,
для чего? czemu?,
каким образом? w jaki sposób?,
в какой степени? do jakiego stopnia?.

Przysłówki tworzy się od samodzielnych części mowy:

- **przymiotników**, za pomocą przyrostków **-о** (**-е**) i **-и** dodanych do tematu przymiotnika, np.
  красиво (pięknie),
  равнодушно (obojętnie);
  певуче (śpiewająco),

  oraz za pomocą przedrostka **по-**, np.
  по-деловому (przedsiębiorczo),
  по-английски (po angielsku);
  дружески (po przyjacielsku),

- **rzeczowników**, np.
  днём (w dzień),
  осенью (jesienią),
  сначала (początkowo),
  чудом (cudem);

- **liczebników**, np.
  втрое (trzykrotnie, potrójnie);
  во-первых (po pierwsze),
  дважды (dwukrotnie, podwójnie),
  намного (o wiele bardziej);

- **czasowników**, np.
  молча (milcząc, w milczeniu),
  стоймя (na stojąco),
  сидя (na siedząco),
  молчком (milcząco);

- **zaimków**, np.
  по-моему (po mojemu),
  по-твоему (po twojemu).

W języku rosyjskim powszechnie używa się **zdrobniałych form** przysłówków, np.
рядом – **рядком** (bliziutko), **быстро** – **быстренько** (szybciutko).

Wyróżniamy dwa typy przysłówków:

okolicznikowe – **обстоятельственные**
przydawkowe – **определительные**

Przysłówki okolicznikowe (**обстоятельственные**) dzielą się na:

- przysłówki okolicznikowe **miejsca** – **наречие места** – odpowiadające na pytania: **где?** (gdzie?), **куда?** (gdzie?), **откуда?** (skąd?), np.
  здесь (tutaj), **оттуда** (stąd), **налево** (z lewej), **там** (tam), **близко** (blisko), **нигде** (nigdzie), **туда** (tam), **недалеко** (niedaleko), **наверху** (na górze), **сюда** (tutaj), **справа** (z prawej), **вдали** (w oddali), **куда-нибудь** (gdzieś, dokądś), **вниз** (na dół), **дома** (w domu);

- przysłówki okolicznikowe **czasu** – **наречие времени** – odpowiadające na pytania **когда?** (kiedy?), **с каких пор?** (od kiedy?), **до каких пор?** (do kiedy?), np.
  завтра (jutro), **вчера** (wczoraj), **сегодня** (dzisiaj), **утром** (rano), **зимой** (zimą), **сейчас** (teraz), **тогда** (wtedy), **потом** (potem), **днём** (dziennie), **ночью** (nocą), **раньше** (wcześniej), **иногда** (czasami);

- przysłówki okolicznikowe **przyczyny** – **наречие причины** – odpowiadające na pytania **почему?** (dlaczego?), **по какой причине?** (z jakiego powodu?), np.
  назло (na złość), **нечаянно** (niechcący), **спроста** (ot tak sobie), **спьяну** (po pijanemu), **потому** (dlatego), **оттого** (dlatego);

- przysłówki okolicznikowe **celu** – **наречие цели** – odpowiadające na pytania **зачем?** (po co?), **для чего?** (z jakiego powodu?), **с какой целью?** (w jakim celu?), np.
  нарочно (umyślnie), **назло** (na złość) , **незачем** (niepotrzebnie), **напоказ** (na pokaz), **специально** (specjalnie).

Przysłówki przydawkowe (**определительные**) dzielą się na:

- **ilościowe** – **количественное наречие** – odpowiadające na pytania **сколько?** (ile?), **сколько раз?** (ile razy?), **до какой степени?** (w jakim stopniu?), np.
  вдвоём (we dwoje), **дважды** (dwukrotnie), **трижды** (potrójnie), **мало** (mało), **много** (dużo), **очень** (bardzo), **едва** (ledwie), **чуть-чуть** (trochę), **весьма** (nader);

- **jakościowe** – **качественное наречие** – odpowiadające na pytanie **как?** (jak?), np.
  красиво (pięknie), **тихо** (cicho), **приветливо** (życzliwie), **глубоко** (głęboko), **горько** (gorzko), **вызывающе** (wyzywająco);

- **sposobu** – **наречие способа и образа действия** – odpowiadające na pytania **как?** (jak?), **каким образом?** (w jaki sposób?), **каким способом?** (w jaki sposób?), np.

по-русски (po rosyjsku), **пешком** (pieszo), **молча** (milcząco), **по-своему** (po swojemu), **как-нибудь** (jakkolwiek), **кое-как** (jakoś, byle jak); **наизусть** (na pamięć), **бегом** (biegiem),

- porównawcze – (**наречие сравнения и уподобления**), np.
  по-медвежьи (po niedźwiedziemu), **по-нашему** (po naszemu), **по-старому** (po staremu), **по-приятельски** (po przyjacielsku);
- sumy – (**наречие совокупности**), np.
  вдвоём (we dwoje), **сообща** (wspólnie, razem), **втроём** (we troje), **всенародно** (publicznie).

7.1. Stopniowanie przysłówków

Przysłówki pochodzące od przymiotników podlegają stopniowaniu. **Formy stopnia wyższego** przysłówków tworzymy tak samo, jak formy stopnia wyższego przymiotników.

Prostą formę stopnia wyższego tworzymy za pomocą przyrostków **-ее**, **-е**, **-ей**, **-ше**, np.
медленно – **медленнее** (wolniej), **долго** – **дольше** (dłużej), **весело** – **веселее** (weselej), **близко** – **ближе** (bliżej).

Niektóre formy przysłówków mają w stopniu wyższym dwie formy; druga forma powstaje w sposób nieregularny, dlatego należy zapamiętywać obie, np.
раньше / **ранее** (wcześniej),
меньше / **менее** (mniej).

Podczas stopniowania niektórych przysłówków dochodzi do **wymiany spółgłosek**:

к – ч	**жарко**	– **жарче** (goręcej),
г – ж	**дорого**	– **дороже** (drożej),
т – ч	**коротко**	– **короче** (krócej),
д – ж	**твёрдо**	– **твёрже** (bardziej stanowczo),
х – ш	**тихо**	– **тише** (ciszej),
з – ж	**низко**	– **ниже** (niżej),
ст – щ	**часто**	– **чаще** (częściej),

Część przysłówków tworzy **stopień wyższy** w sposób **nieregularny** (**супплетивно**), wówczas postać przysłówka w stopniu wyższym jest całkowicie różni się od formy podstawowej, np.
хорошо – **лучше** (lepiej),
плохо – **хуже** (gorzej),
много – **больше** (więcej),
мало – **меньше** (mniej),

Formę złożoną (opisową) stopnia wyższego tworzymy przez dodanie do przysłówka wyrazu **более** (bardziej) lub **менее** (mniej), np.
более / **менее красиво** (bardziej / mniej pięknie),
более / **менее ярко** (bardziej / mniej jasno),
более / **менее громко** (bardziej / mniej głośno).

Stopień najwyższy przysłówków może mieć dwie postacie: prostą lub złożoną.

Forma prosta używana jest wyjątkowo rzadko, tworzymy ją za pomocą zamiany przyrostka **-o** na przyrostek **-ейше** (**-айше**), np.

ярко – **ярчайше** (najjaśniejszy);
строгий – **строжайше** (najsroższy).

Formę złożoną stopnia najwyższego przysłówków tworzymy na dwa sposoby:

- przez dodanie zaimków **всего**, **всех** do formy stopnia wyższego przysłówków, np.
  больше всего (najwięcej),
  чаще всего (najczęściej),
  раньше всех (najwcześniej);

- lub za pomocą słów **наиболее**, **наименее** i podstawowej formy przysłówków, np.
  наиболее глубоко (najgłębiej),
  наименее интересно (najmniej interesująco).

7.1. Pisownia przysłówków

- przysłówki utworzone za pomocą przedrostków **в-**, **за-**, **на-** kończą się na literę **o**, np.
  вправо (na prawo), **заново** (od nowa),
  налево (na lewo), **начисто** (na czysto);

- przysłówki utworzone za pomocą przedrostków **из-**, **до-**, **с-**, kończą się na literę **a**, np.
  снова (znów), **издавна** (od dawna),
  справа (po prawej), **досыта** (do syta).

Do wyjątków należą m.in. **смолоду** (od młodości), **сослепу** (przez ślepotę).

Po spółgłoskach szumiących na końcu przysłówków piszemy znak miękki, np.
вскачь (cwałem),
прочь (od, precz),
сплошь (cały, bez wyjątku).
Do wyjątków należą przysłówki:
уж (już),
замуж (za mąż),
невтерпёж (nie do wytrzymania).

- **przysłówki przeczące** piszemy łącznie z partykułą przeczącą; jeśli partykuła jest akcentowana piszemy **не-**, jeśli nieakcentowana, piszemy partykułę **ни-**, np.
  некуда (nie ma dokąd), **никуда** (nigdzie),
  негде (nie ma gdzie), **нигде** (nigdzie).

W zdaniach z **partykułą przeczącą ни-** zawsze występuje **przeczenie podwójne**, np.
В парке негде было играть. W parku nie było miejsca do zabawy.
Ученики нигде не играли. Uczniowie nigdzie się nie bawili.

7.1.1 Pisownia łączna przysłówków

Łącznie piszemy przysłówki:

- utworzone przez dodanie przyimka w funkcji przedrostka, np.
  навсегда (na zawsze),
  послезавтра (pojutrze),
  доныне (dotąd).
  Wyjątkiem są przysłówki składające się z przyimka i przysłówka zaczynającego się od samogłoski, np. **в открытую** (na sposób otwarty) oraz połączenia przyimka ze słowem nieodmiennym, stosowanym w znaczeniu rzeczownika, np. **на ура** (na hura), **на завтра** (na jutro)

- utworzone przez połączenie przyimka **в** lub **на** z liczebnikami zbiorowymi, np.
  вдвое (dwukrotnie),
  надвое (na dwoje, na pół).
  Wyjątkiem jest przysłówek **по двое** (po dwa razy; podwójnie);

- jeśli między przyimkiem w funkcji przedrostka a rzeczownikiem, z których utworzono przysłówek nie można bez zmiany znaczenia wstawić określenia lub jeśli do rzeczownika nie można sformułować pytania, np.
  вдобавок (dodatkowo),
  вместе (razem),
  вмиг (w okamgnieniu),
  вокруг (wkoło),
  накануне (w przeddzień),
  напоказ (na pokaz),
  сбоку (na stronie),
  вслух (na głos),
  замужем (zamężnie),
  кстати (à propos),
  навылет (na wylot),
  налицо (osobiście),
  наряду (na równi),
  сразу (od razu).

- oznaczające przestrzeń lub czas, których elementem składowym jest rzeczownik, np.
  верх – **вверх** (w górę),
  низ – **вниз** (w dół),
  перёд – **вперёд** (naprzód),
  зад – **назад** (z powrotem),
  конец – **наконец** (w końcu),
  глубь – **вглубь** (w głąb),
  ширь – **вширь** (wszerz),
  начало – **сначала** (początkowo),
  даль – **вдаль** (w dal),
  век – **ввек** (przenigdy, po wszystkie czasy);

- utworzone przez dodanie przyimka **по-** do krótkiej formy przymiotników i zakończone na **-у**, których elementem składowym jest przymiotnik w stopniu wyższym, np.
  подолгу (przez długi czas),
  помаленьку (stopniowo),
  побольше (więcej).

7.1.2. Pisownia rozłączna przysłówków

Rozłącznie piszemy:

- wyrażenia przysłówkowe składające się z dwóch takich samych rzeczowników oddzielonych stojącym między nimi przyimkiem, np.
  бок о бок (obok siebie),
  шаг за шагом (krok po kroku);

- przysłówki powstałe z połączenia przyimków **без**, **до**, **с**, **на**, **за**, **от**, **под**, **по**, **с** z rzeczownikami o znaczeniu przysłówków, np.
  до отказа (do oporu),
  без просвета (bez przebłysku, bez przejaśnień),

без толку (bezmyślnie),
в старину (za dawnych czasów),
за полночь (daleko po północy),
на вид (z wyglądu, na oko),
на глаз (na oko),
с ведома (za wiedzą),
в дым (w sztok),
в тупике (w kropce),
на ходу (w biegu),
на вкус (na smak),
под силу (na siły),
с размаху (z rozmachu),

- przysłówki powstałe z połączenia przyimka **на** z nieodmiennymi częściami mowy, np.
  на авось (na łut szczęścia),
  на ура (na hura, szturmem),
  на фуфу (fuksem).

- wyrażenia przysłówkowe składające się z przyimka **в** i rzeczowników lub przymiotników w formie pełnej, zaczynających się od samogłoski, np.
  в упор (wprost),
  в открытую (jawnie, bez ogródek).

7.1.3 Pisownia przysłówków z dywizem (łącznikiem)

Dywiz występuje w:

- przysłówkach z przedrostkiem **по-** utworzonych od form pełnych przymiotników i zaimków zakończonych na **-ому**, **-ему**, **-ки**, **-ьи**, np.
  по-новому (na nowo),
  по-французски (po francusku),
  по-вашему (po waszemu, jak sobie życzycie),
  по-прежнему (jak dawniej).

- przysłówkach z przyimkiem **в-** (**во-**) utworzonych od liczebników porządkowych, np.
  во-первых (po pierwsze),
  в-третьих (po trzecie),
  в-четвёртых (po czwarte).

- przysłówkach nieokreślonych z partykułami **-то**, **-либо**, **-нибудь**, **-таки** i partykułą-przedrostkiem **кое-**, np.
  где-то (gdzieś),
  как-нибудь (jakoś),
  куда-либо (dokądkolwiek),
  кое-где (tu i ówdzie).

- przysłówkach powstałych poprzez powtórzenie tego samego słowa lub jego podstawy albo powtórzenie dwóch synonimów lub słów o ścisłej asocjacji, np.
  чуть-чуть (odrobinkę),
  как-никак (było nie było),
  худо-бедно (marnie, kiepściutko).
  крепко-накрепко (na fest),
  мало-помалу (pomału),

7.2. Akcent w przysłówkach

Większość przysłówków zachowuje akcent tej części mowy, od której została utworzona, np.

вечер – вечером (wieczorem)
громкий – громко (głośno)
два – дважды (dwukrotnie).

Wyjątek stanowią nieliczne wyrazy, w których akcent został przesunięty na ostatnią sylabę, np.

бег – бегом (biegiem).

Tylko nieliczne przysłówki mają akcent inny niż część mowy, od której powstały. Należą do nich przysłówki:

- utworzone od zaimków **мой** (mój), **твой** (twój), **свой** (swój), w których **akcent przesuwa się na pierwszą sylabę** wyłączając przedrostek **по-**, np.
  по моему – **по-моему** (po mojemu),
  по твоему – **по-твоему** (po twojemu);

- utworzone **od rzeczowników i przymiotników za pomocą przedrostków**, gdzie w większości przypadków akcent przenoszony jest na te przedrostki, np.
  редкий – **изредка** (czasem, z rzadka),
  чистый – **начисто** (do czysta).

ĆWICZENIA

1 Utwórz przysłówki od podanych części mowy.

1. **далёкий** – ....
2. **трудный** – ....
3. **неожиданный** – ....
4. **зима** – ....
5. **лицо** – ....
6. **ночь** – ....
7. **трое** – ....
8. **три** – ....
9. **мой** – ....
10. **свой** – ....

2 Napisz od jakich części mowy powstały podane przysłówki.

1. **сломя голову** – ....
2. **на глазах** – ....
3. **смолоду** – ....
4. **бок о бок** – ....
5. **шёпотом** – ....
6. **назло** – ....
7. **изредка** – ....
8. **по-французски** – ....

3 Zdecyduj jak zapisać podane przysłówki: łącznie, rozdzielnie czy za pomocą dywizu (-).

1. **(без) устали** – ....
2. **(в) накладе** – ....
3. **(в) насмешку** – ....
4. **(в) ничью** – ....
5. **(во) веки веков** – ....
6. **(в) одиночку** – ....
7. **(до) темна** – ....
8. **(до) чиста** – ....
9. **(за) полночь** – ....
10. **стоять (на) вытяжку** – ....
11. **отмерить (на) глаз** – ....
12. **(на) право** – ....
13. **(на) память** – ....
14. **(по) началу** – ....
15. **(по)-свойски** – ....
16. **(с) нова** – ....
17. **точь (в) точь** – ....
18. **(давным)-давно** – ....

4 W podanych przysłówkach postaw akcenty.

1. **легче на душе**
2. **рисуй красивее**
3. **было тяжело**
4. **ему стало скучно**
5. **говорить по-русски**
6. **вытри дочиста**
7. **вышло по-моему**
8. **обойти дом кругом**
9. **наелся досыта**

5 Uzupełnij zdania przysłówkami w nawiasie w stopniu wyższym.

1. **Ты читаешь ...., чем она. (медленно)**
2. **Виктор говорит ...., чем я. (громко)**
3. **Мы читаем ...., чем вы. (больше)**
4. **Сегодня солнце светит ...., чем вчера. (ярко)**
5. **Мне кажется, что я вижу .... (плохо)**
6. **Сейчас она поёт значительно .... (хорошо)**

6 Uzupełnij zdania przysłówkami w nawiasie w stopniu najwyższym.

1. **Они поют .... (тихо)**
2. **Я пишу .... (красиво)**
3. **Он .... бегает. (мало)**
4. **................................ её знаю я. (хорошо)**
5. **На уроки .... опаздывает она. (часто)**
6. **................................ я интересуюсь футболом. (больше)**

7 Wybierz właściwy przysłówek.

1. **Положи эти книги сюда / там.**
2. **Его карандаш лежит туда / здесь.**
3. **Моя подруга больна и она осталась домой / дома.**
4. **где / куда идёт твой брат?**
5. **где / куда работает твой папа?**
6. **по-моему / по моему, они должны поехать в Париж.**
7. **Они хорошо говорят по английскому языку / по-английски.**
8. **Его некогда / никогда нет дома.**

8. Spójnik *Союз*

Spójnik (**союз**) to nieodmienna i niesamodzielna część mowy, która łączy (spaja) wyrazy w zdaniu pojedynczym lub zdania składowe w zdaniu złożonym, np.

Это мой брат и моя сестра. To mój brat i moja siostra.
Он прекрасно пел, но танцевал плохо. On pięknie śpiewał, ale tańczył kiepsko.
Слушаю, что для вас, кофе или чай? Co dla państwa, kawa czy herbata?
Если ты убрал комнату, то можешь идти поиграть в мяч. Jeśli posprzątałeś pokój, to możesz iść pograć w piłkę.

Spójniki dzielą się na:

- **proste** – **простые** – składające się z jednego słowa, np. **а**, **и**, **но**, **или**, **ли**, **либо**, **как**

- **złożone** – **составные** – składające się z dwóch i więcej słów, np.
  потому что (dlatego, że, ponieważ),
  так как (więc, ponieważ, gdyż),
  прежде чем (zanim, nim),
  после того как (po tym jak),
  подобно тому как (podobnie [do tego] jak),
  несмотря на то что (nie zważając na to, że).

Spójniki, w zależności od roli, jaką pełnią w zdaniu dzielą się na:

- **współrzędne** (**сочинительные**), łączące równorzędne wyrazy lub zdania współrzędnie złożone, np.
  Папа купил муку и испёк пирог. Tata kupił mąkę i upiekł placek.

- **podrzędne** (**подчинительные**), łączące zdanie nadrzędne z podrzędnym, np.
  Все уже знают, что он купил новую машину. Wszyscy już wiedzą, że kupił sobie nowy wóz.

Ze względu na budowę spójniki dzielimy na:

- **pojedyncze** – **одиночные** – np. **и**, **же**, **но**, **однако;**

- **powtarzające się** – **повторяющиеся** – np. **и ... и**, **или ... или**, **то ... то;**

- **skorelowane** – **двойные или парные** – składające się z dwóch komponentów występujących zawsze łącznie, co oznacza, że po użyciu pierwszej części takiego spójnika zawsze trzeba użyć również drugiej części, np.
  если..., то (jeśli..., to),
  хотя и..., но (choć...,lecz),
  как..., так и (tak..., jaki i; zarówno..., jaki i),
  не только..., но и (nie tylko..., lecz również),
  если не..., то (jeśli nie..., to),
  лишь только..., как (zaledwie..., jak),
  едва..., как (zaledwie..., jak),
  когда..., то (kiedy..., to),
  не столько..., сколько (nie tyle... ile),
  насколько..., настолько (o ile... o tyle),
  не то что..., но (nie to że..., ale),
  чем..., тем (im... tym).

Podział spójników		
Rodzaj spójników		Przykłady spójników
współrzędne – **сочинительные**	łączne – **соединительные**	**и** (i), **да** (i), **тоже** (też), **и … и, ни …ни** (ani … ani, ni … ni), **да … да, как … так и** (jak … tak i), **не только … но и** (nie tylko … ale też)
	przeciwstawne – **противительные**	**а** (a), **но** (ale, lecz, a), **да** (ale, lecz) **однако** (jednak, jednakże), **же** (zaś, natomiast), **зато** (za to, natomiast), **а то** (bo, bo inaczej)
	rozłączne – **разделительные**	**либо** (lub, bądź, czy), **или** (albo), **либо … либо** (albo … albo), **или … или** (albo … albo), **то … то** (to … to), **не то … не то** (nie to … nie to), **ли … ли** (czy… czy), **то ли … то ли** (czy … czy, może … może)
podrzędne – **подчинительные**	czasowe – **временные**	**когда** (kiedy), **только** (tylko), **лишь только** (jak tylko, zaledwie), **пока** (tymczasem, dopóki, na razie), **как только** (gdy tylko), **едва** (ledwie, ledwo), **после того как** (po tym jak), **прежде чем** (zanim)
	przyczynowe – **причинные**	**что** (że), **ибо** (bo, bowiem, ponieważ, gdyż), **так как** (ponieważ, gdyż, bowiem), **потому что** (dlatego że), **благодаря тому что** (dzięki temu że), **оттого что** (dlatego że, z tego powodu że), **в связи с тем что** (w związku z tym że)
	docelowe – **целевые**	**чтобы** (żeby, aby), **затем, чтобы** (po to, żeby), **для того чтобы** (po to by)
	warunkowe – **условные**	**если** (jeśli), **ежели** (jeżeli), **коли** (jeżeli, jeśli, jak, kiedy, skoro), **раз** (jak, skoro, jeżeli)
	przyzwalające – **уступительные**	**хотя** (chociaż, choć, jakkolwiek, aczkolwiek), **пускай**, **пусть** (jeżeli nawet, jeśli nawet, niech, niechaj), **несмотря на то что** (nie zważając na to że)
	porównawcze – **сравнительные**	**как** (jak), **будто**, **как будто** (niby, jakby, jak gdyby), **словно** (jak, niby, jak gdyby), **точно** (jakby, jak gdyby), **подобно тому как** (podobnie do tego jak)
	wyjaśniające – **изъяснительный**	**что** (że), **чтобы** (żeby), **как** (jak)

W poniższej tabeli przedstawiono zasady pisowni spójników.

Pisownia spójników	
spójniki (pisane łącznie)	inne części mowy (pisane rozdzielnie)
тоже	**то же** (zaimek plus partykuła)
также	**так же** (przysłówek plus partykuła)
затем	**за тем** (przyimek plus zaimek)
чтобы	**что бы** (zaimek plus partykuła)
притом	**при том** (przyimek plus zaimek)
оттого	**от того** (przyimek plus zaimek)
отчего	**от чего** (przyimek plus zaimek)
почему	**по чему** (przyimek plus zaimek)
итак	**и так** (spójnik plus przysłówek)
зато	**за то** (przyimek plus zaimek)

ĆWICZENIA

1 W podanych zdaniach podkreśl spójniki.

1. **Я смотрю то же, что и ты.**
2. **Ни я не пошёл к нему, ни он не пришёл ко мне.**
3. **У неё на губах улыбка, а в глазах слёзы.**
4. **Я не купил сахара, потому что совсем об этом забыл.**
5. **У него и покупки сделаны, и квартира убрана.**
6. **Эта мебель дорогая, но хорошая.**
7. **Ей только двенадцать лет.**
8. **Наш учитель строгий, зато справедливый.**
9. **Пусть всегда будет солнце!**
10. **Глаза у этого ребёнка большие, как у мамы.**

2 Uzupełnij zdania spójnikiem **и** lub **а**.

1. **Мы живём на втором этаже**, ... **он на пятом.**
2. **Я шёл быстро**, ... **брат медленно.**
3. **Мы хотели уехать**, ... **они тоже.**
4. **Она читала**, ... **мы слушали.**
5. **Мы немного покатались на роликах по парку**, ... **он поехал домой.**
6. **У него было много и кошек**, ... **собак.**

3 Połącz spójniki skorelowane.

1. **если**	a. **то**
2. **хотя**	b. **тем**
3. **едва**	c. **как**
4. **чем**	d. **а**
5. **как**	e. **так и**
6. **не только**	f. **сколько**
7. **не столько**	g. **но и**
8. **не то что**	h. **но**

4 Przetłumacz zdania na język rosyjski.

1. To jest twój brat czy kolega?

....

2. Ani ja nie przeczytałam tej książki, ani on.

....

3. Słońce zaszło za góry, ale było jeszcze jasno.

....

4. Czy tobie siostra pomogła, czy zrobiłeś to sam?

....

5. Trudno było uwierzyć, że ona mówi prawdę.

....

5 Uzupełnij zdania spójnikami w nawiasie pisanymi łącznie lub rozdzielnie.

1. **Люблю горы так (же) ...., как и море.**
2. **Спасибо за (то) ...., что ты есть.**
3. **Я позвонил ей, что (бы) .... спросить её о самочувствие.**
4. **Мы не могли приехать по (тому) ...., что наш дедушка серьёзно заболел.**
5. **Сегодня я надела тот (же) .... свитер, что и вчера.**
6. **Они пошли на стадион, что (бы) .... посмотреть матч.**
7. **Что (бы) такое придумать, что (бы) .... её развеселить?**
8. **Было мокро, за (то) .... тепло.**

9. Partykuła Частица

Partykuła to niesamodzielna i nieodmienna część mowy, która:

- intensyfikuje komunikat, np.
  Сделай же это быстрее! Zróbże to szybciej!

- służy do tworzenia nowych form wyrazów, np.
  да здравствует (niech żyje),
  пошёл бы (poszedłby);

- a także do tworzenia nowych znaczeń, np.
  кто – никто (nikt),
  где – где-то (nigdzie).

Za pomocą partykuł można przekształcić zdanie oznajmujące na:

- zdanie pytające, np.
  Это книга. – Что это за книга? – Cóż to za książka?

- zadanie przypuszczające, np.
  Он это сделал. – Он сделал бы это... – On zrobiłby to ...

- zadnie rozkazujące, np.
  Она пойдёт в магазин. – Пусть она пойдёт в магазин! – Niech ona pójdzie do sklepu!

Partykuła pozwala zatem wyrazić życzenie, pytanie, przeczenie i rozkaz; ponieważ podkreśla znaczenie wypowiedzi gwarantuje, że zostanie ona prawidłowo zrozumiana.

Ze względu na znaczenie i funkcję syntaktyczną (składniową) partykuły dzielimy na:
modalne (**модальные**)
formotwórcze (**формообразующие**)
przeczące (**отрицательные**)

Partykuły modalne wyrażają stosunek mówiącego do wypowiedzi, wnoszą do zdania różne odcienie znaczeniowe. Dzielimy je na:

- **pytające** (**вопросительные**), np.
  разве (czyżby),
  ли (czy),
  неужели (czyżby);

- **wykrzyknikowe** (**восклицательные**), np.
  что за (cóż za),
  как (jak);

- **wskazujące** (**указательные**), np.
  вот (oto),
  вон (oto),
  это (to);

- ograniczające (**ограничительные**), np.
  только (tylko),
  лишь (tylko, zaledwie),
  лишь только (zaledwie);

- wzmacniające (**усилительные**), np.
  ведь (przecież),
  даже (nawet),
  же (że),
  прямо (po prostu, wprost),
  просто (po prostu, wprost),
  всё-таки (mimo wszystko, jednak)[1];

- potwierdzające (**утвердительные**), np.
  да (tak),
  точно (dokładnie),
  конечно (oczywiście),
  так, именно (właśnie).

Partykuły formotwórcze (słowotwórcze) służą do tworzenia:

- form trybu przypuszczającego – partykuła **бы**, np.
  посидел бы (posiedziałby),
  хотел бы (chciałby),
  навестил бы (wpadłby);

- form trybu rozkazującego – partykuły **пусть** (niech), **пускай** i **да**, np.
  пусть скажет (niech powie),
  пусть работает (niech pracuje),
  да здравствует (niech żyje),
  да притом (a przy tym),
  давай (давайте) идти (chodźmy);

- słów wyrażających nieformalność prośby lub oczekiwanie szybszego jej spełnienia oraz zmiękczeń – partykuła **-ка**, np.
  Скажи-ка, как дела? Powiedzże, jak się masz?

- szczególnej formy czasu przeszłego (typowej dla języka literackiego) – partykuły **бывало** i **было**, np.
  Мы, бывало, вместе проводили вечера. Bywało, że razem spędzaliśmy wieczory.

- zaimków nieokreślonych i przysłówków – partykuły **-то**, **-либо**, **-нибудь**, **кое-**, np.
  кто-то (ktoś),
  где-нибудь (gdziekolwiek),
  как-либо (jakkolwiek),
  кое-что (coś, coś niecoś);

- czasowników zwrotnych – partykuła **-ся**, np.
  учить – **учиться** (uczyć się),
  мыть – **мыться** (myć się),
  остать – **остаться** (ostać się).

---

[1] w jęz. rosyjskim **всё-таки** jest zarówno partykułą, jak i spójnikiem

Partykuły przeczące to **не** i **ни**. Za ich pomocą są tworzone:

- zaimki przeczące i przysłówki, np.
  никто (nikt),
  нигде (nigdzie),
  некуда (nie ma gdzie, nie ma dokąd),
  негде (gdzieśtam);

- wyrazy o przeciwstawnym znaczeniu; wyłącznie za pomocą partykuły-przedrostka **не-**, np.
  небольшой (niewielki),
  несчастье (nieszczęście),
  нехотя (niechętnie).

Jeśli w zdaniu występują dwie partykuły **не**, to zyskuje ono pozytywne znaczenie, np.
Я не могу им не помочь. Nie mogę im nie pomóc.
Partykuła **не** może mieć pozytywne znaczenie także w zdaniach wykrzyknikowych i pytających, np.
Куда он только не ездил! Dokąd on to nie jeździł!

W jęz. rosyjskim istnieje wiele słów, które zależnie od kontekstu zdania mogą pełnić funkcję partykuły lub innej części mowy (przysłówka, zaimka, czasownika lub spójnika).

Partykuła w relacji z innymi częściami mowy

- **przysłówek – partykuła**, np.
  вовсе (całkiem, zupełnie),
  ещё (jeszcze – jako partykuła służy wzmocnieniu nacisku);

- **zaimek – partykuła**, np.
  всё (ciągle, wciąż, coraz),
  всего (ogólnie, w sumie);

- **czasownik – partykuła**, np.
  было (było),
  давай(те) (dawaj, dawajcie);

- **spójnik – partykuła**, np.
  да (tak, tak jest),
  же (zaś, natomiast);

Pisownia partykuł

- partykuły **бы** (**б**), **ли** (**дь**), **же** (**ж**) piszemy rozdzielnie, np.
  Что бы не случилось, я всегда иду вперёд. Co by się nie działo, idę zawsze do przodu.
  Если бы не она, я наверно не сдала бы этого экзамена. Gdyby nie ona, z pewnością nie zdałabym tego egzaminu.
  Он же говорил уже об этом. Już o tym mówił.

- wyjątek stanowią partykuły wchodzące w skład spójników, np.
  Я тоже часто езжу заграницу. Ja także często jeżdżę za granicę.
  Чтобы купить эту чашку, мне надо потратить пятьсот рублей. Żeby kupić tę filiżankę, muszę wydać pięćset rubli.

- partykuły **-ка, -то, -тка, -де, -с** piszemy z dywizem (łącznikiem), np.
  спроси-ка (zapytaj),
  пойди-ка (pójdź),
  им-то (im),
  ну-ка (no, no więc);

- partykuły **-либо, -нибудь, -то, -таки, -ка, кое-** piszemy z dywizem, ale kiedy obok siebie występują dwie partykuły, wówczas obie piszemy rozdzielnie, np.
  всё ж таки (mimo wszystko, a jednak);

- partykułę **таки** piszemy oddzielnie po rzeczownikach, przymiotnikach i zaimkach, np.
  он таки пришёл (on i tak przyszedł),
  где таки купил (gdzie mimo wszystko kupiłeś);

- z czasownikami i przysłówkami -**таки** łączy się za pomocą dywizu, np.
  всё-таки (jednakże),
  опять-таки (znowu),
  довольно-таки (dość że),
  сделали-таки (zrobili tak);

- partykułę **ни** piszemy łącznie z zaimkami przeczącymi i przysłówkami bez przyimka, np.
  никто (nikt),
  нигде (nigdzie),
  никогда (nigdy);

- w pozostałych przypadkach partykułę **ни** piszemy rozdzielnie, np.
  Они ни входят ни выходят. Ani nie wchodzą, ani nie wychodzą.
  Этот CD-альбом ни для кого не был интересен. Ten album dla nikogo nie był ciekawy.

Partykułę **не** piszemy łącznie:

- we wszystkich przypadkach, kiedy bez partykuły przeczącej słowo nie jest używane, np.
  невежа (nieokrzesany człowiek, gbur, prostak)
  необходимый (niezbędny),
  ненавидеть (nienawidzić),
  нельзя (nie można, nie wolno);

- z rzeczownikami, przymiotnikami oraz przysłówkami zakończonymi na **-о**, jeśli ich połączenie z partykułą tworzy nowe znaczenie, np.
  немедленно (natychmiast, niezwłocznie),
  недалеко (niedaleko),
  неправда (nieprawda);

- z zaimkami nieokreślonymi i przeczącymi bez przyimka, np.
  некто (nikt),
  нечто (nic);

- z przysłówkami przeczącymi, np.
  некуда (nie ma gdzie, nie ma dokąd),
  негде (nigdzie);

- w połączeniach wyrazowych typu, np.
  несмотря на (nie patrząc na),
  невзирая на (nie patrząc na, bez względu na);

- z imiesłowem przymiotnikowym w pełnej formie, któremu nie towarzyszy określenie, np.
  непроверенный (niesprawdzony),
  непрочитанный (nieprzeczytany);

- w wyrazach z przedrostkiem **недо-** w znaczeniu niepełności, niekompletności czynności, np.
  недозрелый (niedojrzały),
  недоговорить (nie domówić, nie dopowiedzieć, przemilczeć coś).

Partykułę **не** piszemy rozdzielnie:

- z czasownikami i imiesłowami przysłówkowymi, przyimkami, spójnikami, partykułami, np.
  не стоит (nie kosztuje, nie wymaga),
  не был (nie był),
  не видя (nie widząc),
  не то (ni to, bo, a jak nie),
  не только (nie tylko),
  едва ли не (kto wie, czy nie);

- z rzeczownikami, przymiotnikami oraz przysłówkami zakończonymi na **-о,** jeśli mamy na myśli przeciwieństwo, np.
  не правда, а ложь (nie prawda, a kłamstwo),
  не далеко, а близко (nie daleko, a blisko),
  не счастье, а горе (nie szczęście, a smutek);

- z przymiotnikami mającymi tylko formę krótką, np.
  не рад (niezadowolony);
  не горазд (niezręczny);

- z liczebnikami głównymi i porządkowymi, np.
  не три (nie trzy),
  не второй (nie drugi);

- z zaimkami, z wyjątkiem zaimków przeczących bez przyimka, np.
  не у кого (nie ma u kogo),
  не он (nie on),
  не себя (nie siebie),
  не каждый (nie każdy);

- z przysłówkami występującymi w roli głównego członu zdania nieosobowego, np.
  не надо (nie trzeba),
  не жаль (nie żal),
  не пора (nie pora);

- z formami stopnia wyższego przymiotników i przysłówków, np.
  не лучше (nie lepiej),
  не моложе (nie młodziej),
  не выше (nie wyżej);

- z wyrażeniami przyimkowymi pisanymi z dywizem, np.
не по-немецки (nie po niemiecku),
не по-новому (nie na nowo);

- z krótką formą imiesłowów, np.
не отправлено (nie wysłano).

ĆWICZENIA

1 Odszukaj i zaznacz dziesięć partykuł pisanych pionowo i poziomo.

т	л	ш	ц	ю	д	а	п	л	ш
я	й	о	ш	н	а	к	и	и	и
п	т	л	ы	е	н	ы	д	ш	г
у	ы	и	в	ч	е	ш	а	ь	г
с	ы	у	е	у	у	м	в	г	г
т	п	б	д	м	ж	ю	а	э	к
ь	и	ж	ь	ц	е	я	й	с	в
в	ы	ц	т	о	л	ь	к	о	м
о	м	д	и	к	и	п	ц	ф	а
т	й	ц	д	р	а	з	в	е	н

2 Zapisz zdania partykułami w nawiasie łącznie lub rozdzielnie.

1. **Я (ни) разу его (не) видел.**

....

2. **Она повторяла материал до экзамена (не) три, а четыре раза.**

....

3. **Где он только (не) бывал!**

....

4. **(Ни) что его (не) интересовало.**

....

5. **Это был (не) кто другой, как наш папа.**

....

6. **Я (не) навижу мыть посуду.**

....

3 Uzupełnij zdania właściwą partykułą z ramki.

именно	бы	никто	да	как	давай

1. .... **здравствует разум!**
2. .... **хорошо ты сыграл этот матч!**
3. **Ты могла** .... **завтра пойти за покупками?**
4. .... **не судья в своём деле.** (посл.)
5. .... **поговорим кое о чём.**
6. **Это** .... **он.**

4 Zaznacz, jak należy napisać partykuły w nawiasie – rozdzielnie czy z dywizem (-).

	раздельно	через дефис
1. **Перестань (ка) петь!**	☐	☐
2. **Мы тепло оделись, но нам всё (таки) было холодно.**	☐	☐
3. **Можно (ли) здесь курить?**	☐	☐
4. **Ну, где (же) вы были?**	☐	☐
5. **Под душом он всегда что (то) напевает.**	☐	☐
6. **Он (ни) разу (не) был в Лондоне.**	☐	☐
7. **Не знаю, что (бы) она сделала на моём месте.**	☐	☐

5 Podkreśl zdania, w których partykuła **не** zyskuje pozytywne znaczenie.

1. **Она не могла не ответить.**
2. **Мы не можем не радоваться вашему счастью.**
3. **Он сюда не приедет, не хочет.**
4. **Она не может говорить об этом.**
5. **Какие только мысли не приходят ему в голову!**

10. Wykrzyknik *Междометие*

Wykrzyknik – to nieodmienna i niesamodzielna część mowy, która nie jest częścią zdania. Służy do wyrażania uczuć i intencji mówiącego, ale ich nie nazywa, np. **Ох!** (Och!), **Ай!** (Ach!, Aj!, Oj! Ojej!), **Ура!** (Hura!), **О!**.

Ten sam wykrzyknik może nieść ze sobą różne znaczenia, raz może przekazywać emocje pozytywne, innym razem – negatywne, dlatego we właściwym odczytaniu intencji mówiącego pomaga kontekst całej wypowiedzi. Np.

Ай! Кто там стоит? Ojej! Kto tam stoi?
Ай! Она так красиво выглядит! Просто чудесо! Ach! Ona tak pięknie wygląda! Po prostu cudo!
Ай, больно! Oj, boli!

Wykrzykniki ze względu na ich znaczenie dzielimy na trzy grupy:

- **emocjonalne** (**эмоциональные междометия**), czyli takie które wyrażają uczucia, m.in. radość, smutek, troskę, zmartwienie, ubolewanie, złość, tęsknotę itp., np.
  А!, **Ей-богу!** Dalibóg! Jak Boga kocham!
  Ага! (Aha!)
  Браво! (Brawo!)
  Тьфу! (Tfu! Fe!)
  Ужас! (Okropność! Zgroza!)
  Господи! (Panie!)
  Увы! (Niestety!)
  О-о-о!, **Батюшки!** (O rety! Jezus Maria!)
  Ай!, **Ой! Ух!**, **Эх!**, **У-у-у!**, **Фу!**, **Чу!**, **Боже мой!**, **Слава богу!**, **Ура!**

- **rozkazujące** (**побудительные междометия**), czyli takie które wyrażają wolę, rozkaz, wołanie, wezwanie, polecenie, komendę, zawołanie, np.
  Цыц! (Cyt! Pst! Sza!)
  Брысь! (A psik! A kysz!)
  Ау! (Hop, hop!, Hej, hej!)
  Марш! (Marsz!)
  Стоп! (Stop!)
  Прочь! (Precz!)
  Алло! (Halo!)
  Айда! (Hejże!)
  Караул! (Ratunku! Rety!),
  Гей! (Hej!)
  Пли! (Pal! – komenda do wystrzału)

- **zwroty etykiety językowej** (**междометия языкового этикета**), czyli takie które wyrażają powitanie, pozdrowienie, podziękowanie, prośbę, życzenie lub pożegnanie, np.
  Здравствуйте! (Dzień dobry!),
  Пока! (Cześć! Na razie!),
  спасибо (dziękuję),
  прости (wybacz),
  Привет! (Cześć!),
  До свидания! (Do widzenia!),
  пожалуйста (proszę),
  извини(те) (przepraszam).

Ze względu na pochodzenie wykrzykniki dzielimy na:

właściwe (**первообразные, непроизводные**)
pochodne (**производные**)

- **wykrzykniki właściwe** (**непроизводные**) składają się najczęściej z jednej samogłoski lub dwóch-trzech głosek, które mogą dwu- lub trzykrotnie się powtarzać, np. **А!**, **О!**, **Ах!**, **Ух!**, **Фу!**, **Ай-ай!**, **Ха-ха-ха!**

- **wykrzykniki pochodne** (**производные**) powstały od innych części mowy (rzeczowników, czasowników, przymiotników, przysłówków, spójników oraz partykuł), które zatraciły pierwotne znaczenie, np.

  Господи!, **Беда!** (Źle! Bieda!)
  Спасибо! (Dzięki!)
  Чёрт побери! (Niech to diabli wezmą!)
  Ещё бы! (Jeszcze czego!)
  Была не была! (Było nie było! Wóz albo przewóz! Raz kozie śmierć!)
  Матушки светы! (Matko swięta!)
  Здравствуйте! (Cześć!)
  Вот тебе на! (Masz tobie!, Masz ci los!)

Wyjątkową grupę stanowią **wyrazy dźwiękonaśladowcze** (**звукоподражательные слова**). Są to słowa, które imitują odgłosy otaczającego nas świata (m.in. odgłosy zwierząt, zjawisk przyrody, pojazdów), np.

мяу-мяу (miau miau),
кис-кис (kici kici),
гав-гав (hau hau),
бац (bęc, brzdęk),
динь-динь (dzyń-dzyń).
кукареку (kukuryku),
хрю-хрю (chrum chrum),
кря-кря (kwa kwa),
бах (bach, buch, bęc, trach, łubu-du),

W formie niektóre wyrazy dźwiękonaśladowcze są bardzo podobne do wykrzykników, różnią się jednak tym, że nie wyrażają ani uczuć, ani woli mówiącego.

Pisownia wykrzykników

Wykrzykniki i słowa dźwiękonaśladowcze utworzone za pomocą powtórzenia tych samych słów lub tej samej podstawy słowa piszemy za pomocą dywizu (łącznika), np.
Ой-ой-ой!, **гав-гав!**

Wykrzykniki, które stoją na początku zdania wydzielamy przecinkiem lub wykrzyknikiem, np. **О! Это ты! О, как часто я думаю о тебе.** Ach, jak często myślę o tobie.

Jeśli wykrzyknik znajduje się przed zaimkiem osobowym, po którym z kolei znajduje się zwrot, wykrzyknik wydzielamy przecinkiem, np.
Ах ты, любовь моя, любовь моей жизни. Ach, moja miłość, miłość mojego życia.

ĆWICZENIA

1 Połącz opisy z odpowiednim wykrzyknikiem lub wyrazem dźwiękonaśladowczym.

1. **Лай собаки.**
2. **Крик утки.**
3. **Мерный звук часов.**
4. **Это междометие есть на дорожном знаке.**
5. **Крик победителя.**
6. **Это междометие выражает восхищение.**

a. **гав-гав**
b. **тик-так**
c. **Браво!**
d. **кря-кря**
e. **Стоп!**
f. **Ура!**

2 Podkreśl w zdaniach wykrzykniki.

1. **Кис-кис! Мурка, где ты?**
2. **Я, увы, не поняла его.**
3. **Ну, как живёте!**
4. **Вот тебе на! Я снова опоздал на поезд.**
5. **Тьфу! Ерунда какая!**
6. **Не дай бог, эти преступники вернутся и ещё его убьют.**
7. **Здравствуй, добрый человек!**

3 Uzupełnij tabelkę wyrażeniami z ramki.

ха-ха-ха фу бабах чу тьфу ерунда какая страсть ужас караул ей-ей а апчхи ку-ку тресь

Эмоциональные междометия	Побудительные междометия	Звукоподражательные слова
....	....	....
....	....	....
....	....	....
....	....	....

11. Przyimek *Предлог*

Do najczęściej używanych przyimków należą:

без (bez),
близ (przy),
вдоль (wzdłuż),
вместе (razem),
для (dla, na, w celu),
из-за (zza, o, dla, przez),
кроме (oprócz),
мимо (obok, koło),
от (od, ode, z, ze, na),
против (przeciwko, wbrew, na, od, pod, naprzeciwko),
у, **благодаря** (dzięki komuś/czemuś),
среди (wśród, między, pomiędzy),
вопреки (wbrew, na przekór),
навстречу (naprzeciw),
согласно (zgodnie z, stosownie do),
сквозь (przez, poprzez),
над (**надо**) (nad),
вне (poza),
внутри (wewnątrz, w środku),
возле (koło, obok),
вокруг (naokoło, dookoła),
до, **из** (z, ze, spośród)
из-под (spod, od, po),
между (między, wśród),
около (koło, około, obok, wokół),
после (po, potem, później),
с (**со**),
ради (dla, w imię),
к (**ко**) (do, na, koło, nad, przy),
по, **подобно** (podobnie jak),
при (obok, przy),
на, **о** (**об**), **под**, **про** (o, dla),
через (przez, poprzez, co, za, po),
перед (przed),
в (**во**), **за** (za, w ciągu, na, do, po, ponad, o, z powodu, zależy od).

Przyimek to niesamodzielna i nieodmienna część mowy, która informuje przede wszystkim o stosunkach jakie zachodzą w zdaniu między przedmiotami lub między czynnościami a przedmiotami i określa przypadki rzeczowników, zaimków i liczebników, np.

Он едет на автобусе номер сто два. On jedzie autobusem numer sto dwa.
Я встречаюсь с моими друзьями в чате. Spotykam się z przyjaciółmi na czacie.
Они стояли напротив здания университета. Oni stali naprzeciwko budynku uniwersytetu.
Моя мама любит читать по вечерам. Moja mama lubi czytać wieczorami.

Jedną z podstawowych właściwości przyimków jest to, że wymagają one odpowiedniego przypadka (rządzą określonym przypadkiem). Niektóre przyimki rządzą dwoma (**между**, **в**, **на**, **за**, **под**, **о**) lub trzema przypadkami (**с**, **по**).

Rządzenie odpowiednim przypadkiem przez przyimki jest nazywane rekcją.

Rekcja przyimków	
Przypadek	Przyimek
D.	**без, близ, вдоль, вместе, вне, внутри, возле, вокруг, для, до, из, из-за, из-под, кроме, между, мимо, около, от, после, против, ради, с** (**со**), **среди, у**
C.	**благодаря** (dzięki), **вопреки** (wbrew, na przekór), **к** (**ко**) (do, na, koło, nad, przy), **навстречу** (naprzeciw), **по** (po, z), **подобно** (podobnie jak), **согласно** (zgodnie z, stosownie do)
B.	**в** (**во**), **за**, **на**, **о** (**об**), **по**, **под**, **про**, **с** (**со**), **сквозь** (przez), **через** (przez, poprzez)
N.	**за**, **между**, **над** (**надо**), **перед** , **с** (**со**)
Ms.	**в**, **о** (**об**), **на**, **по**, **при**

Ze względu na pochodzenie przyimki dzielimy na:

pierwotne (**непроизводные**)
pochodne (**производне**)

Przyimki pierwotne to m.in.: **без**, **в**, **до**, **для**, **за**, **из**, **к**, **на**, **над**, **о** (**об**), **от**, **по**, **под**, **перед**, **при**, **про**, **с**, **у**, **через**.

Przyimki pochodne powstają od samodzielnych części mowy, które utraciły pierwotne znaczenie. Wśród nich wyróżniamy przyimki:

- **przysłowne** (**наречные предлоги**), np.
  вблизи (w pobliżu, nieopodal),
  вдоль (wzdłuż),
  вокруг (wokół),
  кругом (dookoła, wokół),
  позади (za),
  около (obok),
  напротив (naprzeciwko),
  мимо (obok, koło, mimo);

- **odmienne** (**отымённые предлоги**), np.
  ввиду (ze względu na),
  в течение (w ciągu),
  по поводу (w sprawie, na temat),
  насчёт (co do, co się tyczy, o);
  по случаю (z okazji),
  путём (za pomocą, przy pomocy),
  вследствие (wskutek, na skutek, z powodu),

- **odczasownikowe** (**отглагольные предлоги**), np.
  благодаря (dzięki),
  исключая (z wyjątkiem, oprócz),
  включая (łącznie z).

Ze względu na strukturę przyimki dzielimy na:

- **proste** (**простые**) – składające się z jednego słowa, np.
  в, **к**, **на**, **из**, **под**, **при;**

- **złożone** (**сложные**) – tworzone przez połączenie dwóch przyimków prostych, np.
  из-за, **по-над**, **из-под;**

- **zestawione** (**составные**) – złożone z dwóch do trzech elementów, czyli przyimka oraz innej części mowy, np.
  по поводу (z powodu),
  в течение (w ciągu),
  судя по (osądzać według),
  по пути к (po drodze do),
  не говоря о (nie mówiąc o),
  в отличие от (w odróżnieniu od),
  в зависимосит от (w zależności od),
  независимо от (niezależnie od).

! Przyimki złożone piszemy zawsze z dywizem.

Ze względu na znaczenie wyróżniamy przyimki:

- **przestrzenne** (**пространственные**), np.
  ехать по шоссе (jechać szosą / jezdnią),
  работать в болнице (pracować w szpitalu),
  положить на полку (położyć na półkę),
  находиться около дерева (znajdować się obok drzewa);

- czasu (**временные**), np.
  читать по вечерам (czytać wieczorami),
  учиться с утра до вечера (uczyć się od rana do wieczora),
  в течение дня (w ciągu dnia),
  перед Рождеством (przed Bożym Narodzeniem),
  накануне Пасхи (w przeddzień Wielkanocy),
  вернуться через месяц (wrócić za miesiąc);

- przyczyny (**причинные**), np.
  кричать от радости (krzyczeć z radości),
  бледнеть от страха (blednąć ze strachu),
  опоздать из-за него (spóźnić się przez niego),
  остаться дома из-за дождя (zostać w domu z powodu deszczu),
  ссориться из-за пустяков (kłócić się z powodu głupstw),
  читать от скуки (czytać z nudów);

- celu (**целевые**), np.
  идти за покупками (iść po zakupy),
  отдать в починку (oddać do reperacji),
  поехать в гости (pojechać w gości);

- przyzwalające (**уступительные**), np.
  сделать что-то несмотря на последствия (zrobić coś, nie zważając na konsekwencje);

- sposobu działania (**образа действия**), np.
  оставить без ответа (pozostawić bez odpowiedzi),
  писать от руки (pisać ręcznie);

- ilościowe (**количественные**), np.
  во много раз (wielokrotnie),
  команда из десяти парней (drużyna składająca się z dziesięciu chłopaków);

- obiektywne (**объективные**), np.
  урок по физике (lekcja fizyki),
  забыть про всё (zapomnieć o wszystkim),
  скучать по родителям (tęsknić za rodzicami),
  думать о друге (myśleć o przyjacielu),

- określone (**определительные**), np.
  письмо для востребования (list na poste restante).

ĆWICZENIA

1 Wybierz odpowiedni przyimek.

1. **Она вошла в / из комнату.**
2. **Давай встретимся по / перед обедом.**
3. **Павел повесил карту на / за стене.**
4. **Она советовалась об / с друзьями, куда полететь в отпуск.**
5. **Я спросила за / у маму, где живут её родственники.**
6. **Он поздно вернулся из / с дискотеки.**
7. **Они пошли в / на стадион.**
8. **Небольшая собака выглянула из-за / из-под угла.**
9. **Мы идём через / по лес.**
10. **Этот корабль плывёт против / согласно ветра.**

2 Podkreśl w zdaniach przyimki, a następnie określ z jakimi przypadkami się łączą.

1. **У меня болит голова.** ....
2. **Давай пойдём в театр через неделю.** ....
3. **Этот магазин открыт с восьми до двадцати.** ....
4. **Мы возвращаемся с моря в пятницу.** ....
5. **Только благодаря вашей помощи, мы успели закончить этот проект.** ....
6. **Он читает между строк.** ....
7. **Мы пошли в горы несмотря на дождь.** ....

3 Odpowiedz na pytania, wstawiając przyimek i rzeczownik we właściwym przypadku.

1. **Куда пришёл больной? (врач)**

   ....

2. **Где работают шахтёры? (земля)**

   ....

3. **Когда начинается концерт? (час)**

   ....

4. **Куда идут твои родители? (собрание)**

   ....

5. **Где вы отдыхаете? (море)**

   ....

4 **Wybierz prawidłową odpowiedź.**

1. Przyimki złożone to:
   a. **вперёд до, независимо от, под**
   b. **из-за, из-под, по-над**
   c. **от, над, про**

2. Przyimki **благодаря**, **согласно**, **вопреки** łączą się z:
   a. dopełniaczem
   b. celownikiem
   c. narzędnikiem

3. Przyimki rządzące dwoma przypadkami to:
   a. **в, на, о**
   b. **с, по, на**
   c. **по, от, из**

4. Przyimki czasu obrazują wyrażenia:
   a. **пойти за покупками, гулять с друзьями**
   b. **работать в субботу, учиться в течение месяца**

12. Składnia *Синтаксис*

Składnia (syntaksa) to inaczej budowa zdań, równoważników zdań, wykrzyknień i związków wyrazowych. Składnia zdania determinuje sposoby łączenia się oraz funkcje wyrazów tworzących dane wypowiedzenie. Składnia związku wyrazowego określa cechy syntaktyczne wyrazów i zasady łączenia ich z innymi wyrazami. Zasady te są stałe dla poszczególnych części mowy.

Do elementów składniowych tworzących komunikat zaliczamy:

związki wyrazowe – **словосочетания**,
zdania proste – **простые предложения**,
zdania złożone – **сложные предложения**.

Części mowy mogą pełnić w zdaniu rozmaite funkcje. We współczesnym języku rosyjskim wyróżnia się następujące części zdania:

- **podmiot** – **подлежащее** – najczęściej wyrażony **rzeczownikiem**, określa przedmiot lub osobę wykonującą czynność wyrażoną orzeczeniem; odpowiada na pytania:
  кто? (kto?),
  что? (co?);

- **orzeczenie** – **сказуемое** – najczęściej wyrażone **czasownikiem w formie osobowej**, nazywa czynność wykonywaną przez lub stan, w którym znajduje podmiot; odpowiada na pytania:
  что делает предмет (или лицо)? (co robi?),
  что с ним происходит? (co się z nim dzieje?);

- **przydawka** – **определение** – drugorzędna część zdania, najczęściej wyrażona **przymiotnikiem**, zwykle określa podmiot; odpowiada na pytania:
  какой? (jaki?),
  чей? (czyj?),
  который? (który?);

- **dopełnienie** – **дополнение** – drugorzędna część zdania wyrażona **rzeczownikiem** lub **zaimkiem rzeczownym**, nazywa przedmiot lub osobę będącą obiektem działania wyrażonego orzeczeniem; odpowiada na pytania:
  что? (co?),
  кого? (kogo?),
  кому? (komu?);

- **okolicznik** – **обстоятельство** – drugorzędna część zdania zwykle wyrażona **rzeczownikiem** w przypadkach zależnych (wszystkich poza mianownikiem), **przysłówkiem** lub **imiesłowem**; określa orzeczenie lub inną część zdania, która je określa.

Ze względu na znaczenie wśród okoliczników wyróżniamy:

- okolicznik czasu – **обстоятельство времени** – odpowiadający na pytania:
  когда? (kiedy?),
  как долго? (jak długo?),
  с каких пор? (od kiedy?),
  до каких пор? (do kiedy?);
  Ребята уедут завтра утром. Młodzi ludzie pojadą jutro rano.

- okolicznik sposobu – **обстоятельство образа действия** – odpowiadający na pytania:
  как? (jak?),
  каким образом? (w jaki sposób?);
  Зинайда работала не покладая рук. Zinaida pracowała w pocie czoła.

- okolicznik miary – **обстоятельство меры и степени** – odpowiadający na pytania:
  в какой степени? (do jakiego stopnia?),
  насколько? (na ile?);
  Вечером дул очень сильный ветер. Wieczorem wiał bardzo silny wiatr.

- okolicznik miejsca – **обстоятельство места** – odpowiadający na pytania:
  где? (gdzie?),
  куда? (dokąd?),
  откуда? (skąd?);
  Даша поставила вазу на стол. Dasza postawiła wazon na stole.

- okolicznik przyczyny – **обстоятельство причины** – odpowiadający na pytania:
  почему? (dlaczego?),
  на каком основании? (na jakiej podstawie?);
  Конкурс не состоялся из-за плохой погоды. Konkursu nie przeprowadzono ze względu na złą pogodę.

- okolicznik celu – **обстоятельство цели** – odpowiadający na pytania:
  зачем? (po co?),
  с какой целью? (w jakim celu?);
  Копили деньги, чтобы отправиться на экзотическую экскурсию. Oszczędzali pieniądze, aby udać się na egzotyczną wycieczkę.

- okolicznik warunku – **обстоятельство условия** – odpowiadający na pytanie:
  при каком условии? (pod jakim warunkiem?);
  Если не пригласишь меня в ресторан, то я тебя брошу! Jeśli nie zaprosisz mnie do restauracji, to cię rzucę!

- okolicznik przyzwolenia – **обстоятельство уступки** – odpowiadający na pytanie:
  вопреки чему? (wbrew czemu?);
  Он победил, несмотря на то, что все ему плохо желали. Zwyciężył, mimo iż wszyscy źle mu życzyli.

Drugorzędne części zdania: Dopełnienie, Okolicznik, Przydawka, str. 175

12.1. **Składnia zdania**

W zależności od intencji mówiącego zdania podzielić możemy na **twierdzące** (**утвердительные**) i **przeczące** (**отрицательные**). Natomiast ze względu na funkcje i cel wypowiedzi wyróżniamy zdania:

oznajmujące (**повествовательные**),
pytające (**вопросительные**),
aktywizujące (**побудительные**).

Każdy z wymienionych typów zdań może być przekształcony w **zdanie wykrzyknikowe** (**восклицательное предложение**) przy pomocy odpowiedniej intonacji sugerującej ładunek emocjonalny.

Pod względem budowy zdania mogą być **proste** (**простые предложения**) lub **złożone** (**сложные предложения**).

12.1.1. **Zdania proste**

Zdania proste pozbawione drugorzędnych części zdania (dopełnienie, okolicznik) nazywamy **nierozwiniętymi** (**нераспространённые**), zaś te, w których występują drugorzędne części zdania – **rozwiniętymi** (**распространённые**).

Zdania proste mogą tworzyć także pojedyncze wyrazy lub niepodzielne jednostki leksykalne takie jak połączenia spójników. **Zdania jednowyrazowe** (**слова-предложения**) wyrażają najczęściej aprobatę lub sprzeciw i są przeważnie silnie nacechowane emocjonalnie; niekiedy mogą stanowić zachętę, próbę pobudzenia kogoś do działania. Nie posiadają wyodrębnionych części zdania i nie nazywają przedmiotów ani czynności. Zdań jednowyrazowych używa się najczęściej w mowie potocznej oraz dialogach literackich i poezji. Np.

Точно. Zgoda.
Правда, правда... Faktycznie.
Ну, хорошо, хорошо. Jasne, w porządku.
Неправда! Kłamstwo!
Караул! Na pomoc!
Неужели? Doprawdy?
Боже мой! Mój Boże!
Скорей! Szybciej!
Ну? No i?
Внимание! Uwaga!

Zdanie twierdzące (**утвердительное**) oznajmuje lub potwierdza istnienie jakiegoś faktu, zjawiska lub procesu.

Zdanie przeczące (**отрицательное**) wyraża zaprzeczenie istnienia jakiegoś faktu, zjawiska lub procesu.

Kategoria przeczenia związana jest ze strukturą zdania. Przy zamianie zdania twierdzącego z czasownikiem **есть** na zdanie przeczące może następować zmiana form wyrazowych, np.

Дома есть. – **Домов нет**.
Są domy. – Nie ma domów.

W zdaniach z innymi czasownikami wprowadzenie partykuły przeczącej nie powoduje zmian form wyrazowych, np.

Ребёнок поёт. – **Ребёнок не поёт**.
Dziecko śpiewa. – Dziecko nie śpiewa.

Przeczenie wyrażone jest gramatycznie najczęściej poprzez obecność **partykuły przeczącej не**. Niekiedy w przeczeniu obecna jest partykuła **нет**.

Kategoria przeczenia związana jest z orzeczeniem. Tylko lokalizacja partykuły przeczącej przed orzeczeniem czyni cały komunikat przeczącym.

Nasilenie aspektu przeczenia w zdaniu zależne jest od pozycji partykuły przeczącej, tj. od tego przed którą częścią zdania partykuła się pojawi, np.

Собственно, тёткой Берта приходилась не мне, а маме[1]. W rzeczy samej, Berta była ciotką **nie moją**, a mojej matki.
W tym przypadku przeczenie odnosi się tylko do dopełnienia. Dla porównania, w poniższym zdaniu przeczenie odnosi się do orzeczenia, np.
(...) **прабабушка Хая тогда старухой вовсе не была** (...)[2] prababcia Chaja wówczas staruszką wcale **nie była**.

Partykuła przecząca może pojawić się przed podmiotem, np.
Не бог весть что, работали на предприятии всем семейством, и было кому работать, между прочим: пять дочерей, одна в одну.[3] Nie wiedzieć czemu w zakładzie pracowali całą rodziną, a nota bene, było komu pracować: pięć córek – jak pięć kropel wody.

Należy jednak pamiętać, że w niektórych przypadkach nawet przeczenie umiejscowione przed orzeczeniem nie powoduje zaprzeczenia całego komunikatu. Są to sytuacje, gdy:

- partykuła **не** zostaje powtórzona, co powoduje, iż zdanie staje się twierdzące, np.
  Она не могла не выпить. Ona nie mogła nie wypić.

- użycie partykuły ma na celu nadanie komunikatowi odcienia przypuszczenia, np.
  Не хотите с нами выпить? Nie chcecie z nami wypić?

- partykuła nadaje wypowiedzi cech uogólnienia, np.
  Кто не выпил с ними в этот вечер? Któż nie wypił z nimi tego wieczoru?

- użycie partykuły służy wyrażeniu obawy, np.
  Чтобы они только не пили вечером! Żeby oni tylko nie pili wieczorem!

- użycie partykuły wyraża zgodę, np.
  Не выпить нам больше сегодня. Więcej dziś nie wypijemy.

- partykuła nadaje komunikatowi odcienia konieczności, np.
  Ну, как не выпить в такую ночь. Jak tu nie wypić w taką noc.

[1] Dina I. Rubina, *Душегубица*, Эксмо, Москва, 2011
[2] Tamże
[3] Tamże

12.1.2. **Zdania oznajmujące, pytające i aktywizujące**

Zdanie oznajmujące (**повествовательное предложение**) informuje o jakimś fakcie, zdarzeniu, zjawisku itp. (może to być informacja twierdząca lub przecząca). Dla tej grupy zdań charakterystyczna jest intonacja wznosząca się na wyrazie stanowiącym centrum logiczne zdania (tzw. **intonacja oznajmująca** – **повествовательная интонация**).
Przykłady zdań oznajmujących:

> **Моя тётя Берта была убийцей. (...) В эти самые минуты с улицы через витрину ателье на Берту смотрит ученик реального училища Мишенька Лещинский, смотрит безнадёжно и влюблённо. (...) Эта история в родне пересказывалась как спектакль, увлекательная пьеса в исполнении знаменитых актёров.** (...)[1]

Zdanie pytające (**вопросительное предложение**) ma na celu zachęcenie interlokutora do przekazania informacji, którą jest zainteresowany mówiący, np.
Зачем тебе ехать в Краков? Dlaczego chcesz jechać do Krakowa?

Realizacja zdania pytającego jest możliwa przy pomocy następujących środków gramatycznych:

- intonacji pytającej – wznoszącej się na wyrazie, z którym związany jest sens pytania, np.
  Вы были в Кракове? Byliście w Krakowie?
  Вы были в Кракове? W Krakowie byliście?
  Вы были в Кракове? To wy byliście w Krakowie?

- szczególnej pozycji wyrazów w zdaniu (**словорасположение**) – wyraz, z którym wiąże się pytanie umiejscowiony jest zwykle na początku zdania, np.
  Не поехать бы нам в Краков? A może pojechalibyśmy do Krakowa?
  В Краков бы нам не поехать? A może do Krakowa byśmy pojechali?

- wyrazów pytających (**вопросительные слова**) – partykuł pytających, przysłówków, zaimków, np.
  Анна Игнатовня, где вы живёте? Anno Ignatowna, gdzie pani mieszka?
  Неужели ты не знаешь где она живёт? Czy naprawdę nie wiesz, gdzie ona mieszka?
  Скажите пожалуйста, как добратся до вокзала? Proszę powiedzieć, jak dotrzeć do dworca?

Do **wyrazów pytających** w języku rosyjskim zaliczamy:

где (gdzie),	**зачем** (po co),
какой (jaki),	**каков** (jaki),
который (który),	**кто** (kto),
куда (dokąd),	**откуда** (skąd),
почему (dlaczego),	**сколько** (ile),
чей (czyj),	**что** (co),
как (jak),	**когда** (kiedy).

Zdanie aktywizujące (**побудительное предложение**) służą pobudzeniu interlokutora do działania; mogą wyrażać:

- rozkaz, prośbę, błaganie, np.
  Молчать! Milczeć!
  Пожалуйста, не кричи. Proszę, nie krzycz.
  Умоляю вас, не шумите. Błagam was, nie hałasujcie.

[1] Dina I. Rubina, *Душегубица*, Эксмо, Москва, 2011

- radę, propozycję, ostrzeżenie, protest, groźbę, np.
  Берегись! Uwaga! / Miej się na baczności!
  Смотри, какая красивая девка. Spójrz, jaka ładna dziewczyna.

- zgodę, pozwolenie, np.
  Делай, что хочешь. Rób co chcesz.

- wezwanie, zaproszenie do wspólnego działania, np.
  Давай, сыграем в шахматы. Chodź, zagramy w szachy.

- życzenie, np.
  Маме подарю цветы, а папе шампанское. Mamie podaruję kwiaty, a tacie – szampana.

Zdania aktywizujące tworzy się przy pomocy:

- intonacji aktywizującej,
- orzeczenia w trybie rozkazującym,
- partykuł typu: **давай**, **давайте**, **ну-ка**, **да**, **пусть**.

Zdanie wykrzyknikowe (**восклицательное предложение**) posiada silne zabarwienie emocjonalne; tworzy się je za pomocą:

- odpowiedniej intonacji, w zależności od intencji mówiącego wyrażającej radość, irytację, smutek, gniew lub zdziwienie, np.
  Прощай! Żegnaj!
  Какая я несчастная! Och, jaka jestem nieszczęśliwa!
  Уходи отсюда, урод! Won stąd, kreaturo!

- wykrzyknika

- partykuł wykrzyknikowych (**восклицательные частицы**) typu: **ну**, **о**, **ну и**, **куда как**, **как**, **какой**, **что за**, itp.

12.1.3. Zdania złożone

Zdania złożone (**сложные предложения**) posiadają co najmniej dwa **tematy gramatyczne** (**грамматическая основа**), czyli elementy składające się z podmiotu i orzeczenia.

Wypowiedzenia składowe zdań złożonych mogą łączyć się na dwa sposoby:

- za pomocą spójników i innych wyrazów łączących – powstają wówczas **zdania złożone spójnikowe** (**союзные сложные предложения**)

- bez spójników, przy pomocy intonacji i zgodności orzeczeń – są to **zdania złożone bezspójnikowe** (**бессоюзные сложные предложения**)

Ze względu na budowę **zdania złożone** podzielić możemy na:

zdanie podrzędnie złożone (**сложноподчинённое предложение**)
zdanie współrzędnie złożone (**сложносочинённое предложение**)
zdanie złożone bez spójnika (**бессоюзное сложное предложение**)
zdanie wielokrotnie złożone (**СПУТ**: **сложное предложение усложненного типа**)

Zdanie podrzędnie złożone

Zdanie składowe zdania podrzędnie złożonego znaczeniowo podległe to **zdanie podrzędne** (**придаточная часть**). Zdanie składowe pełniące funkcję nadrzędną zwane jest **zdaniem głównym** (**главная часть**).

Zdania składowe tworzące zdanie podrzędnie złożone łączą się przy pomocy **spójników podrzędnych** (**подчинительные союзы**) lub **wyrazów względnych** (**относительные слова**). Wyrazy względne stanowią element zdania podrzędnego, ale określają rzeczownik ze zdania głównego.

Ze względu na rodzaj drugorzędowych części zdania, które tworzą zdanie podrzędnie złożone (dopełnienia, okoliczniki, przydawki) możemy wyróżnić:

zdania przydawkowe (**определительные**)
zdania dopełnieniowe (**изъяснительные**)
zdania okolicznikowe (**обстоятельственные**)

Zdanie współrzędnie złożone

W **zdaniu współrzędnie złożonym** (**сложносочинённое предложение**) zdania składowe są równorzędne i łączą się przy pomocy **spójników współrzędnych** (**сочинительные союзы**).

Zdania składowe zdania współrzędnie złożonego mogą mieć części wspólne, pełniące rolę łącznika, np.

Ничего не видя, ничего не слыша, он попятился к двери, вышел на улицу и поплёлся...[1]
Nie widząc niczego i niczego nie słysząc, [**urzędnik**] cofnął się do drzwi, wyszedł na zewnątrz i powlókł się wzdłuż ulicy... (w tym przypadku wspólnym elementem jest podmiot).

W zdaniu współrzędnie złożonym zdania składowe nie muszą określać się wzajemnie i mogą funkcjonować autonomicznie.

W zależności od znaczenia zdań składowych zdania współrzędnie złożone podzielić możemy na:

- **łączące** (**соединительные**), w których oba zdania mają równorzędne znaczenie, czas jest jednakowy dla obu zdań lub istnieje następstwo czasu; zdania składowe łączą spójniki i partykuły:

и,	**и ... и**,
да,	**ни ... ни**,
тоже,	**также**;

- **rozdzielające** (**разделительные**), które wyrażają następstwo powiązanych ze sobą zdarzeń, przeciwstawiają je sobie lub wyliczają; środki łączące zdania składowe to:

или,	**что**,
или ... или,	**ли ... ли**,
то ли ... то ли,	**не то ... не то**,
а то ... а не то,	**иначе** (w roli spójnika);

[1] A. P. Czechow, *Смерть чиновника*, «Собрание сочинений в двенадцати томах», Москва, «Правда», 1985.

- **przeciwstawne** (**сопоставительные**), które wyrażają równoznaczność, tożsamość wydarzeń; środki łączące zdania składowe to:
  то есть, **а именно**;

- **wyjaśniające** (**пояснительные**), w których zdania składowe wzajemnie się wykluczają; środki łączące zdania składowe to:
  а, **но**, **да**, **же**, **а однако**, **а значит**, **а кроме того**, **а зато**, **а потому**, **а также**;

- **stopniowane** (**градационные**), które rozwijają znaczenie zdań przeciwstawnych; stopniowanie może mieć charakter:
  znaczeniu lub wartości; środki łączące zdania składowe to:
  не только... но и, **даже... не то что**, **более не**, **не то что... но**, **даже не... тем**, **мало того что... ещё и**;

  intensywności; środki łączące zdania składowe to:
  если не... то по крайней мере (jeśli nie... to przynajmniej),
  если не... то в таком случае (jeśli nie... to w tym wypadku),
  не то чтобы... но (nie to żeby... ale/aczkolwiek),
  не сказать чтобы... но (nie powiem, że... ale/aczkolwiek);

  lub zgodności; środki łączące zdania składowe to:
  вернее,
  точнее,
  точнее сказать (ściśle mówiąc).

12.1.4. **Drugorzędne części zdania**

Do drugorzędnych części zdania (**второстепенные члены предложения**) należą:
dopełnienie (**дополнение**)
okolicznik (**обстоятельство**)
przydawka (**определение**)

Dopełnienie określa przedmiot, do którego odnosi się czynność wyrażona orzeczeniem. Pod względem gramatycznym ma ono formę przypadków zależnych (wszystkich poza mianownikiem). Zwykle ma postać rzeczownika lub wyrażenia przyimkowego z rzeczownikiem; może być także wyrażone zaimkami rzeczownymi, rzeczownikami odprzymiotnikowymi lub imiesłowami. Niekiedy w roli dopełnienia występuje także czasownik w bezokoliczniku, np.

На другой день Червяков надел новый вицмундир, подстригся и пошёл к Бризжалову объяснить...[1] Następnego dnia Czerwiakow założył nowy uniform, ostrzygł się i poszedł do Brizżałowa, aby się wytłumaczyć...

Ze względu na formę gramatyczną dopełnienia podzielić możemy na:

- **dopełnienie bliższe** (**прямое дополнение**) – występuje przede wszystkim w formie **biernika bez przyimka**; określa część zdania wyrażoną czasownikiem przechodnim; nazywa przedmiot,

[1] A. P. Czechow, *Смерть чиновника*, «Собрание сочинений в двенадцати томах», Москва, «Правда», 1985.

do którego bezpośrednio odnosi się czynność, np.
В старичке Червяков узнал статского генерала Бризжалова, служащего по ведомству путей сообщения.[1] Czerwiakow rozpoznał w starcu generała Brizżałowa, radcę stanu w departamencie komunikacji.

- **dopełnienie dalsze** (**косвенное дополнение**) – wyrażone **biernikiem z przyimkiem**, a także formami innych **przypadków zależnych z przyimkami lub bez**, np.
  Чевяков сконфузился, глупо улыбнулся и начал глядеть на сцену.[2] Czerwiakow speszył się, uśmiechnął się głupkowato i zaczął się gapić na scenę.

Przy orzeczeniach wyrażonych czasownikami przechodnimi z przeczeniem mogą występować dopełnienia w formie dopełniacza bez przyimka, np.
Червяков нисколько не сконфузился, утерся платочком и, как вежливый человек, поглядел вокруг себя: не обеспокоил ли он кого-нибудь своим чиханьем?[3] Czerwiakow, całkowicie niespeszony, przetarł czoło chusteczką i jako dżentelmen rozejrzał się wokoło sprawdzając, czy nie przeszkodził komuś swoim kichnięciem.

Dopełnienie bliższe (**простое дополнение**) może mieć różne aspekty znaczeniowe, w zależności od właściwości semantycznych czasownika. Może oznaczać:

- przedmiot lub stan będący rezultatem czynności, np.
  Исследователи провели экспертизу воздуха. Badacze przeprowadzili analizę powietrza.

- przedmiot, do którego odnosi się czynność, np.
  Женщина сшила платье. Kobieta uszyła sukienkę.

- obiekt uczuć, np.
  Виктор Павлович любит природу. Wiktor Pawłowicz kocha przyrodę.

- przestrzeń, np.
  Ребята объехали Америку автостопом. Młodzież objechała Amerykę autostopem.

- myśli, życzenia, np.
  Я вообще не помню эту девушку. Zupełnie nie pamiętam tej dziewczyny.

Dopełnienie dalsze (**косвенное дополнение**) wyrażone formami przypadków zależnych **bez przyimków** może oznaczać w zdaniu:

- przedmiot, do którego odnosi się czynność, np.
  Собрав ягоды, дети ушли домой. Nazrywawszy jagód, dzieci poszły do domu.

- przedmiot lub osobę, której się „pozbyto", np.
  Она не думает о брошенном парне. Ona nie myśli o porzuconym chłopcu.

- przedmiot stanowiący cel, np.
  Мальчишка мечтал ещё раз обнять родителей. Chłopczyk marzył o tym, by jeszcze raz przytulić rodziców.

- narzędzie lub sposób działania, np.
  Что написано пером, того не вырубишь топором. Słowa mogą ranić bardziej niż czyny.

---

[1] Tamże.
[2] Tamże.
[3] Tamże.

Dopełnienia dalsze wyrażone formami przypadków zależnych **z przyimkami** mogą oznaczać:

- materiał, z którego coś wykonano, np.
  Шалаш построен из деревянных досок. Szałas zbudowano z drewnianych desek.

- przedmiot, w odniesieniu do którego ma miejsce dana czynność, np.
  Белые облака повисли над озером. Białe obłoki zawisły nad jeziorem.

- przedmiot, w odniesieniu do którego pojawia się jakiś stan lub odczucie, np.
  В клубе с девушками подружился молодой судент. W klubie z dziewczętami zaprzyjaźnił się młody student.

- myśli, odczucia, np.
  Поэт прекрасно писал о любви. Poeta cudownie pisał o miłości.

Dopełnienia wyrażone bezokolicznikiem oznaczają zarówno czynność, jak i przedmiot, na który nakierowana jest inna czynność. W tej roli może występować **bezokolicznik osobowy** (**субъектный инфинитив**) lub **nieosobowy** (**объектный инфинитив**).

Bezokolicznik osobowy (**субъектный инфинитив**) określa podmiot działania tożsamy z podmiotem działania wyrażonego drugim czasownikiem, np.

Ребята договорились встретиться в парке после школы. Młodzi ludzie umówili się na spotkanie w parku po szkole.

Bezokolicznik nieosobowy (**объектный инфинитив**) określa podmiot działania inny, niż podmiot działania określany przez drugi czasownik w zdaniu, np.

Ребята уговорили Свету ехать с ними в Одессу. Młodzi ludzie namówili Swiętę, by pojechała z nimi do Odessy.

Dopełnienia określające części zdania wyrażone:

- przymiotnikami oznaczają przedmiot, do którego odnosi się cecha określona przymiotnikiem, np.
  Довольные результатом экзамена, студенты расходятся по домам. Studenci, zadowoleni z wyników egzaminu, rozchodzą się do domów.

- przysłówkiem oznaczają obiekt, w odniesieniu do którego przejawia się cecha określona przysłówkiem, np.
  Мать упрямо защищала пьяного сына. Matka uparcie broniła pijanego syna.

- rzeczownikiem oznaczają przede wszystkim obiekt działania. Znaczenie to jest najbardziej charakterystyczne dla dopełnień występujących obok rzeczowników odczasownikowych, np.
  Работникам пиццерии было поручено распространение листовок. Pracownikom pizzerii polecono roznosić ulotki.

- rzeczownikami mogą mieć różne aspekty znaczeniowe i łączyć w sobie funkcję dopełnienia i przydawki. Dzieje się tak, gdy rzeczownik opisuje przedmiot myśli lub wspomnień, np.
  Дед закурил и задумался над судьбой человечества. Staruszek zapalił papierosa i zamyślił się nad losem ludzkości.

Okoliczniki mogą być wyrażone przysłówkami, imiesłowami przymiotnikowymi, rzeczownikami w narzędniku bez przyimka, rzeczownikami w przypadkach zależnych z przyimkami, czasownikiem w bezokoliczniku, związkami frazeologicznymi z przysłówkami i niepodzielnymi jednostkami leksykalnymi typu **из-за** (znad; z powodu), **из-под** (spod; [zrobiony] z [czegoś]), **вдоль** (wzdłuż), **вновь** (znów) itp.

Podział okoliczników z pytaniami i przykładami, Składnia związków wyrazowych str. 169

Okolicznik sposobu (**обстоятельство образа действия**) określa jakość, rodzaj czynności lub stanu, a także sposób wykonania czynności lub przejawienia się cechy, np.

В антракте он подошёл к Бризжалову, походил возле него и, поборовши робость, пробормотал (...)[1] W czasie przerwy podszedł do Brizżałowa, przez chwilę krążył wokół niego, wreszcie pokonawszy nieśmiałość, wymamrotał [...].

Sposób wykonania czynności może być wyrażony za pomocą porównania. Wówczas w funkcji okolicznika występuje rzeczownik w narzędniku bez przyimka, np.

Иван Павлович поёт низким басом, а Мария Сергеевна – лирическим сопрано. Iwan Pawłowicz śpiewa basem poważnym, a Maria Sergiejewna sopranem lirycznym.

Okolicznik sposobu jest znaczeniowo zbliżony do **okolicznika stopnia** wykonania czynności lub przejawienia się cechy (**обстоятельство степени**), np.

После целого дня экскурсии туристы очень устали. Po całym dniu wycieczki turyści byli bardzo zmęczeni.

Okolicznik miejsca (**обстоятельство места**) oznacza miejsce, w którym rozgrywa się czynność lub w którym przejawia się cecha. Okolicznik miejsca może oznaczać:

- miejsce, np.
  Когда ты в Риме, делай, как римляне. (przysł.) Gdy wejdziesz między wrony, musisz krakać jak one.

- kierunek ruchu, np.
  Несмотря на всё охотники шли вперёд. Nie zważając na nic myśliwi szli naprzód.

- cel podróży, np.
  Все дороги ведут в Рим. Wszystkie drogi prowadzą do Rzymu.

Okolicznik czasu (**обстоятельство времени**) określa ramy czasowe czynności, stanu lub cechy; może określać:

- konkretny przedział czasowy (rozpoczęcie i zakończenie czynności), np.
  Вчера мы работали с утра до вечера. Wczoraj pracowaliśmy od rana do wieczora.

- czas w sposób ogólny, np.
  Каждую ночь сосед ссорится с женой. Co noc sąsiad awanturuje się z żoną.

Okolicznik miary (**обстоятельство меры**) określa aspekt ilości w odniesieniu do czynności, stanu lub cechy. Okoliczniki miary mogą nazywać:

- miarę czasu, np.
  Аркадий целую неделю готовился к вступительным экзаменам. Arkadiusz przez cały tydzień przygotowywał się do egzaminów wstępnych.

- miarę przestrzeni, np.
  На небе не было ни одной тучи. Na niebie nie było ani jednej chmury.

- miarę ilości, np.
  Аркадию пришлось дважды сдавать экзамен. Arkadiusz musiał dwa razy zdawać egzamin.

[1] A. P. Czechow, Смерть чиновника, «Собрание сочинений в двенадцати томах», Москва, «Правда», 1985.

- miarę wagi lub ceny, np.
  Девушка взвесила ему двести граммов говядины. Ekspedientka zważyła mu dwieście gramów wołowiny.

Okolicznik przyczyny (**обстоятельство причины**) określa przyczynę, z powodu której ma miejsce dana czynność lub stan. Okolicznik przyczyny uzasadnia istnienie danej czynności lub stanu, np.
Она вдруг заплакала от неназванного горя. Zapłakała nagle z nienazwanego smutku.

W skład okoliczników przyczyny mogą wchodzić przyimki potęgujące znaczenie okolicznika, np.
по причине (z powodu), **ввиду** (w zwiazku z),
по случаю (w wyniku, na skutek), **в силу** (na mocy),
на основании (przy założeniu), **благодаря** (za sprawą).

Okolicznik celu (**обстоятельство цели**) określa cel wykonania czynności. Najczęściej wyrażony jest przysłówkiem lub czasownikiem w bezokoliczniku, np.
Не сыпь мне соль на рану, не говори навзрыд.[1] Nie syp mi soli na ranę, nie urządzaj scen.

W zdaniu podrzędnie złożonym czasownik w bezokoliczniku po spójniku **чтобы** pełni fukcję zdania podrzędnego, np.
Она вернулась, чтобы попрощаться. Wróciła, by się pożegnać.

Okolicznik celu może być wyrażony wyrażeniem przyimkowym, np.
Депутатам выдали материалы для обзора. Deputowanym wydano materiały do wglądu.

Okolicznik warunku (**обстоятельство условия**) określa warunki, które muszą być spełnione, aby dana czynność mogła być wykonana. Okolicznik warunku może odnosić się tylko do części zdania wyrażonej czasownikiem lub do całego zdania składowego; może mieć postać wyrażenia przyimkowego lub imiesłowu przysłówkowego współczesnego, np.
Молодому человеку вернут водительские права только при условии, что он перестанет пить. Młodzieniec otrzyma z powrotem prawo jazdy tylko pod warunkiem, jeśli przestanie pić.

Okolicznik przyzwolenia (**обстоятельство уступки**) określa fakt, pomimo lub wbrew któremu czynność zostaje wykonana. Okoliczniki przyzwolenia mogą mieć postać:

- wyrażeń przyimkowych typu: **вопреки** (wbrew, na przekór), **при** (przy; za), **против** (przeciw, przeciwko), np.
  Вопреки всем диагнозам, она родила здоровую дочь. Wbrew wszystkim diagnozom, urodziła zdrową córkę.

- wyrażeń typu: **несмотря на** (pomimo; nie zważając na), **невзирая на** (bez względu na), np.
  Несмотря на инвалидность, он сумел окончить университет. Pomimo niepełnosprawności, zdołał skończyć studia.

- imiesłowów przysłówkowych współczesnych, np.
  Делая всё как положено, она никак не молга всех удовлетворить. Robiąc wszystko „jak trzeba", wciąż nie mogła zadowolić wszystkich.

[1] Wiaczesław G. Dobrynin, *Не сыпь мне соль на рану*, fragm. tekstu za megalyrics.ru

Przydawka (**определение**) najczęściej wyrażona jest przymiotnikiem. Główną funkcją przydawki jest nazywanie cech przedmiotów, w związku z czym w zdaniu najczęściej łączy się z częściami zdania wyrażonymi rzeczownikiem lub formami odrzeczownikowymi innych części mowy, np.

Нил Армстронг был первым человеком ступившим на Луну. Neil Armstrong był pierwszym człowiekiem, który stanął na Księżycu.

ĆWICZENIA

1 Odszukaj i zaznacz rzeczowniki.

1. **спешить**
2. **судить**
3. **кому**
4. **миллион**
5. **рисковать**
6. **ноль**
7. **верующий**
8. **ночь**
9. **восемь**
10. **жаловаться**
11. **нет**
12. **убить**
13. **что**
14. **ум**
15. **вирус**
16. **сотня**
17. **пятеро**
18. **и**
19. **один**
20. **куча**
21. **общеобразовательный**

2 Wypełnij tabelkę, określając pozostałe części mowy z poprzedniego ćwiczenia.

глагол	прилагательное	числительное	союз	частица	местоимение / наречие

3 Połącz rzeczowniki z odpowiednimi zaimkami osobowymi.

1. **ножницы** — a. **он**
2. **улица** — b. **оно**
3. **больница** — c. **он**
4. **грипп** — d. **она**
5. **тетрадь** — e. **оно**
6. **урок** — f. **они**
7. **шоссе** — g. **он**
8. **магазин** — h. **она**
9. **платье** — i. **она**

4 Rozwiąż krzyżówkę, tłumacząc podane wyrazy na język rosyjski.

1. DRZWI
2. MUZEUM
3. SZOSA
4. MIESZKANIE
5. PLAC/POWIERZCHNIA
6. UPAŁ
7. SALA
8. SZPITAL

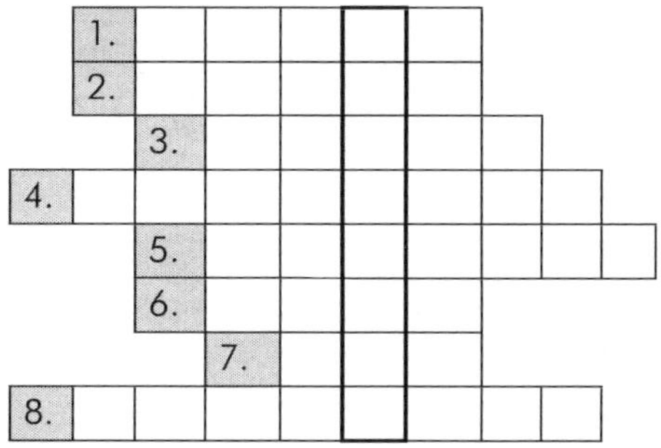

Отгадка: ....

5 Wykreśl nieprawidłowe formy czasowników i zapisz je poprawnie.

восшюметь жить щадить очутиться чювствовать щядиться начять возвращаться шуметь чюдачить зашушукать мешать жадничять

....

....

....

6 Połącz czasowniki niedokonane i dokonane.

1. **кричать**	a. **пробить**
2. **рисковать**	b. **полюбить**
3. **бить**	c. **выбрать**
4. **видеть**	d. **узнать**
5. **любить**	e. **закричать**
6. **выберать**	f. **сказать**
7. **знать**	g. **своровать**
8. **говорить**	h. **увидеть**
9. **воровать**	i. **рискнуть**

7 Uzupełnij tabelę, określając formy czasowników z ramki.

забывая сказать смеясь пить забывать выпить говоря смеяться пьющий говорить забыть

возвратный глагол	**совершенный глагол**	**несовершенный глагол**	**причастие**	**деепричатие**

8 Połącz formy osobowe czasownika z bezokolicznikiem.

1. **купили**	a. **забыть**
2. **забывал**	b. **смотреть**
3. **чистил**	c. **сказать**
4. **будут смотреть**	d. **указать**
5. **забыла**	e. **уснуть**
6. **сказали**	f. **купить**
7. **указал**	g. **говорить**
8. **говорит**	h. **чистить**
9. **уснули**	i. **забывать**

9 Dopisz brakujące przymiotniki.

1. **весёлый, весёлая,** ....
2. **чёрная,** ....
3. **зимний,** ....
4. **осеннее,** ....
5. **скучная,** ....
6. **искусственное,** ....
7. **жадная,** ....
8. **чистый,** ....
9. **русый,** ....

10 Dopisz stopień wyższy przymiotników z poprzedniego ćwiczenia.

1.	4.	7. ....
2.	5.	8. ....
3.	6.	9. ....

11 Wyrazy w nawiasach przetłumacz na jęz. rosyjski.

1. **Я не** (uprawiam) .... **спортом.**
2. **Директор в очередной раз** (opowiada) .... **о своих успехах.**
3. **Молодёжь ничего не** (wie) .... **о хорошем питании.**
4. (Zaczyna się) .... **финал этого шоу.**
5. **Я** (widzę) .... **её в последний раз.**
6. **Дети** (bawią się) .... **в саду.**
7. **Она уже** (umie / potrafi) .... **водить машину.**
8. «**А я** (idę) ...., (spaceruję) .... **по Москве**». (tytuł utworu Gienadija Szpalikowa)
9. **Не все мужчины** (wolą) .... **блондинок.**

12 Podkreśl orzeczenia podwójną linią, a podmiot pojedynczą.

1. **Он не знает своих родителей.**
2. **Мы жили в Африке.**
3. **Ты меня слышишь?**
4. **Рита поверит во всё.**
5. **У Коли сломалась машина.**
6. **Мы не говорим по-французски.**
7. **Яна и Света поют в хоре.**
8. **Купи мне тени для век.**
9. **Ребёнок уснул.**
10. **Что она тебе сказала?**
11. **Не забудь меня.**
12. **Война началась в 1939 году.**
13. **Он не заметил ошибку.**
14. **Мы знаем об этом.**
15. **Поговори с Наташей.**
16. **Дети сказали, что не видели никого на дороге.**
17. **Вы здесь живёте?**
18. **К Марине приехал врач.**

13 Przetłumacz na język polski zdania z poprzedniego ćwiczenia.

1. ....
2. ....
3. ....
4. ....
5. ....
6. ....
7. ....
8. ....
9. ....
10. ....
11. ....
12. ....
13. ....
14. ....
15. ....
16. ....
17. ....
18. ....

14 Przekształć zdania twierdzące na przeczące.

1. **У меня есть брат.** ....
2. **Миша отлично учится.** ....
3. **Кот спит на полу.** ....
4. **Все знают, что он умный.** ....
5. **Они обедают в ресторане.** ....
6. **Я хочу с ним помериться.** ....
7. **Буди его!** ....

15 Znajdź i zaznacz dziesięć wyrazów pytających.

С	В	О	П	Р	О	С	И	Т	Е	Л	Ь	Н	Ы	Е	А	А	Ч	Е	Й
К	М	Е	С	Т	О	И	О	Т	К	У	Д	А	М	Е	Н	И	Я	Д	А
О	О	Н	И	С	К	Л	О	Н	Я	Ю	Т	С	Я	П	О	П	А	Д	Е
Л	Ж	А	М	И	З	М	Е	Н	Я	Ю	Т	С	Я	П	О	Р	О	Д	А
Ь	М	У	П	О	Т	Р	Е	Б	Л	Я	Ю	Т	С	Я	В	В	В	К	В
К	А	В	О	П	Р	О	С	И	Т	Е	Л	Ь	Н	Ы	Х	Р	О	О	Л
О	А	П	К	У	Д	А	П	Р	Е	Д	Л	О	Ж	Е	Н	И	Я	Т	Х
О	Н	И	С	К	Л	О	Н	Я	Ю	Т	С	Ч	Т	О	Я	П	О	О	О
П	А	Д	Е	Ж	А	М	С	У	Щ	Е	С	Т	В	И	Т	Е	Л	Р	Ь
Н	Ы	Х	В	О	П	Р	О	С	И	Т	Е	Л	Ь	Н	Ы	Е	С	Ы	Л
З	С	Л	О	В	А	С	К	Л	О	Н	Я	Ю	Т	С	Я	П	О	Й	П
А	П	А	Д	Е	Ж	А	М	К	А	К	С	У	Щ	Е	С	Т	В	И	Т
Ч	С	У	Щ	Е	С	П	О	Ч	Е	М	У	Т	В	И	Т	Е	Л	Ь	Н
Е	Ы	Е	О	Н	И	И	З	М	Е	Н	Я	Ю	Т	С	Я	П	О	П	О
М	П	О	Р	О	Д	А	С	П	Р	Е	Д	Л	О	Ж	Е	Н	И	Я	Я
Л	О	Н	Я	Ю	Т	С	Л	О	Н	Я	Ю	Т	С	Л	О	Н	Я	Ю	Т
А	М	С	У	Щ	Е	С	А	М	С	У	Щ	Е	С	А	С	П	Р	Е	С
П	Р	О	С	И	Т	Е	П	Р	О	С	И	Т	Е	П	Л	О	Н	Я	Л
П	Р	Е	Д	П	Р	Е	Д	П	Р	Е	Д	К	Т	О	А	М	С	У	А
С	П	К	А	К	О	В	С	П	Р	Е	С	П	Р	Е	П	Р	О	С	П

16 Czasowniki w nawiasach wstaw w formie trybu rozkazującego w drugiej lub trzeciej osobie liczby pojedynczej.

1. **Анушка, (сходить)** ...., **пожалуйста, за покупками.**
2. **(Уходить)** .... **отсюда, отвратительные хулиганы!**
3. **Джастин, (спеть)** .... **ещё раз эту песню.**
4. **Дети, не (бояться)** ...., **это только ветер качает ветвями.**
5. **Сынок, (разбудить)** .... **кошку и (накормить)** .... **её.**
6. **(Садиться)** ...., **молодой человек.**
7. **Даша, (позвонить)** .... **ребятам.**
8. **«Я малолетняя дочь, (убрать)** .... **руки прочь...»** (tytuł piosenki zespołu Спа-City)
9. **Не (забывать)** .... **про нас, друзья!**

17 Zaznacz akcenty w zdaniach twierdzących z poprzedniego ćwiczenia.

1. ....
2. ....
3. ....
4. ....
5. ....
6. ....
7. ....
8. ....
9. ....

18 Połącz rosyjskie idiomy z ich polskimi odpowiednikami.

1. **Заглядывать в душу.**
2. **Бежать высунув язык.**
3. **Как в воду опущенный.**
4. **Махнуть рукой.**
5. **Обещать золотые горы.**
6. **Идти куда глаза глядят.**
7. **Читать между строк.**
8. **Бросать слова на ветер.**
9. **Переливать из пустого в порожнее.**

a. Czytać między wierszami.
b. Rzucać słowa na wiatr.
c. Obiecywać złote góry.
d. Przelewać z pustego w próżne.
e. Zaglądać [komuś] w duszę.
f. Biec z wywalonym językiem.
g. Machnąć ręką.
h. Iść dokąd oczy poniosą.
i. [Przepadł] jak kamień w wodę.

19 Wstaw odpowiednie spójniki z ramki, tak by powstały poprawne zdania.

хотя   или   а   что   когда   если   и   только что   ко

1. **Выбери то** .... **другое.**
2. **Парнишка умный** .... **дружелюбный.**
3. **Ира** .... **вернулась с командировки.**
4. **Зайди** .... **мне вечером.**
5. **Он приедет,** .... **у него будет новая работа.**
6. **Марина высокая,** .... **Даша – круглая.**
7. **Я не знала,** .... **у тебя такие плохие привычки.**
8. .... **мы можем встретиться?**
9. **Он ездил по всему миру,** .... **плохо знал иностранные языки.**

20 Ułóż zdania z podanych wyrazów. Pamiętaj o właściwym położeniu znaków interpunkcyjnych i odpowiednim szyku zdania.

1. **приехали / Откуда / они / ?**

2. **? / в / вечером / с / встретилась / кем / ты / субботу / Яна / ,**

3. **Руслан, / Радмила / . / а / это / – / Познакомьтесь / это / – / ,**

4. **бы / Лиссабон / Не / ? / нам / в / поехать**

5. **/ пол / , / свой / кровати / Поставь / . / на / возле / рюкзак**

6. **чешские / ли / Валера / любит / знаешь / , / блюда / Ты / ? / не**

7. **мне / угостить / . / К / сожалению / , / вас / нечем**

8. **Португалии / из / Джони / . / – /а / Луиса / – / из / Ганы / ,**

9. **хулиганами / ! / общаться / будем / с / этими / не / Мы**

21 Określ rodzaj okolicznika w podanych zdaniach. Uzupełnij tabelę.

обстоятельство времени	обстоятельство образа действия	обстоятельство меры и степени	обстоятельство места	обстоятельство причины	обстоятельство цели	обстоятельство условия	обстоятельство уступки
			1,				

1. **Гости, приехавшие из Познани поселились в гостинице «Манхэттен».**
2. **Несмотря на семейные трудности, Рома каждый год был отличником.**
3. **Конкурс мокрых маек не состоялся из-за недостатка жюри.**
4. **Тот Пихлевский очень жадный и всех ненавидит.**
5. **В случае кражи звоните в наш офис.**
6. **Чернокожая девушка поёт как ангел.**
7. **Поезд отправляется через три часа.**
8. **Ты слишком часто обсуждаешь пустяки.**
9. **Паша всю ночь работал не покладая рук.**

Klucz do ćwiczeń

1 Rzeczowniki

1. **собственные** – Никита
собирательные – ученичество, старьё
вещественные – кислород
абстрактные – доброта
одушевлённые – детка, ученичество
неодушевлённые – старьё

2.
1. Лев Николаевич Толстой
2. Волк и Ягнёнок
3. кот Мурзик
4. Организация Объединённых Наций
5. Будда
6. Жанна Бичевская
7. Винни-Пух

3. мата хари,
Грамота,
Чешка,
Триллер,
Созвездие,
иисус из назарета,
ганеша,
Доктор Наук,
Принтер.

4.
1. h.
2. a.
3. i.
4. g.
5. e.
6. b.
7. c.
8. d.
9. f.

5.
1. письма,
2. книги,
3. колени,
4. люди,
5. ножницы,
6. щи,
7. ножи,
8. дожди,
9. уши.

6.
1. телята,
2. деревья,
3. господа,
4. небеса,
5. братья,
6. сыновья,
7. чудеса,
8. медвежата,
9. ребята.

7.
1. листья,
2. цвета,
3. зубы,
4. пропуски,
5. цветы,
6. листы,
7. счета,
8. зубья,
9. пропуска.

8.
1. d.
2. h.
3. b.
4. a.
5. c.
6. g.
7. f.
8. e.

9.
1. уши,
2. соседи,
3. телята,
4. ноги,
5. школы,
6. огурцы,
7. дома,
8. леса,
9. пути.

10.
4. сутки,
5. Татры.

11.
1. дерево,
2. машина,
3. песня,
4. стремя,
5. год,
6. мяч,
7. женщина,
8. друг,
9. музей.

12. **мужской род**
дедушка,
врач,
директор,
конь,
нож,
рояль;

женский род
жена,
лошадь,
столовая,
ванная,
авеню,
мышь;

средний род
дитя,
бедняга,
время,
пальто,
мороженое.

13.
1. i.
2. h.
3. f.
4. c.
5. a.
6. d.
7. j.
8. e.
9. b.
10. g.

14.
1. Эта,
2. это,
3. Эта,
4. этот,
5. Этот,
6. Это,
7. этот,
8. это,
9. эта.

15. 1. женский,
2. женский,
3. женский,
4. средний,
5. мужской,
6. мужской,
7. мужской,
8. мужской,
9. мужской.

16. 2. лошадь,
5. жара,
8. акула,
10. тетрадь,
13. авеню,
16. гуща,
21. вуаль,
22. конопля.

17. 1. кенгуру,
3. какао,
7. хобби,
12. кофе,
14. пальто,
15. бра,
17. шоссе,
20. жалюзи,
24. тире.

18. 1. больница,
2. вилка,
3. чай,
4. кровать,
5. собака,
6. цвет,
7. цветы,
8. класс,
9. тетрадь.

19. 1. кенгуру,
2. соло,
3. кешью,
4. бра,
5. зебу.

20. 1. мужчиной,
2. дедушку,
3. девочки,
4. дяде,
5. юнощей,
6. землёй,
7. девушками,
8. вилкой.

21. 1. девушка,
2. мужчина,
3. башка,
4. кашею,
5. вилкам,
6. дядя,
7. юноша,
8. земля.

22. 1. сирота – сироты,
2. рука – руки,
3. каша – каши,
4. тётя – тёти,
5. судья – судьи,
6. голова – головы,
7. жена – жёны,
8. ромашка – ромашки.

23. 1. сиротою,
2. рукою,
3. кашею,
4. тётею,
5. судьёю,
6. головою,
7. женою,
8. ромашкою.

24. 1. кулаком,
2. дупле / дуплах,
3. верблюдах,
4. концу,
5. искателей,
6. словаре,
7. словари,
8. ботинки.

25. 1. дома,
2. танка,
3. дупле,
4. кулаком,
5. словарём,
6. деревьев,
7. барабане,
8. берегу.

26. 1. леса,
2. дома,
3. коты,
4. голоса,
5. животы,
6. сны,
7. лебеди,
8. медведи,
9. тюлени.

27. 2. жена,
4. армия,
7. земля,
11. забияка,
12. слуга.

28. 1. b.
2. a.
3. b.
4. c.
5. b.
6. a.
7. c.
8. b.

29. 1. мышью,
2. дочерью,
3. радостью,
4. матерью,
5. вуалью,
6. елью,
7. площадью,
8. лошадью.

30. 3. медведь,
4. пьяница,
5. путь,
8. конец,
10. конь,
12. плакса,
14. день,
15. поле.

31. 1. дочерью,
2. Лошади,
3. матери,
4. смерти,
5. скатерти,
6. тени.

32. 1. бремена,
2. стремена,
3. времена,
4. племена,
5. семена,
6. знамена,
7. темена,
8. вымена.

33. 1. племя
2. бремя,

3. пламя,
4. имя,
5. семя,
6. время,
7. тремя,
8. вымя,
9. знамя,
10. темя.

34. 1. a.
2. e.
3. h.
4. i.
5. b.
6. d.
7. g.
8. c.
9. f.

35. 1. название,
2. сосок,
3. груз,
4. стремечко,
5. срок,
6. население,
7. флаг,
8. огонь,
9. зерно.

36. **неодушевлённые**:
шапка, машина, свёкла, вокзал, замок, пульс, роза, бедро, время, героин, стол, живот, бельё, нож, ревень, калорифер, чай, чайник, лимон, пламя.

одушевлённые:
гиена, врач, продавщица, Винни-Пух, Гера, кот, парень, Прометей, мертвец, Дюймовочка, Шрек, пожарник, футболист, брат

37. 1. голова,
2. какао,
3. конфета,
4. море,
5. рука,
6. нога,
7. потолок,
8. стремя,
9. кровь,
10. визит.

38. 1. обоз,
2. арбуз,
3. двор,
4. друг,
5. паук,
6. червяк,
7. туман,
8. толпа,
9. солдат.

39. 1. машины,
2. Продавщицы,
3. врачи,
4. насекомые,
5. животы,
6. братья,
7. сёстры,
8. времена,
9. коты.

2 Czasownik

1. -**ть** – ловить, поехать;
-**ти** – идти, нести;
-**чь** – испечь;

2. 1. ид**ти**,
2. виде**ть,**
3. учить**ся,**
4. ле**чь,**
5. снима**ть,**
6. уй**ти,**
7. лета**ть,**
8. избега**ть,**
9. вез**ти.**

3. 1. слуш**а**ть
2. ш**у**меть
3. молч**а**ть
4. шурш**а**ть
5. ж**и**ть
6. ч**у**дить
7. жел**а**ть
8. ш**а**гать
9. ж**у**рчать

4. 1. f.
2. g.
3. h.
4. a.
5. i.
6. b.
7. d.
8. c.
9. e.

5. 1. забывать,
2. удивлять,
3. вырывать,
4. умывать,
5. вбивать,
6. арестовывать,
7. дагадывать,
8. разбивать,
9. спасать.

6. **czasowniki dokonane**:
сделать, проговорить, одолжить, уснуть, выспаться, покинуть, сломать, завершить, пообщаться;

czasowniki niedokonane:
рубить, общаться, делать, жить, спать, открывать, начинать, убивать.

7. 1. разливать,
2. брать,
3. клеить,
4. замораживать,
5. говорить,
6. вбивать,
7. испытывать,
8. кричать,
9. заглядывать.

8. 2. придумать,
6. дождаться,
7. уйти,
9. спеть,
10. заморочить,
12. найти,
13. увидеть,
15. поверить.

9. 1. полюбить;
2. наварить, сварить,

выварить,
проварить;
3. пробарабанить;
4. нарезать, срезать, порезать, вырезать, прорезать;
5. научить, выучить;
6. поблагодарить;
7. сделать, наделать, выделать;
8. связать, повязать, навязать.

10. 1. крикнуть,
2. плюнуть,
3. подохнуть,
4. заснуть,
5. рискнуть,
6. двинуть,
7. замкнуть,
8. вспыхнуть,
9. махнуть.

11. 1. сделать,
2. поблагодарить,
3. выучить,
4. сварить,
5. рискнуть,
6. полюбить,
7. замкнуть,
8. поступить,
9. побагроветь.

12. 2. стучать,
3. морочить,
5. белеть,
6. шевелиться,
10. бежать,
12. праздновать,
14. покупать.

13. я жалею,
ты жалеешь,
она, оно, он жалеет,
мы жалеем,
вы жалеете,
они жалеют.

14. 1. петь,
3. замыкать,
4. идти,
6. звать,
8. выть,
9. пить,
13. везти,
14. вести,
15. плакать.

15. 1. поёт,
2. идём,
3. пьёшь,
4. везёте,
5. плачет,
6. делаешь,
7. врёшь,
8. вешает,
9. жалеет.

16. 1. убивают,
2. дуют,
3. знают,
4. бьют,
5. врут,
6. берут,
7. жгут.

17. я сижу
ты сидишь
он, она, оно сидит
мы сидим
вы сидит
они сидят

18. 1. спать,
3. лететь,
4. сидеть,
6. угнать,
8. видеть,
9. купить,
11. зависеть,
14. лепить,
17. велеть,
19. курить.

19. 1. летят,
2. лепят,
3. курят,
4. сидит,
5. куришь,
6. лечу,
7. решите,
8. угонят,
9. спишь.

20. 1. вижу,
2. сижу,
3. лечу,
4. решу,
5. куришь,
6. курю,
7. сидишь,
8. сидят,
9. видишь.

21. 1. кормишь,
2. кормлю,
3. крашу,
4. красишь,
5. спишь,
6. сплю,
7. любишь,
8. люблю,
9. жжёшь,
10. жгу.

22. 1. печь,
2. плакать,
3. послать,
4. платить,
5. влечь,
6. кормить,
7. знобить,
8. жечь,
9. сидеть.

23. 1. печёт,
2. сидит,
3. плачет,
4. люблю,
5. гляди,
6. подравляю,
7. кормить,
8. спит,
9. украшают.

24. 1. любит,
2. любишь,
3. люблю,
4. любите,
5. любим,
6. любят.

25. 1. хочу,
2. бегут,
3. чтим,
4. бежишь,
5. бегу,
6. ешь,
7. дадут,

8. хотите,
9. хотим.

26. 1. чтить,
2. хотеть,
3. естьи,
4. дать,
5. брезжить,
6. бежать.

27. 1. ест,
2. едят,
3. ем,
4. едут,
5. едите,
6. есть,
7. едете,
8. едем,
9. ем.

28. 1. хочет,
2. хочу,
3. бежишь,
4. бегу,
5. хочешь,
6. хотят,
7. хотите,
8. хотим,
9. бегаем.

29. 1. listy zostały napisane;
2. dzieci piszą listy;
3. prezenty wykonane (zrobione) ręcznie;
4. sam robię prezenty;
5. zabity czas;
6. studenci zabijają czas;
7. Drzwi się otwierają;
8. okna zostały otwarte;
9. drzwi się nie otwierają.

30. 1. умеет,
2. знаешь,
3. умею,
4. знают,
5. поёт,
6. пьют,
7. поёшь,
8. пью,
9. пить.

31. 1. умеет,
2. видят,
3. дарят,
4. любят,
5. спит,
6. поздравляют,
7. скучают,
8. уезжают,

32. 1. моет,
2. моются,
3. сдаются,
4. сдают,
5. берутся,
6. берут,
7. разбираюсь,
8. разбирают,
9. надеемся.

33. 1. раскроют,
2. найдёт,
3. забеременеет, уйдёт,
4. будет,
5. поверит,
6. купим,
7. отправятся,
8. устроюсь,
9. бросит.

34. 1. возьми,
2. купи,
3. уходите,
4. зачеркни,
5. прочитайте,
6. дай,
7. вставьте,
8. смотри,
9. уходи,
10. уступи.

35. возьми, прочитайте, дай, уходи, вставьте, смотри, купи, зачеркни, уступи, уходите.

36. 1. давайте сходим,
2. давай смотреть,
3. давай почитаем,
4. давайте споём,
5. давай выпьем,
6. давайте забудем,
7. давайте жить,
8. давайте слушать,
9. давай заведём.

37. 1. Садись,
2. Разбуди,
3. забудь,
4. Уступи,
5. Ешь,
6. Пей,
7. спи,
8. Позвони,
9. Возьми.

38. **tryb oznajmujący:**
3, 6;
tryb rozkazujący:
1, 2, 4, 8;
tryb łączący:
5, 7, 9.

39. 1. e.
2. g.
3. a.
4. c.
5. h.
6. b.
7. d.
8. i.
9. f.

40. 1. убери,
2. Уходите,
3. дай,
4. скажи,
5. морочь,
6. Пей,
7. покурим,
8. петь,
9. спать.

41. 1. Пусть Марина споёт песню.
2. Пусть ученики исправят ошибки.
3. Пусть отец сделает покупки.
4. Пусть дети сыграют в снежки.
5. Пусть гитарист сделает соло.
6. Пусть ребята улыбнутся.
7. Пусть поэтесса напишет стихотворение.
8. Пусть старик наденет

очки.
9. Пусть кот прыгнет со стола.

42. 1. обниматься, 2. вознестись, 3. одеваться, 4. спастись, 5. подготовиться, 6. задержаться, 7. свестись, 8. рекламироваться, 9. хвалиться.

43. 1. смеётся, 2. борется, 3. кланяются, 4. надеются, 5. одевает, 6. оделись, 7. поцеловались, 8. хвались, 9. спастись.

44. 1. сидевшийи, 2. идущий, 3. блестящий, 4. приведённый, 5. сделан, 6. пишущий, 7. смеющийся, 8. купленный, 9. держащий, 10. тёрший.

45. **Imiesłowy czasu teraźniejszego:** читаемый, организуемый, рубимый, забытый, делающий, живущий.

Imiesłowy czasu przeszłego: проведённое, прошедший, рубивший, забывший, распущенный, умерший.

46. 1. умерший старик, 2. организуемый нами конкурс, 3. забытые фотографии, 4. распущенный молодой человек, 5. сделанный ими подарок, 6. прочитанная учениками книга, 7. хорошо проведённое время, 8. прошедшее время, 9. испечённый хлеб.

47. 1. h. 2. f. 3. e. 4. a. 5. i. 6. b. 7. c. 8. d. 9. g.

48. 1. подпрыгивая, 2. смеясь, 3. размахивая, 4. плача, 5. лежа, 6. здороваясь, 7. скучая, 8. мечтая, 9. проглатывая.

49. 1. f. 2. i. 3. g. 4. h. 5. c. 6. b. 7. a. 8. d. 9. e.

3 Czasy

1. 1. буду читать, 2. будешь петь, 3. буду петь, 4. будем заниматься, 5. будете пить, 6. будем пить, 7. будет кушать, 8. будет делать, 9. будут ехать.

2. 1. c. 2. a., d. lub g. 3. i., c. 4. e., h. 5. d., g. lub a. 6. h. 7. b. lub f. 8. g., a. lub d. 9. f. lub b.

3. 1. я спою, 2. ты напишешь, 3. он пойдёт, 4. она скажет, 5. мы выпьем, 6. я пролью, 7. она соврёт, 8. они убьют, 9. вы стрельнёте / застрелите.

4. **Rodzaj męski:** разбил, писал, смог, отдал, сказал, продал, видел, жил, проснулся, бегал;

Rodzaj żeński: отдала, проснулась, продала, бегала, сказала, писала, смогла, жила, разбила, видела.

Rodzaj nijaki: сказало, видело, отдало, продало, смогло, жило, разбило, бегало, проснулось, писало.

5. 1. жила,
2. был,
3. выучили,
4. исполнилось,
5. видели,
6. шёл,
7. шли,
8. вытерла,
9. вытерли.

6. 1. везли,
2. вёз,
3. везло,
4. везла,
5. везли,
6. везли,
7. вёз,
8. везла,
9. вёз.

7. я умер / умерла
ты умер / умерла
он умер
она умерла
оно умерло
мы умерли
вы умерли
они умерли

8. 1. я / ты / она,
2. мы / вы / они,
3. я / ты / он,
4. я / ты / он,
5. оно,
6. мы / вы / они,
7. я / ты / он,
8. я / ты / она,
9. я / ты / она.

9. 1. делаешь,
2. чищу,
3. чистишь,
4. хочу,
5. режешь,
6. режу,
7. могу,
8. можешь,
9. варю.

10. 1. говорят,
2. решают,
3. приносят,
4. плавают,
5. сидят,
6. смотрят,
7. курят,
8. верят,
9. падают.

11. 1. знать,
2. зажигать,
3. звать,
4. погибать,
5. идти,
6. врать,
7. ожидать,
8. брать,
9. ждать,
10. лепить.

12. 1. видишь,
2. вижу,
3. знаешь,
4. знаю,
5. живёт,
6. жуёт,
7. чувствую,
8. жалей,
9. жалею.

13. **Czas przyszły prosty:**
сделаю, утешу,
проведу, замкну,
прочитаю, ослепну,
найду, спою, выберу,
напишу, почищу;

Czas przyszły złożony:
буду делать,
буду чистить,
буду жить,
буду решать,
буду петь,
буду писать.

14. 1. пойдём,
2. будем писать,
3. улетит,
4. будут играть,
5. будете пить,
6. напишет,
7. будешь писать,
8. напишу,
9. купишь.

15. 1. f.
2. i., a.
3. a.
4. h.
5. b.
6. d.
7. c.
8. g.
9. e.

16. я дам
ты дашь
он, она, оно даст
мы дадим
вы дадите
они дадут

4 Przymiotnik

1. **rodzaj męski:**
большой, змеиный,
городской, летний;

rodzaj nijaki:
верхнее, дорогое,
русское, хорошее;

rodzaj żeński:
зимняя, школьная,
сосновая, тёмная;

liczba mnoga:
сладкие, голубые,
стеклянные, пахучие.

2. 1. Какой,
2. Какое,
3. Чьи,
4. Чей,
5. Какая,
6. Какие,
7. Какая.

3. 1. -ый,
2. -ий, -ий,
3. -ее,
4. -яя,
5. -ые,
6. -ый, -ой.

4. 1. f.
2. a.
3. c.
4. b.

5. e.
6. d.

5. 1. заячья,
2. жёлтые, зимние,
3. орлиное,
4. свежий, горный,
5. трудный.

6. 1. jesienny wiatr, przym. jakościowe i względne, odm. miękkotematowa;
2. krokodyle łzy, przym. dzierżawcze na -ин (-ын), -ов (-ев);
3. ojcowska radość, przym. dzierżawcze na -ин (-ын), -ов (-ев);
4. wielbłądzi garb, przym. dzierżawcze na -ий;
5. brat Nikity, przym. dzierżawcze na -ин (-ын), -ов (-ев);
6. głębokie jezioro przymiotniki jakościowe i względne – odm. mieszana;
7. gliniane naczynie, przym. jakościowe i względne – odm. twardotematowa.

7. 1. Он говорит о вчерашнем концерте.
2. Он их пригласил на домашний обед.
3. Она не купила плюшевое пальто.
4. Он шёл тополевой алеей.
5. Она отправила ответ скорым письмом.
6. Это были лисьи следы.
7. Она пошла на вечеринку в сестриных брюках.
8. Я пью козье молоко.

8. 1. -ей,
2. -ые, -ые,
3. -их,
4. -ого, -ого,
5. -ую,
6. -ым,
7. -их, -ие,
8. -ого,
9. -ой.

9. 1. красивым,
2. быстрое, удобное,
3. польского,
4. хорошую, дешёвую,
5. свежем,
6. волчие, лисьих.

10. **rodzaj męski:**
болен, сладок, мягок, вкусен, торжественен;

rodzaj żeński:
больна, сладка, мягка, вкусна, торжественна;

rodzaj nijaki:
больно, сладко, мягко, вкусно, торжественно;

liczba mnoga:
больны, сладки, мягки, вкусны, торжественны.

11. 1. свободны,
2. страшен,
3. лёгок, чист,
4. способен,
5. устала,
6. глубоко, длинно,
7. пахуч, свеж,
8. коротка, интенсивна.

12. 2. рад,
5. горазд,
7. прав,
8. люб.

13. странна – r. ż, l.p, странная;
тихо – r. n, l.p. тихое;
смелы – l.m., смелые;
глупы – l.m., глупые.

14. 1. болнее / более (менее) больной,
2. грустнее / более (менее) грустный,
3. громче / более (менее) громкий,
4. туже / более (менее) тугой,
5. светлее / более (менее) светлый,
6. трагичнее / более (менее) трагичный,
7. уже / более (менее) узкий,
8. русее / более (менее) русый.

15. 1. -е, -е,
2. -ее,
3. -ее,
4. -е,
5. -е,
6. -ее.

16. 1. душистее,
2. хуже,
3. лучше,
4. слаще,
5. интереснее.

17. 1. Она моложе меня на два года. (Можно: она на два года меня моложе/ она на два года моложе меня/ она меня на два года моложе/она меня моложе на два года).
2. Одра короче Вислы.
3. Сегодня море спокойнее, чем вчера.
4. Дни становятся всё длиннее и всё теплее. (Можно: дни становятся всё теплее и всё длиннее)

18. 1. -айш-,
2. -ейш-,

3. -ейш-,
4. -ейш-,
5. -ейш-,
6. -айш-.

19. 1. самым большим,
2. крупнейшим,
3. больше всего,
4. глубочайшее,
5. высочайший.

20. 1. Виктор лучше всех в классе по истории.
2. Это место удобнее всех.
3. Какие горы выше всех в России?
4. Блины с икрой вкуснее всех.
5. Этот разговор труднее всех в его жизни.

21. 1. d.
2. a.
3. c.
4. b.
5. e.

5 Zaimki

1. 1. моя,
2. моему,
3. моей,
4. наше,
5. себя.

2. 1. неё,
2. него,
3. его,
4. него,
5. них,
6. ему,
7. ей.

3. 1. мне,
2. него,
3. её,
4. ними,
5. ты,
6. ней,
7. вами,
8. вас,
9. тебе,
10. нас.

4. 1. c.
2. d.
3. e.
4. b.
5. f.
6. a.
7. g.

5. 1. b.
2. c.
3. a.
4. b.
5. a.
6. b.

6. 1. наша, наша,
2. твои,
3. вашем,
4. твоих,
5. моей,
6. моего,

7. 1. собой,
2. себя,
3. себя,
4. собой (собою),
5. себя,
6. собой,
7. себе,
8. себе.

8. 1. друг друга,
2. друг на друга,
3. друг о друге,
4. друг другу,
5. друг с другом,
6. друг другу,
7. друг с другом,
8. друг друга.

9. 1. e.
2. b.
3. d.
4. c.
5. a.
6. f.

10. 1. себе,
2. себя,
3. друг друга,
4. друг над другом,
5. друг друга,
6. друг на друга,
7. друг другу,
8. друг другу.

11. 1. эта,
2. эти,
3. эти,
4. этот,
5. это,
6. эти,
7. эта,
8. этот.

12. 1. этого,
2. этой,
3. этих,
4. этому,
5. эту,
6. этом.

13. 1. эта, та,
2. этот, тот,
3. тот, этот,
4. эти, те,
5. это, то.

14. 1. тех,
2. эту,
3. том,
4. той,
5. тем,
6. том.

15. 2. чей,
4. какой,
6. который.

16. 1. что,
2. что,
3. кто,
4. кто,
5. кто,
6. кто.

17. 1. сколько,
2. чья,
3. кто,
4. какие,
5. что.

18. 1. Чем ты

интересуешься?
2. Чью сестру ты видел вчера в кино?
3. О чём он так долго думает?
4. Чей рюкзак лежит под партой?
5. О чьих именинах забыл Павел?
6. Чьё это зеркало?

19. 1. которую,
2. какие,
3. которого,
4. какой.

20. 1. b.
2. d.
3. a.
4. c.

21. 1. кого,
2. чья,
3. сколько,
4. какой,
5. котором,
6. чем,
7. кого,
8. ком.

22. 1. о какой,
2. которым,
3. которого,
4. каких,
5. что,
6. сколько.

23. 1. которого,
2. которых,
3. что,
4. когда,
5. чью,
6. котором.

24. 1. которое,
2. что,
3. кто,
4. как,
5. когда.

25. 1. **никто**,
2. нечему,
3. не с кем,
4. ничей,
5. ни с чьем,
6. не у кого,
7. некто,
8. никакой.

26. 1. ничем,
2. нечему,
3. ни у кого,
4. никто,
5. ничем,
6. ничьими,
7. не с кем,
8. никем,
9. не с кого,
10. ни за какие,

27. 1. Nie potrzebuję współczucia.
2. Jemu z nikim nie chciało się rozmawiać.
3. On nie miał z kim porozmawiać.
4. Nie mam o czym myśleć.
5. Oni na nic nie zwracali uwagi.
6. On nigdy się nie spóźniał.

28. 1. c.
2. b.
3. e.
4. d.
5. a.

29. 1. кое-что,
2. кто-нибудь,
3. некоторые,
4. куда-нибудь,
5. откуда-то,
6. кое о чём.

30. 1. Вечером мы идём на какой-то спектакль в театр.
2. Ты знаешь что-нибудь о польской музыке.
3. Говорят, кое-где сохранились даже деревянные усадьбы.
4. Он тебе что-то, принёс.
5. Тебя кто-нибудь видел?

31. 1. Ktoś cicho zastukał do drzwi.
2. Ich teraz nie ma w domu, oni pojechali na jakąś wycieczkę.
3. Daj mi jakąś książkę.
4. Dzisiaj u nich będzie ktoś z nowych znajomych.
5. Zaśpiewaj nam jakikolwiek (jakiś) romans.
6. Walia, ktoś do ciebie dzwoni!

32. samodzielnie – 2, 3, 4; Ja, ty, on i nikt inny – 1, 5.

33. 1. все;
W tym mieście wszystkie domy są wysokie.
2. **Каждый**;
Każdego dnia kąpiemy się w morzu.
3. **Каждые**;
Co pięć minut przyjeżdża autobus.
4. **Всё**;
Wszystko skończyło się dobrze.
5. **Всякий**;
Każdy powie, że w tej piekarni są najsmaczniejsze torty.
6. **другое**;
A to już inna sprawa.

34. 1. następnym razem;
2. innymi słowy;
3. z innej bajki;
4. nikt inny;
5. z innej strony;
6. jeden i drugi.

6 Liczebniki

1. **количественные**

числительные:
семь, пять, сто, сколько,
тысяча,
много, девять,
девяносто, три

собирательные
числительные:
шестеро, пятеро, трое

2. 1. трое
2. семеро
3. пятеро
4. шестеро
5. двое
6. девятеро
7. оба
8. обе
9. восьмеро

3. 1. много,
2. несколько,
8. мало,
11. сколько-нибудь.

4. **определённо-**
количественные
числительные:
трое, два, пятьсот,
полтора, двести,
тысяча, семьсот, восемь
сто семь,
четыре, четыреста;

неопределённо-
количественные
числительные:
немало, мало, столько,
несколько.

ноль – rzeczownik;
сотня – rzeczownik.

5. 1. три тысячи сто,
2. Пятьсот,
3. сто,
4. триста восемьдесят,
5. Двадцать.

6. **простые**
числительные:
сто, двадцать;
сложные
числительные:
пятьсот;
составные
числительные:
три тысячи сто,
триста восемьдесят.

7. 1. двести,
2. десять,
3. восемьсот,
4. шесть,
5. сто,
6. ноль,
7. тысяча.
Hasło: семьсот

8. 1. одна четвёртая,
2. семь восьмых,
3. одна вторая,
4. пять шестых,
5. две десятые,
6. три четвёртые,
7. одна третья,
8. пять десятых,
9. две седьмые.

9. 1. Две десятые,
2. Пятьсот,
3. трое,
4. триста,
5. полтора,
6. Двое,
7. полтораста / сто пятьдесят,
8. одиннадцать,
9. Семеро.

10. 1. g.
2. h.
3. b.
4. f.
5. a.
6. d.
7. c.
8. e.
9. i.

11. трёх,
первым.

12. трёх – liczebnik główny;
первым – liczebnik porządkowy/przymiotnik.

13. 1. двое,
2. девятеро,
3. пятеро,
4. семеро,
5. четверо,
6. трое,
7. оба,
8. восьмеро,
9. шестеро,
10. десятеро.

14. восемь, сто пятнадцать,
ноль,
семьсот, тысяча
девятьсот
девяносто семь,
одиннадцать,
шестьсот, шестнадцать,
семеро,
три, триста, двести,
девятеро,
четыреста сорок
четыре.

15. 1. двести,
2. двумстам,
3. двухстах,
4. двумястами,
5. двухсот,
6. двести,
7. двухсот,
8. двухстах,
9. двухсот.

16. 1. сорока,
2. пятью,
3. трое,
4. сотню,
5. обе,
6. полтора,
7. две,
8. шестьсот,
9. шестьюстами,
10. тысяч,
11. шестистах.

17. 1. пятеро,
2. трое,
3. семеро,
4. восьмеро,
5. двое,
6. четверо,
7. девятеро,

8. десятеро,
9. шестеро.

18. 1. сколько,
2. Скольких,
3. Скольким,
4. Сколькими,
5. скольких,
6. сколькими,
7. Сколькими,
8. Сколько,
9. скольких.

19. 1. одному,
2. сорок,
3. пять,
4. двести,
5. нескольку,
6. десять,
7. несколько,
8. триста,
9. два.

20. 1. одной,
2. одной,
3. одной,
4. одному,
5. три,
6. двести,
7. три,
8. четыреста,
9. одной.

21. 1. одну,
2. седьмом,
3. трёх,
4. пять,
5. семеро,
6. двух,
7. обе,
8. двумя,
9. обеими.

22. 1. одну,
2. седьмом,
3. трёх,
4. пять,
5. семеро,
6. двух,
7. обе,
8. двумя,
9. обеими,

23. **Акцентный тип А:**
обеими, обе;
Акцентный тип В:
двух, трёх, пять,
седьмом, двумя;
Акцентный тип В1:
семеро.

24. 1. четыре,
2. хорошо,
3. шестьюдесятью,
4. семеро,
5. хорошо,
6. Двести,
7. пяти,
8. Тысячи, хорошо,
9. хорошо, восемьдесят восьмом.

7 Przysłówek

1. 1. далеко,
2. трудно,
3. неожиданно,
4. зимой,
5. летом,
6. ночью,
7. втрое,
8. трижды,
9. по-моему,
10. по-своему.

2. 1. сломать,
2. глаза,
3. молодой,
4. бок,
5. шёпот,
6. зло,
7. редкий,
8. французский.

3. 1. без устали,
2. внакладе,
3. в насмешку,
4. вничью,
5. во веки веков,
6. в одиночку,
7. дотемна,
8. дочиста,
9. за полночь,
10. стоять навытяжку,
11. отмерить на глаз,
12. направо,
13. на память,
14. поначалу,
15. по-свойски,
16. снова,
17. точь в точь,
18. давным-давно.

4. 1. легче на душе,
2. рисуй красивее,
3. было тяжело,
4. ему стало скучно,
5. говорить по-русски,
6. вытри дочиста,
7. вышло по-моему,
8. обойти дом кругом,
9. наелся досыта.

5. 1. медленнее,
2. громче,
3. больше,
4. ярче,
5. хуже,
6. лучше.

6. 1. тише всех,
2. красивее всех,
3. меньше всех,
4. лучше всех,
5. чаще всех,
6. больше всего.

7. 1. сюда,
2. здесь,
3. дома,
4. куда,
5. где,
6. по-моему,
7. по-английски,
8. никогда.

8 Spójniki

1. 1. что,
2. Ни, ни,
3. а,
4. потому что,
5. и, и,
6. но,
7. только,
8. зато,
9. Пусть,
10. как.

2. 1. а,
2. а,
3. и,
4. а,
5. и,
6. и.

3. 1. a.
2. h.
3. c.
4. b.
5. e.
6. g.
7. f.
8. d.

4. 1. Это твой брат или друг?
2. Ни я не прочитал этой книги, ни он.
3. Солнце зашло за горы, но было ещё светло.
4. Тебе сестра помогла или ты сам это сделал?
5. Трудно было поверить, что она говорит правду.

5. 1. так же,
2. за то,
3. чтобы,
4. потому,
5. тот же,
6. чтобы,
7. что бы, чтобы,
8. зато.

9 Partykuła

1. 1. неужели,
2. только,
3. разве,
4. пусть,
5. давай,
6. лишь,
7. ведь,
8. вот,
9. да,
10. ли.

2. 1. Я ни разу его не видел.
2. Она повторяла материал не три, а четыре раза.
3. Где он только не бывал!
4. Ничто его не интересовало.
5. Это был не кто другой, как наш папа.
6. Я ненавижу мыть посуду.

3. **rozdzielnie** – 3, 4, 6, 7; **z dywizem** – 1, 2, 5.

4. 1. да,
2. как,
3. бы,
4. никто,
5. давай,
6. именно.

5. 1. Она не могла не ответить.
2. Мы не можем не радоваться вашему счастью.
5. Какие только мысли не приходят в голову!

10 Wykrzyknik

1. 1. a.
2. d.
3. b.
4. e.
5. f.
6. c.

2. 1. Кис-кис!
2. увы;
3. Ну;
4. Вот тебе на!
5. Тьфу!
6. Не дай бог;
7. Здравствуй.

3. **Эмоциональные междометия:**
фу, чу, тьфу, ей-ей, а;
Побудительные междометия:
ерунда какая, страсть, ужас, караул:
Звукоподражательные слова:
ха-ха-ха, бабах, апчхи, ку-ку, тресь.

11 Przyimek

1. 1. в,
2. перед,
3. на,
4. с,
5. у,
6. с,
7. на,
8. из-за,
9. через,
10. против.

2. 1. У – dopełniacz;
2. в, через – biernik;
3. с, до – biernik;
4. с – dopełniacz; в – biernik;
5. благодаря – celownik;
6. между – dopełniacz;
7. в – biernik; несмотря на – biernik.

3. 1. Больной пришёл к врачу.
2. Шахтёры работают под землей.
3. Концерт начинается через час.
4. Мои родители идут на собрание.
5. Мы отдыхаем на море.

4. 1. b.
2. b.
3. b.
4. b.

12 Składnia

1. 4. миллион,
6. ноль,
8. ночь,

15. вирус,
16. сотня,
20. куча.

2. **глагол:** спешить, судить, жаловаться, рисковать, убить; **прилагательное:** общеобразовательный, верующий; **числительное:** восемь, пятеро, один; **союз:** и; **частица:** нет; **местоимение** / **наречие:** кому, что.

3.
1. f.
2. d./h./i.
3. d./h./i.
4. a./c./g.
5. d./h./i.
6. a./c./g.
7. b./e.
8. a./c./g.
9. b./e.

4.
1. ДВЕРЬ,
2. МУЗЕЙ,
3. Ш ОССЕ,
4. КВАРТИРА,
5. ПЛОЩА,
6. ЖАРА,
7. ЗАЛ,
8. БОЛЬНИЦА.

Hasło: ресторан

5. чювствовать, щядиться, начять, жадничять, чувствовать, садиться, начать, чудачить, жадничать.

6.
1. e.
2. i.
3. a.
4. h.
5. b.
6. c.
7. d.
8. f.
9. g.

7. **возвратный глагол** – смеяться; **совершенный глагол** – сказать, выпить, говорить, забыть; **несовершенный глагол** – говорить, пить, забывать; **причастие** – пьющий; **деепричатие** – забывая, смеясь, говоря.

8.
1. f.
2. i.
3. h.
4. b.
5. a.
6. c.
7. d.
8. g.
9. e.

9.
1. весёлое,
2. чёрный, чёрное,
3. зимняя, зимнее,
4. осенний, осенняя,
5. скучный, скучное,
6. искусственный, искусственная,
7. жадный, жадное,
8. чистая, чистое,
9. русая, русое.

10.
1. веселее,
2. чернее,
3. зимнее,
4. осеннее,
5. скучнее,
6. искусственнее,
7. жаднее,
8. чище,
9. русее.

11.
1. занимаюсь,
2. рассказывает,
3. знает,
4. Начинается,
5. вижу,
6. играют,
7. умеет,
8. иду, шагаю,
9. предпочитают.

12.
1. Он не знает своих родителей.
2. Мы жили в Африке.
3. Ты меня слышишь?
4. Рита поверит во всё.
5. У Коли сломалась машина.
6. Мы не говорим по-французски.
7. Яна и Света поют в хоре.
8. Купи мне тени для век.
9. Ребёнок уснул.
10. Что она тебе сказала?
11. Не забудь меня.
12. Война началась в 1939 году.
13. Он не заметил ошибки.
14. Мы знаем об этом.
15. Поговори с Наташей.
16. Дети сказали, что не видели никого на дороге.
17. Вы здесь живёте?
18. К Марине приехал врач.

13.
1. On nie zna swoich rodziców.
2. (My) Mieszkaliśmy w Afryce.
3. (Czy ty) słyszysz mnie?
4. Rita uwierzy we wszystko.
5. Samochód Koli zepsuł się.
6. Nie mówimy po francusku.
7. Jana i Swieta śpiewają w chórze.
8. Kup mi cienie do powiek.
9. Dziecko zasnęło.
10. Co ona tobie powiedziała?
11. Nie zapomnij o mnie.

12. Wojna rozpoczęła się w 1939 roku.
13. On nie zauważył błędu (pomyłki).
14. (My) wiemy o tym.
15. Porozmawiaj z Nataszą.
16. Dzieci powiedziały, że nie widziały nikogo na drodze.
17. Pan/Pani/Wy tutaj mieszka/mieszkacie?
18. Do Mariny przyjechał lekarz.

14.
1. У меня нет брата.
2. Миша не учится отлично.
3. Кот не спит на полу.
4. Не все знают, что он умный./ Все знают, что он неумный.
5. Они не обедают в ресторане.
6. Я не хочу с ним помериться.
7. Не буди его!
8. Их нет дома.

15.
1. ОТКУДА,
2. ЧЕЙ,
3. КОТОРЫЙ,
4. ЧТО,
5. КУДА,
6. ПОЧЕМУ,
7. КТО,
8. КАКОВ,
9. ЗАЧЕМ,
10. СКОЛЬКО.

16.
1. сходи,
2. Уходите,
3. спой,
4. боитесь,
5. разбуди, накорми,
6. Садитесь,
7. позвони,
8. убери,
9. забывайте.

17.
1. У меня есть брат.
2. Миша отлично учится.
3. Кот спит на полу.
4. Все знают, что он умный.
5. Они обедают в ресторане.
6. Я хочу с ним помериться.
7. Буди его!
8. Они дома.
9. Она ушла.

18.
1. e.
2. f.
3. i.
4. g.
5. c.
6. h.
7. a.
8. b.
9. d.

19.
1. или,
2. и,
3. только что,
4. ко,
5. если,
6. а,
7. что,
8. Когда,
9. хотя.

20.
1. Откуда они приехали?
2. Яна, с кем ты встретилась в субботу вечером?
3. Познакомьтесь, это – Руслан, а это – Радмила.
4. Не поехать бы нам в Лиссабон?
5. Поставь свой рюкзак на пол, возле кровати.
6. Ты не знаешь, любит ли Валера чешские блюда?
7. К сожалению, мне нечем вас угостить.
8. Джони – из Ганы, а Луиса – из Португалии.
9. Мы не будем общаться с этими хулиганами!

21. обстоятельство времени – 7, обстоятельство образа дейст вия – 6, 9; обстоятельство меры и степени – 4, 8; обстоятельство места – 1; обстоятельство причины – 3; обстоятельство цели --- обстоятельство условия – 5; обстоятельство уступки – 2.

Testy

Test 1

Wybierz właściwe formy rzeczowników.

1. **С деревьев падают уже жёлтые** (liście) ....
   a. **листы**
   b. **листовки**
   c. **листья**

2. **Эти** (kolory) .... **тебе не идут.**
   a. **цвета**
   b. **цветы**
   c. **цветники**

3. **У Валеры на всех** (kontach) .... **валюта.**
   a. **счётках**
   b. **счетах**
   c. **счётах**

4. (Dzieci) .... **пошли в зоопарк.**
   a. **ребята**
   b. **дети**
   c. **подростки**

5. **Зина обожает провожать время с** (przyjaciółmi) ....
   a. **друзьями**
   b. **другами**
   c. **друг с другом**

6. **Ты будешь пить кофе** (ze śmietanką) .... ?
   a. **с вареньем**
   b. **с мороженым**
   c. **со сливками**

7. **«Прошли** (lata) ...., **но ты — все та же(...)»** (A. Błok)
   a. **годы**
   b. **года**
   c. **гадания**

8. **Мы с Андрюшей работаем в** (biurze) ....
   a. **бюру**
   b. **бюро**
   c. **бюретке**

9. **Почтальон принёс нам три срочные** (listy) ....
   a. **письмо**
   b. **писцы**
   c. **письма**

Odpowiedzi

1. c, 2. a, 3. b,
4. b, 5. a, 6. c,
7. b, 8. b, 9. c.

Test 2

Wybierz właściwe tłumaczenie wyrazów.

1. (Zapamiętajcie) .... **все новые словечка.**
   a. **запомните**
   b. **забудьте**
   c. **выучите**

2. **Принц должен** (uratować) .... **королевну.**
   a. **спать**
   b. **Спасать**
   c. **спасти**

3. **Каждый год ученики** (dziękują) .... **учителей за их работу.**
   a. **благодарят**
   b. **благословят**
   c. **поблагодарят**

4. **Что ты** (zapamiętałeś) .... **из сегодняшних занятий?**
   a. **запомнил**
   b. **забыл**
   c. **помнишь**

5. **Совсем не понимаю, о чём она** (śpiewa) ....
   a. **пьёт**
   b. **поют**
   c. **поёт**

6. (Wymień) ...., **пожалуйста, представителей бескрылых насекомых.**
   a. **называй**
   b. **назови**
   c. **назначь**

7. **Сегодня мне просто не** (wiedzie się) ....
   a. **везёт**
   b. **ведёт**
   c. **несёт**

8. **Не** (wieszaj) .... **нос, всё уладится**
   a. **повесь**
   b. **повесься**
   c. **вешай**

9. **Даша** (nienawidzi) .... **врачей.**
   a. **ненавидит**
   b. **видит**
   c. **нанесёт**

Odpowiedzi

1. a, 2. c, 3. a,
4. a, 5. c, 6. b,
7. a, 8. c, 9. a.

Test 3

Wstaw właściwy wyraz lub wyrażenie.

1. **У Лидушки три .... брата.**
a. **старшие**
b. **старших**
c. **старых**

2. **Физика – это ....**
a. **моя ахиллесова пятка**
b. **моё ахиллесово пятно**
c. **моя ахиллесова пята**

3. **Курение .... для здоровья.**
a. **вредно**
b. **вредное**
c. **полезно**

4. **Это её .... сестра, Берта.**
a. **молодая**
b. **младшая**
c. **меньшая**

5. **Будь ...., Женя.**
a. **здоров**
b. **здоровее**
c. **здоровый**

6. **Сочи – это .... туристский центр.**
a. **крупный**
b. **великий**
c. **грубый**

7. **Уберите отсюда эти .... цветы!**
a. **крепкие**
b. **вязкие**
c. **вялые**

8. **Мальчишка запустил ....**
a. **воздушную змею**
b. **летающего змея**
c. **воздушного змея**

9. **Паши на спине .... пятна.**
a. **красные**
b. **красивые**
c. **крашеные**

Odpowiedzi

1. b, 2. c, 3. a,
4. b, 5. a, 6. a,
7. c, 8. c, 9. a.

Test 4

Wybierz właściwą formę wyrażenia.

1. **Они присматриваются** (sobie nawzajem) ....
a. **друг с другом**
b. **друг другу**
c. **себе**

2. **Ребята говорили** (o sobie nawzajem) ....
a. **о себе**
b. **друг о другу**
c. **друг о друге**

3. **Девушки любят проводить время** (ze sobą nawzajem) ....
a. **подруга с подругой**
b. **друг с другом**
c. **с собой**

4. **Они не могут жить** (bez siebie nawzajem) .... !
a. **друг без друга**
b. **без себя**
c. **без собою**

5. **Ребята скучают** (za sobą nawzajem) ....
a. **друг другом**
b. **друг с другом**
c. **друг за другом**

6. **Наконец они нашли** (siebie nawzajem) ....
a. **себя**
b. **друг друга**
c. **другу друга**

7. **Женщина говорила о** (was wszystkich) ....
a. **вас всех**
b. **друг о друге**
c. **о всех друзьях**

8. **Они только что познакомились** (ze sobą nawzajem) ....
a. **друг с другим**
b. **друг с другом**
c. **друг другом**

9. **Они** (dla siebie nawzajem) .... **как семья.**
a. **друг для другого**
b. **друг другу**
c. **друг для друга**

Odpowiedzi

1. b, 2. c, 3. b,
4. a, 5. c, 6. b,
7. a, 8. b, 9. c.

Test 5

Wybierz właściwe tłumaczenie wyrazów.

1. **Вижу** (**100**) .... **людей.**
a. **сотню**
b. **сто**
c. **сотку**

2. **У Луковых** (**6**) .... **детей.**
a. **шесть**
b. **шестёрка**
c. **шестеро**

3. **На этих бусах** (**40**) .... **бусинок.**
a. **сорок**
b. **четыреста**
c. **четырехсот**

4. (**2**) .... **сидели на лестнице.**
a. **Два**
b. **Двое**
c. **Оба**

5. **У меня только** (**1**) .... **чистые брюки.**
a. **одинокие**
b. **едины**
c. **одни**

6. **Руслан получил** (**1000**) .... **евро.**
a. **тысяч**
b. **тысячу**
c. **тысяча**

7. (**1**) .... **нога эдесь, другая там.** (przysł.)
a. **Одна**
b. **Первая**
c. **Единая**

8. (**7**) .... **одного не ждут.** (przysł.)
a. **Семеро**
b. **Семена**
c. **Семь**

9. (**7**) .... **пятниц на неделе.** (przysł.)
a. **Семеро**
b. **Семь**
c. **Семени**

Odpowiedzi

1. a, 2. c, 3. a,
4. b, 5. c, 6. b,
7. a, 8. a, 9. b.

Test 6

Wstaw właściwe wyrażenia.

1. (Idź szybko) .... **не останавливайся.**
a. **Иди медленно**
b. **Иди быстро**
c. **Не замедляй**

2. **Все** (głośno śpiewali) .... **государственный гимн.**
a. **громко пели**
b. **громче пели**
c. **громко пили**

3. **Я когда-то жил в** (domu naprzeciwko) .... **.**
a. **доме на против**
b. **доме напротив**
c. **дому напротив**

4. **Модель худая и у неё** (wyłupiaste oczy) .... **.**
a. **глаза навыкате**
b. **глаза проницательные**
c. **проницательный взгляд**

5. (Według mnie) .... **лучше ехать на море.**
a. **По моему**
b. **По-моему**
c. **По-мне**

6. **Опасно гулять** (nocą) .... **по городу.**
a. **в ночь**
b. **по ночам**
c. **ночью**

7. **Не делай мне** (na złość) .... **!**
a. **напротив**
b. **назло**
c. **на зло**

8. **Спуститесь** (w dół) .... **по лестнице.**
a. **вниз**
b. **в низ**
c. **вдоль**

9. **Положи** (gdziekolwiek) .... **эти книги.**
a. **куда угодно**
b. **куда нибудь**
c. **куда-нибудь**

Odpowiedzi

1. b, 2. a, 3. b,
4. a, 5. b, 6. c,
7. b, 8. a, 9. c.

Test 7

Wstaw właściwy spójnik.

1. **На фото я .... моя семья.**
a. **а это**
b. **и**
c. **с**

2. **........................ на жару, он работал не покладая рук.**
a. **Несмотря**
b. **Несматря**
c. **Несколько**

3. **Я не умею танцевать, ... прекрасно пою.**
a. **зато**
b. **хотя**
c. **лишь**

4. **Они любят её .... собственную дочь.**
a. **чем**
b. **как**
c. **однако**

5. **Желаю тебе, ... ты нашёл любовь.**
a. **чтобы**
b. **что бы**
c. **пусть**

6. **........................ не знаешь, ... не говори.**
a. **Если / так**
b. **Если / то**
c. **Как / так**

7. **Она такая красавица, ... принцесса!**
a. **ибо**
b. **словно**
c. **да**

8. **........................ я могу, ... помогу.**
a. **Насколько/настолько**
b. **Насколько/несколько**
c. **Несколько/настолько**

9. **........................ оставь меня в покое.**
a. **А то**
b. **Либо**
c. **Да**

Odpowiedzi

1. b, 2. a, 3. a,
4. b, 5. a, 6. b,
7. b, 8. a, 9. c.

Test 8

Wybierz właściwe wyrażenie.

1. (Oto) .... **он!**
a. **Вон**
b. **Вот**
c. **Это**

2. (Czyżby) .... **они мне не верят?**
a. **Не ужели**
b. **Неужели**
c. **Неуже**

3. **Я,** (oczywiście) ...., **знаю кто виноват.**
a. **конечно**
b. **канешно**
c. **точно**

4. (Niech żyje) .... **царь батюшка!**
a. **Да здравствует**
b. **Пусть будет здоров**
c. **Здорово**

5. **Мне** (nikt) .... **не верит.**
a. **ни-кто**
b. **никто**
c. **кто-то**

6. **Ты мне** (nigdy) .... **не купил туфли.**
a. **нигде**
b. **никому**
c. **никогда**

7. **Ей** (nie ma z kim) .... **поговорить.**
a. **не с кем**
b. **ни с кем**
c. **с никем**

8. **Здесь** (nie wolno) .... **курить.**
a. **запрещено**
b. **нельзя**
c. **не можно**

9. **Олегу** (nie ma dokąd) .... **идти.**
a. **некуда**
b. **Никуда**
c. **не куда**

Odpowiedzi

1. b, 2. b, 3. a,
4. a, 5. b, 6. c,
7. a, 8. b, 9. a.

Test 9

Wstaw właściwe przyimki i wyrażenia przyimkowe.

1. **Дмитрий едет на работу ....**
a. **а втобусом**
b. **на автобусе**
c. **машиной**

2. **Соревнования не состоялись .... дождя.**
a. **вопреки**
b. **ради**
c. **из-за**

3. **Мы вышли ему ....**
a. **навстречу**
b. **насквозь**
c. **напротив**

4. **Какие-то мухи летяют .... мной.**
a. **надо**
b. **вокруг**
c. **меджу**

5. **Что вы будете делать .... занятий?**
a. **внутри**
b. **после**
c. **кроме**

6. **........................ три года я поеду в США.**
a. **Через**
b. **За**
c. **Около**

7. **........................ час она прочитала статью.**
a. **Под**
b. **За**
c. **Через**

8. **Он закончил бег .... всем.**
a. **несмотря на**
b. **мимо**
c. **вопреки**

9. **Брось алкоголь .... меня.**
a. **ради**
b. **благодаря**
c. **для**

Test 10

Wybierz właściwy wyraz lub wyrażenie w podanych przysłowiach.

1. **Бабушка .... сказала.**
a. **двое**
b. **надвое**
c. **на двоих**

2. **Попасть ....**
a. **в точку**
b. **лужу**
c. **в лифт**

3. **Шутки ....**
a. **на бок**
b. **вниз**
c. **в сторону**

4. **Черным .... белому.**
a. **в**
b. **по**
c. **-**

5. **........................ лет, ... зим!**
a. **Столько, сколько**
b. **Сколько, сколько**
c. **Столько, столько**

6. **Находиться .... точке замерзания.**
a. **при**
b. **на**
c. **в**

7. **Открывать ....**
a. **Америки**
b. **Америк**
c. **Америку**

8. **Писать ....**
a. **как курица лапой**
b. **как белка в колесе**
c. **где раки зимуют**

9. **........................ место.**
a. **Больное**
b. **Чёрное**
c. **Сухое**

Odpowiedzi (Test 9)

1. b, 2. c, 3. a,
4. a, 5. b, 6. a,
7. b, 8. c, 9. a.

Odpowiedzi (Test 10)

1. b, 2. a, 3. c,
4. b, 5. b, 6. b,
7. c, 8. a, 9. a.

Rzeczownik

Rzeczowniki rosyjskie różniące się rodzajem od polskich

больница (szpital)	**эта**	**музей** (muzeum)	**этот**
вилка (widelec)	**эта**	**подвал** (piwnica)	**этот**
город (miasto)	**этот**	**платье** (sukienka)	**это**
грипп (grypa)	**этот**	**площадь** (plac)	**эта**
дверь (drzwi)	**эта**	**пляж** (plaża)	**этот**
жара (upał)	**эта**	**ресторан** (restauracja)	**этот**
зал (sala)	**этот**	**ручка** (długopis)	**эта**
квартира (mieszkanie)	**эта**	**словарь** (słownik)	**этот**
комната (pokój)	**эта**	**собака** (pies)	**эта**
класс (klasa)	**этот**	**стул** (stołek, krzesło)	**этот**
кровать (łóżko)	**эта**	**тетрадь** (zeszyt)	**эта**
лимон (cytryna)	**этот**	**урок** (lekcja)	**этот**
магазин (sklep)	**этот**	**чай** (herbata)	**этот**
марка (znaczek; gatunek)	**эта**	**шкаф** (szafa)	**этот**
машина (samochód)	**эта**	**шоссе** (szosa)	**это**

Skrócony wzór odmiany rzeczowników

Przypadek	Pytanie	Deklinacja I	Deklinacja II	Deklinacja III
M.	kto? co?	**-а, -я**	**-ø, -о, -е**	**-ь, -ø**
D.	kogo? czego?	**-ы, -и**	**-а, -я**	**-и**
C.	komu? czemu?	**-е**	**-у, -ю**	**-и**
B.	kogo? co?	**-у, -ю**	**-а, -я, -о, -е, -ø**	**-ь, -ø**
N.	z kim? z czym?	**-ой, -ей**	**-ом, -ем**	**-ь, -ю**
Ms.	o kim? o czym?	**-е**	**-е**	**-и**

Deklinacja I -а, -я

	Rodzaj męski		Rodzaj żeński		Rodzaj nijaki	
M.	**дедушк-а**	**дедуш-ки**	**девушк-а**	**девушк-и**	**бедняг-а**	**бедняг-и**
D.	**дедушк-и**	**дедуш-ек**	**девушк-и**	**девушек -ø**	**бедняг-и**	**бедняг -ø**
C.	**дедушк-е**	**дедуш-кам**	**девушк-е**	**девушк-ам**	**бедняг-е**	**бедняг-ам**
B.	**дедушк-у**	**дедуш-ек**	**девушк-у**	**девушек -ø**	**бедняг-у**	**бедняг -ø**
N.	**дедушк-ой, дедуш-кю**	**дедуш-ками**	**девушк-ой, девушк-ою**	**девушк-ами**	**бедняг-ой, бедняг-ою**	**Бедняг-ами**
Ms.	**дедушк-е**	**дедуш-ках**	**девушк-е**	**девушк-ах**	**бедняг-е**	**бедняг-ах**

Deklinacja II ø, -о, -ё, -е

Przypadek	Rodzaj męski		Rodzaj nijaki	
M.	**день -ø** (dzień)	**конец -ø** (koniec)	**пол -е** (podłoga)	**бель -ё** (bielizna)
D.	**дн -я**	**конц -а**	**пол -я**	**бель -я**
C.	**дн -ю**	**конц -у**	**пол -ю**	**бель -ю**
B.	**день -ø**	**конец -ø**	**пол -е**	**бель -ё**
N.	**дн -ём**	**конц -ом**	**пол -ем**	**бель -ём**
Ms.	**дн -ю**	**конц -у**	**пол -е**	**бель -е**

Deklinacja II – odmiana rzeczowników twardotematowych

Przypadek	Rodzaj męski		Rodzaj nijaki	
	l.p.	l.m.	l.p.	l.m.
M.	**оборот -ø** (obrót)	**оборот -ы**	**дупл -о** (dziupla)	**дупл -а**
D.	**оборот -а**	**оборот -ов**	**дупл -а**	**дупел**
C.	**оборот -у**	**оборот -ам**	**дупл -у**	**дуплам**
B.	**оборот -ø**	**оборот -ы**	**дупл -о**	**дупла**
N.	**оборот -ом**	**оборот -ами**	**дупл -ом**	**дуплами**
Ms.	**оборо -те**	**оборот -ах**	**дупл -е**	**дуплах**

Deklinacja II – odmiana rzeczowników miękkotematowych

Przypadek	Rodzaj męski		Rodzaj nijaki	
	l.p.	l.m.	l.p.	l.m.
M.	**тюлень -ø** (foka)	**тюлен -и**	**гор -е** (smutek)	**гор -я**
D.	**тюлен -я**	**тюлен -ей**	**гор -я**	**горь -ø**
C.	**тюлен -ю**	**тюлен -ям**	**гор -ю**	**гор -ям**
B.	**тюлен -я**	**тюлен -ей**	**гор -е**	**гор -я**
N.	**тюлен -ем**	**тюлен -ями**	**гор -ем**	**гор -ями**
Ms.	**тюлен -е**	**тюлен -ях**	**гор -е**	**гор -ях**

Deklinacja III -ø, -мя

Przypadek	Rodzaj żeński			
M.	**мышь -ø**	**мыш -и**	**мать -ø** (matka)	**мат -ери**
D.	**мыш -и**	**мыш -ей**	**мат -ери**	**мат -ерей**
C.	**мыш -и**	**мыш -ам**	**мат -ери**	**мат -ерям**
B.	**мышь -ø**	**мыш -ей**	**мать -ø**	**мат -ерей**
N.	**мышь -ю**	**мыш -ами**	**мат -ерью**	**мат -ерями**
Ms.	**мыш -и**	**мыш -ах**	**мат -ери**	**мат -ерях**

Rzeczowniki zakończone na -мя

Przypadek	Rodzaj nijaki			
M.	**им-я**	**им-ена**	**плам-я**	**плам-ена**
D.	**им-ени**	**им-ён**	**плам-ени**	**плам-ён**
C.	**им-ени**	**им-енам**	**плам-ени**	**плам-енам**
B.	**им-я**	**им-ена**	**плам-я**	**плам-ена**
N.	**им-енем**	**им-енами**	**плам-енем**	**плам-енами**
Ms.	**им-ени**	**им-енах**	**плам-ени**	**плам-енах**

Czasownik

Koniugacja I

osoba	**спать** (spać)	**петь** (śpiewać)	**стелить** (słać)
я	**сплю**	**пою**	**стелю**
ты	**спишь**	**поёшь**	**стелишь**
он **она** **оно**	**спит**	**поёт**	**стелит**
мы	**спим**	**поём**	**стелим**
вы	**спите**	**поёте**	**стелите**
они	**спят**	**поют**	**стелят**

Koniugacja II

osoba	**обидеть** (zranić)	**бродить** (wędrować)	**дышать** (oddychać)
я **ты** **он, она, оно** **мы** **вы** **они**	**обижу** **обидишь** **обидит** **обидим** **обидите** **обидят**	**брожу** **бродишь** **бродит** **бродим** **бродите** **бродят**	**дышу** **дышишь** **дышит** **дышим** **дышите** **дышат**

Koniugacje I i II

<table>
<tr><th>Koniugacja</th><th>Końcówka bezokolicznika</th><th>Końcówki w odmianie przez osoby</th><th colspan="2">Przykłady</th></tr>
<tr><td rowspan="2">I</td><td rowspan="2">-от,
-ать (-ять),
-еть,
-ыть,
-уть</td><td rowspan="2">-у (-ю),
-ешь (-ёшь),
-ет (-ёт),
-ем (-ём),
-ете (-ёте),
-ут (-ют)</td><td colspan="2">выть (wyć)</td></tr>
<tr><td>я вою
ты воешь
он, она, оно воет</td><td>мы воем
вы воете
они воют</td></tr>
<tr><td rowspan="2">II</td><td rowspan="2">-ить</td><td rowspan="2">-у (-ю),
-ишь,
-ит,
-им,
-ите,
-ат (-ят)</td><td colspan="2">решить (rozwiązywać)</td></tr>
<tr><td>я решу
ты решишь
он, она, оно решит</td><td>мы решим
вы решите
они решат</td></tr>
</table>

Czasowniki nieregularne

хотеть			
Liczba pojedyncza		Liczba mnoga	
я	**хочу**	**мы**	**хотим**
ты	**хочешь**	**вы**	**хотите**
он, она, оно	**хочет**	**они**	**хотят**

бежать			
Liczba pojedyncza		Liczba mnoga	
я	**бегу**	**мы**	**бежим**
ты	**бежишь**	**вы**	**бежите**
он, она, оно	**бежит**	**они**	**бегут**

чтить			
Liczba pojedyncza		Liczba mnoga	
я	**чту**	**мы**	**чтим**
ты	**чтишь**	**вы**	**чтите**
он, она, оно	**чтит**	**они**	**чтят**

брезжить			
Liczba pojedyncza		Liczba mnoga	
я	**брезжу**	**мы**	**брезжим**
ты	**брезжишь**	**вы**	**брезжите**
он, она, оно	**брезжит**	**они**	**брезжат**

есть			
Liczba pojedyncza		Liczba mnoga	
я	**ем**	**мы**	**едим**
ты	**ешь**	**вы**	**едите**
он, она, оно	**ест**	**они**	**едят**

дать			
Liczba pojedyncza		Liczba mnoga	
я	**дам**	**мы**	**дадим**
ты	**дашь**	**вы**	**дадите**
он, она, оно	**даст**	**они**	**дадут**

Formy imiesłowów od czasowników przechodnich niedokonanych

видеть (widzieć)			
czas teraźniejszy czynny	czas teraźniejszy bierny	czas przeszły czynny	czas przeszły bierny
видящий (widzący)	**видимый** (widoczny)	**видевший** (ten, który widział)	**виденный** (ten, który był widziany)

Formy imiesłowów od czasowników przechodnich dokonanych

увидеть (zobaczyć)	
czas przeszły czynny	czas przeszły bierny
увидевший (ten, który zobaczył)	**увиденный** (ten, którego zobaczono)

жить – czas przeszły			
Liczba pojedyncza		Liczba mnoga	
я	**жил / жила**	**мы**	
ты	**жил / жила**	**вы**	**жили**
он	**жил**	**они**	
она	**жила**		
оно	**жило**		

нести – czas przeszły			
Liczba pojedyncza		Liczba mnoga	
я	**нёс / несла**	**мы**	
ты	**нёс / несла**	**вы**	**несли**
он	**нёс**	**они**	
она	**несла**		
оно	**несло**		

вытереть – czas przeszły			
Liczba pojedyncza		Liczba mnoga	
я	**вытер / вытерла**	**мы**	
ты	**вытер / вытерла**	**вы**	**вытерли**
он	**вытер**	**они**	
она	**вытерла**		
оно	**вытерло**		

идти – czas przeszły			
Liczba pojedyncza		Liczba mnoga	
я	**шёл / шла**	**мы**	
ты	**шёл / шла**	**вы**	**шли**
он	**шёл**	**они**	
она	**шла**		
оно	**шло**		

Przymiotnik

Rodzaj przymiotnika			
Rodzaj męski **какой? чей?**	Rodzaj nijaki **какое? чьё?**	Rodzaj żeński **какая? чья?**	Wspólna forma dla wszystkich rodzajów **какие? чьи?**
умн-ый мальчик (mądry chłopiec)	**умн-ое решение** (mądra decyzja)	**умн-ая голова** (mądra głowa)	**умн-ые фразы** (mądre frazy)w
молод-ой человек (młody człowiek)	**молод-ое поколение** (młode pokolenie)	**молод-ая семья** (młoda rodzina)	**молод-ые деревья** (młode drzewa)
зимн-ий вечер (zimowy wieczór)	**зимн-ее утро** (zimowy poranek)	**зимн-яя погода** (zimowa pogoda)	**зимн-ие сапоги** (zimowe buty)

Odmiana przymiotników twardotematowych

	Liczba pojedyncza			Liczba mnoga
Przypadek	Rodzaj męski	Rodzaj żeński	Rodzaj nijaki	
M.	**богатый**	**богатая**	**богатое**	**богатые**
D.	**богатого**	**богатой**	**богатого**	**богатых**
C.	**богатому**	**богатой**	**богатому**	**богатым**
B.	**богатый** **богатого**	**богатую**	**богатое** **богатого**	**богатые** **богатых**
N.	**богатым**	**богатой**	**богатым**	**богатыми**
Ms.	**богатом**	**богатой**	**богатом**	**богатых**

Odmiana przymiotników miękkotematowych

	Liczba pojedyncza			Liczba mnoga
Przypadek	Rodzaj męski	Rodzaj żeński	Rodzaj nijaki	
M.	**летний**	**летняя**	**летнее**	**летние**
D.	**летнего**	**летней**	**летнего**	**летних**
C.	**летнему**	**летней**	**летнему**	**летним**
B.	**летний** **летнего**	**летнюю**	**летнее** **летнего**	**летние** **летних**
N.	**летним**	**летней**	**летним**	**летними**
Ms.	**летнем**	**летней**	**летнем**	**летних**

Mieszany typ odmiany przymiotników

	Liczba pojedyncza			Liczba mnoga
Przyp.	Rodzaj męski	Rodzaj żeński	Rodzaj nijaki	
M.	**большой**	**большая**	**большое**	**большие**
D.	**большого**	**большой**	**большого**	**больших**
C.	**большому**	**большой**	**большому**	**большим**
B.	**большой** **большого**	**большую**	**большое** **большого**	**большие** **больших**
N.	**большим**	**большой**	**большим**	**большими**
Ms.	**большом**	**большой**	**большом**	**больших**

Odmiana przymiotników o temacie zakończonym na ш, ж, ч, щ

	Liczba pojedyncza			Liczba mnoga
Przypadek	Rodzaj męski	Rodzaj żeński	Rodzaj nijaki	
M.	**свежий**	**свежая**	**свежее**	**свежие**
D.	**свежего**	**свежей**	**свежего**	**свежих**
C.	**свежему**	**свежей**	**свежему**	**свежим**
B.	**свежий** **свежего**	**свежую**	**свежее** **свежего**	**свежие** **свежих**
N.	**свежим**	**свежей**	**свежим**	**свежими**
Ms.	**свежем**	**свежей**	**свежем**	**свежих**

Odmiana przymiotników dzierżawczych na -ин (-ын), -ов (-ев)

	Liczba pojedyncza			Liczba mnoga
Przyp.	Rodzaj męski	Rodzaj żeński	Rodzaj nijaki	
M.	**маминФ**	**мамина**	**мамино**	**мамины**
D.	**мамина** **маминого**	**маминой**	**мамина маминого**	**маминых**
C.	**мамину** **маминому**	**маминой**	**мамину маминому**	**маминым**
B.	**B = M** lub **B = D**	**мамину**	**мамино**	**B = M** lub **B = D**
N.	**маминым**	**маминой**	**маминым**	**мамиными**
Ms.	**мамином**	**маминой**	**мамином**	**маминых**

Odmiana przymiotników dzierżawczych na **-ий, -ья, -ье, -ьи**

	Liczba pojedyncza			Liczba mnoga
Przypadek	Rodzaj męski	Rodzaj żeński	Rodzaj nijaki	
M.	**собачийø**	**собачья**	**собачье**	**собачьи**
D.	**собачьего**	**собачьей**	**собачьего**	**собачьих**
C.	**собачьему**	**собачьей**	**собачьему**	**собачьим**
B.	**собачий**	**собачью**	**собачье**	**собачьи**
N.	**собачьим**	**собачьей**	**собачьим**	**собачьими**
Ms.	**собачьем**	**собачьей**	**собачьем**	**собачьих**

Tworzenie krótkich form przymiotników

Rodzaj	Forma długa	Forma krótka	Końcówka
	Liczba pojedyncza		
męski	**красив-ый ребёнок**	**ребёнок красивø**	**Ø**
żeński	**красив-ая роза**	**роза красив-а**	**-а (-я)**
nijaki	**красив-ое озеро**	**озеро красив-о**	**-о (-е)**
wszystkie rodzaje	Liczba mnoga		
	красив-ые цветы	**цветы красив-ы**	**-ы (-и)**

Wymiana końcówek podczas stopniowania przymiotników

Forma podstawowa	Wymiana spółgłoski	Końcówki stopnia wyższego	Stopień wyższy
красивый	-		**красивее**
сильный	-		**сильнее**
добрый	-	**-ее**	**добрее**
злой	-		**злее**
молодой	**д : ж**		**моложе**
высокий	**к : ч**		**выше**
резкий	**зк : ч**	**-е**	**резче**
чистый	**ст : щ**		**чище**
узкий	**зк : ж**		**уже**
дешёвый	**в : вл**		**дешевле**
далёкий	-		**дальше**
маленький	-	**-ше**	**меньше**
тонкий	-	**-же**	**тоньше**
долгий	-		**дольше**
глубокий	-		**глубже**
редкий	-		**реже**

Forma prosta stopnia najwyższego przymiotnika

Forma podstawowa	Wymiana spółgłoski	Przyrostki stopnia najwyższego	Stopień najwyższy
красивый (ładny)	-		**красивейший**
сильный (silny)	-		**сильнейший**
добрый (dobry)	-	**-ейш-**	**добрейший**
злой (zły)	-		**злейший**
высокий (wysoki)	**к : ч**		**высочайший**
краткий (krótki)	**к : ч**		**кратчайший**
близкий (bliski)	**зк : ж**	**-айш-**	**ближайший**
тихий (cichy)	**х : ш**		**тишайший**
строгий (srogi)	**г : ж**		**строжайший**

Zaimek

Odmiana zaimków osobowych w liczbie pojedynczej

M.	**я** – ja	**ты** – ty	**он** – on	**она** – ona	**оно** – ono
D.	**меня** – mnie	**тебя** – ciebie	**его** – jego	**её** – jej	**его** – jego
C.	**мне** – mi	**тебе** – tobie	**ему** – jemu	**ей** – jej	**ему** – jemu
B.	**меня** – mnie	**тебя** – ciebie	**его** – jego	**её** – ją	**его** – jego
N.	**мной** – (ze) mną	**тобой** – (z) tobą	**им** – (z) nim	**ею** – (z) nią	**им** – (z) nim
Ms.	**(обо) мне** – (o) mnie	(**о**) **тебе** – (o) tobie	(**о**) **нём** – (o) nim	(**о**) **ней** – (o) niej	(**о**) **нём** – (o) nim

Odmiana zaimków osobowych w liczbie mnogiej

M.	**мы** – my	**вы** – wy	**они** – oni
D.	**нас** – nas	**вас** – was	**их** – ich
C.	**нам** – nam	**вам** – wam	**им** – im
B.	**нас** – nas	**вас** – was	**их** – ich
N.	**нами** – nami	**вами** – wami	**ими** – nimi
Ms.	(**о**) **нас** – (o) nas	(**о**) **вас** – (o) was	(**о**) **них** – (o) nich

Odmiana zaimka dzierżawczego мой

Liczba	Liczba pojedyncza			Liczba mnoga
Przypadek	rodzaj męski	rodzaj żeński	rodzaj nijaki	wszystkie rodzaje
M.	**мой** – mój	**моя** – moja	**моё** – moje	**мои** – moje
D.	**моего** – mojego	**моей** – mojej	**моего** – mojego	**моих** – moich
C.	**моему** – mojemu	**моей** – mojej	**моему** – mojemu	**моим** – moim
B.	**мой** – mój **моего** – mojego	**мою** – moją	**моё** – moje **моего** – mojego	**мои** – moje **моих** – moich
N.	**моим** – moim	**моей** – moją	**моим** – moim	**моими** – moimi
Ms.	(**о**) **моём** – (o) moim	(**о**) **моей** – (o) mojej	(**о**) **моём** – (o) moi	(**о**) **моих** – (o) moich

Odmiana zaimka dzierżawczego **ваш**				
	Liczba pojedyncza			Liczba mnoga
Przypadek	rodzaj męski	rodzaj żeński	rodzaj nijaki	wszystkie rodzaje
M.	**ваш** – wasz	**ваша** – wasza	**ваше** – wasze	**ваши** – wasze
D.	**вашего** – waszego	**вашей** – waszej	**вашего** – waszego	**ваших** – waszych
C.	**вашему** – waszemu	**вашей** – waszej	**вашему** – waszemu	**вашим** – waszym
B.	**ваш** – wasz **вашего** – waszego	**вашу** – waszą	**ваше** – wasze **вашего** – waszemu	**ваши** – wasze **ваших** – waszych
N.	**вашим** – waszym	**вашей** – waszą	**вашим** – waszym	**вашими** – waszymi
Ms.	(**о**) **вашем** – (o) waszym	(**о**) **вашей** – (o) waszej	(**о**) **вашем** – (o) waszym	(**о**) **ваших** – (o) waszych

Odmiana zaimka zwrotnego	
M.	------
D.	**себя** – siebie
C.	**себе** – sobie
B.	**себя** – siebie / się
N.	**собою, собой** – (z) sobą
Ms.	(**о**) **себе** – (o) sobie

Odmiana wyrażenia zaimkowego **друг друга**	
M.	------
D.	**друг друга** – siebie nawzajem / się
C.	**друг другу** – sobie nawzajem / się
B.	**друг друга** – siebie nawzajem / się
N.	**друг с другом** – (z) sobą nawzajem / się
Ms.	**друг о друге** – (o) sobie nawzajem / się

Odmiana zaimka **этот**				
	liczba pojedyncza			liczba mnoga
Przypadek	rodzaj męski	rodzaj żeński	rodzaj nijaki	wszystkie rodzaje
M.	**этот** – ten	**эта** – ta	**это** – to	**эти** – te
D.	**этого** – tego	**этой** – tej	**этого** – tego	**этих** – tych
C.	**этому** – temu	**этой** – tej	**этому** – temu	**этим** – tym
B.	**этот** – ten **этого** – tego	**эту** – tę	**это** – to **этого** – tego	**эти** – te **этих** – tych
N.	**этим** – tym	**этой** (**-ою**) – tą	**этим** – tym	**этими** – tymi
Ms.	(**об**) **этом** – (o) tym	(**об**) **этой** – tej	(**об**) **этом** – tym	(**об**) **этих** – (o) tych

Odmiana zaimka **тот**				
	liczba pojedyncza			liczba mnoga
Przypadek	rodzaj męski	rodzaj żeński	rodzaj nijaki	wszystkie rodzaje
M.	**тот** – tamten	**та** – tamta	**то** – tamto	**те** – tamte
D.	**того** – tamtego	**той** – tamtej	**того** – tamtego	**тех** – tamtych
C.	**тому** – tamtemu	**той** – tamtej	**тому** – tamtemu	**тем** – tamtym
B.	**тот** – tamten **того** – tamtego	**ту** – tamtą	**то** – tamto **того** – tamtego	**те** – tamte **тех** – tamtych
N.	**тем** – tamtym	**той (-ою)** – tamtą	**тем** – tamtym	**теми** – tamtymi
Ms.	(**о**) **том** – (o) tamtym	(**о**) **той** – (o) tamtej	(**о**) **том** – (o) tamtym	(**о**) **тех** – (o) tamtych

Odmiana zaimka **столько**[1]		
Przypadek	liczba pojedyncza	Liczba mnoga
M.	**столько** – tyle	—
D.	**стольких** – tyle	—
C.	**стольку** – tylu	**стольким** – tylu
B.	**столько** – tyle	**стольких** – tyle
N.	**столькими** – z tyloma	—
Ms.	(**о**) **стольких** – (o) tylu	—

Odmiana zaimków pytających **кто, что, сколько**			
Przypadek	**кто**	**что**	**сколько**
M.	**кто** – kto	**что** – co	**сколько** – ile
D.	**кого** – kogo	**чего** – czego	**скольких** – ilu
C.	**кому** – komu	**чему** – czemu	**скольким** – ilu
B.	**кто** – kto **кого** – kogo	**что** – co **чего** – czego	**сколько** – ile **скольких** – ilu
N.	**кем** – kim	**чем** – czym	**сколькими** – z iloma
Ms.	(**о**) **ком** – (o) kim	(**о**) **чём** – (o) czym	(**о**) **скольких** – (o) ilu

Odmiana zaimka **какой**				
	liczba pojedyncza			liczba mnoga
Przypadek	rodzaj męski	rodzaj żeński	rodzaj nijaki	wszystkie rodzaje
M.	**какой** – jaki	**какая** – jaka	**какое** – jakie	**какие** – jakie
D.	**какого** – jakiego	**какой** – jakiej	**какого** – jakiego	**каких** – jakich
C.	**какому** – jakiemu	**какой** – jakiej	**какому** – jakiemu	**каким** – jakim
B.	**какой** – jaki **какого** – jakiego	**какую** – jaką	**какое** – jakie **какого** – jakiego	**какие** – jakie **каких** – jakich
N.	**каким** – jakim	**какой** – jaką	**каким** – jakim	**какими** – jakimi
Ms.	**каком** – (o) jakim	**какой** – (o) jakiej	**каком** – jakim	**каких** – (o) jakich

[1] Słowo **столько** zakłada liczbę mnogą. W liczbie pojedynczej wykorzystuje się je tylko dla zbiorczych rzeczników, np. кофе (kawa).

Odmiana zaimka **который**				
	liczba pojedyncza			liczba mnoga
Przypadek	rodzaj męski	rodzaj żeński	rodzaj nijaki	wszystkie rodzaje
M.	**который** – który	**которая** – która	**которое** – które	**которые** – które
D.	**которого** – którego	**которой** – której	**которого** – którego	**которых** których –
C.	**которому** – któremu	**которой** – której	**которому** – któremu	**которым** – którym
B.	**который** – który **которого** – którego	**которую** – którą	**которое** – które **которого** – którego	**которых** – których **которое** – które
N.	**которым** – którym	**которой** – którą	**которым** – którym	**которыми** – którymi
Ms.	**котором** – (o) którym	**которой** – (o) której	**котором** – (o) którym	**которых** – (o) których

Odmiana zaimka **чей**				
	liczba pojedyncza			liczba mnoga
Przypadek	rodzaj męski	rodzaj żeński	rodzaj nijaki	wszystkie rodzaje
M.	**чей** – czyj	**чья** – czyja	**чьё** – czyje	**чьи** – czyje
D.	**чьего** – czyjego	**чьей** – czyjej	**чьего** – czyjego	**чьих** – czyich
C.	**чьему** – czyjemu	**чьей** – czyjej	**чьему** – czyjemu	**чьим** – czyim
B.	**чей** – czyj **чьего** – czyjego	**чью** – czyją	**чьё** – czyje **чьего** – czyjego	**чьи** – czyje **чьих** – czyich
N.	**чьим** – czyim	**чьей** – czyją	**чьим** – czyim	**чьими** – czyimi
Ms.	**чьём** – (o) czyim	**чьей** – (o) czyjej	**чьём** – (o) czyim	**чьих** – (o) czyich

Odmiana zaimka przeczącego **никакой**				
	liczba pojedyncza			liczba mnoga
Przypadek	rodzaj męski	rodzaj żeński	rodzaj nijaki	wszystkie rodzaje
M.	**никакой**	**никакое**	**никакая**	**никакие**
D.	**никакого**	**никакого**	**никакой**	**никаких**
C.	**никакому**	**никакому**	**никакой**	**никаким**
B.	**никакого** (z rzeczownikiem żywotnym) **никакой** (z rzeczownikiem nieżywotnym)	**никакое**	**никакую**	**никаких** (z rzeczownikiem żywotnym)/ **никакие** (z rzeczownikiem nieżywotnym)
N.	**никаким**	**никаким**	**никакой, никакою**	**никакими**
Ms.	**никаком**	**никаком**	**никакой**	**никаких**

Odmiana zaimka przeczącego **ничей**				
	liczba pojedyncza			liczba mnoga
Przypadek	rodzaj męski	rodzaj żeński	rodzaj nijaki	wszystkie rodzaje
M.	**ничей**	**ничьё**	**ничья**	**ничьи**
D.	**ничьего**	**ничьего**	**ничьей**	**ничьих**
C.	**ничьему**	**ничьему**	**ничьей**	**ничьим**
B.	**ничьего** (z rzeczownikiem żywotnym)/ **ничей** (z rzeczownikiem nieżywotnym)	**ничьё**	**ничью**	**ничьих** (z rzeczownikiem żywotnym)/ **ничьи** (z rzeczownikiem nieżywotnym)
N.	**ничьим**	**ничьим**	**ничьей, ничьею**	**ничьими**
Ms.	**ничьём**	**ничьём**	**ничьей**	**ничьих**

Odmiana zaimków **никто** i **ничто**				
Przypadek	**никто**		**ничто**	
M.	**никто** – nikt	------------	**ничто** – nic	--------------
D.	**никого** – nikogo	**ни от кого** – od nikogo	**ничего** – niczego	**ни для чего** – do niczego
C.	**никому** – nikomu	**ни к кому** – nikomu	**ничему** – niczemu	**ни к чему** – niczemu
B.	**никого** – nikogo	**ни на кого** – na nikogo	**ничего** – niczego	**ни за что** – za nic
N.	**никем** – nikim	**ни с кем** – z nikim	**ничем** – niczym	**ни с чем** – z niczym
Ms.	----------------	**ни о ком** – o nikim	----------------	**ни на чём** – na niczym

Odmiana zaimków **некого** i **нечего**		
Przypadek	**некого**	**нечего**
M.	---------	------------
D.	**некого** – nikogo	**нечего** – niczego
C.	**некому** – nikomu	**нечему** – niczemu
B.	**некого** – nikogo	**нечего** – niczego
N.	**некем** – nikim	**нечем** – niczym
Ms.	---------	-------------

Odmiana zaimka nieokreślonego **кто-либо**	
Przypadek	Liczba pojedyncza
M.	**кто-либо** – ktokolwiek
D.	**кого-либо** – kogokolwiek
C.	**кому-либо** – komukolwiek
B.	**кого-либо** – kogokolwiek
N.	**кем-либо** – kimkolwiek
Ms.	**(о) ком-либо** – (o) kimkolwiek

Odmiana zaimka **сам**				
	Liczba pojedyncza			Liczba mnoga
Przypadek	rodzaj męski	rodzaj żeński	rodzaj nijaki	wszystkie rodzaje
M.	**сам** – sam	**сама** – sama	**само** – same	**сами** – same
D.	**самого** – samego	**самой** – samej	**самого** – samego	**самих** – samych
C.	**самому** – samemu	**самой** – samej	**самому** – samemu	**самим** – samym
B.	**сам** – sam **самого** – samego	**саму** – samą	**само** – same **самого** – samego	**сами** – same **самих** – samych
N.	**самим** – samym	**самой** – samą	**самим** – samym	**самими** – samymi
Ms.	**(о) самом** – (o) samym	**(о) самой** – (o) samej	**(о) самом** – (o) samym	**(о) самих** – (o) samych

Odmiana zaimka **самый**				
	Liczba pojedyncza			Liczba mnoga
Przypadek	rodzaj męski	rodzaj żeński	rodzaj nijaki	wszystkie rodzaje
M.	**самый** – sam	**самая** – sama	**самое** – same	**самые** – same
D.	**самого** – samego	**самой** – samej	**самого** – samego	**самых** – samych
C.	**самому** – samemu	**самой** – samej	**самому** – samemu	**самым** – samym
B.	**самый** – sam **самого** – samego	**самую** – samą	**самое** – same **самого** – samego	**самые** – same **самых** – samych
N.	**самым** – samym	**самой** – samą	**самым** – samym	**самыми** – samymi
Ms.	**(о) самом** – (o) samym	**(о) самой** – (o) samej	**(о) самом** – (o) samym	**(о) самых** – (o) samych

Odmiana zaimka **весь**				
	Liczba pojedyncza			Liczba mnoga
Przypadek	rodzaj męski	rodzaj żeński	rodzaj nijaki	wszystkie rodzaje
M.	**весь** – cały	**вся** – cała	**всё** – całe	**все** – całe
D.	**всего** – całego	**всей** – całej	**всего** – całego	**всех** –całych
C.	**всему** – całemu	**всей** – całej	**всему** – całemu	**всем** –całym
B.	**весь** – cały **всего** – całego	**всю** – całą	**всё** – całe **всего** – całego	**все** – całe **всех** – całych
N.	**всем** – całym	**всей** – całą	**всем** – całym	**всеми** – całymi
Ms.	**(о) всём** – (o) całym	**(о) всей** – (o) całej	(о) **всём** – (o) całym	**(о) всех** – (o) całych

Odmiana zaimka **всякий**				
	Liczba pojedyncza			Liczba mnoga
Przypadek	rodzaj męski	rodzaj żeński	rodzaj nijaki	wszystkie rodzaje
M.	**всякий**	**всякое**	**всякая**	**всякие**
D.	**всякого**	**всякого**	**всякой**	**всяких**
C.	**всякому**	**всякому**	**всякой**	**всяким**
B.	**всякого** (z rzeczownikami żywotnymi)/ **всякий** (z rzeczownikami nieżywotnymi)	**всякое**	**всякую**	**всяких** (z rzeczownikami żywotnymi)/ **всякие** (z rzeczownikami nieżywotnymi)
N.	**всяким**	**всяким**	**всякой, всякою**	**всякими**
Ms.	**всяком**	**всяком**	**всякой**	**всяких**
Krótka forma	**всяк**	**всяко**	**всяка**	**всяки**

Liczebnik

Odmiana liczebników **два, три, четыре** dla rodzaju męskiego/nijakiego i żeńskiego z rzeczownikami żywotnymi i nieżywotnymi				
	Rodzaj męski / nijaki		Rodzaj żeński	
Przypadek	z rzeczownikiem żywotnym	z rzeczownikiem nieżywotnym	z rzeczownikiem żywotnym	z rzeczownikiem nieżywotnym
M.	**два мужчины**	**два стола**	**две женщины**	**две книги**
	три мужчины	**три стола**	**три женщины**	**три книги**
	четыре мужчины	**четыре стола**	**четыре женщины**	**четыре книги**
D.	**двух мужчин**	**двух столов**	**двух женщин**	**двух книг**
	трёх мужчин	**трёх столов**	**трёх женщин**	**трёх книг**
	четырёх мужчин	**четырёх столов**	**четырёх женщин**	**четырёх книг**
C.	**двум мужчинам**	**двум столам**	**двум женщинам**	**двум книгам**
	трём мужчинам	**трём столам**	**трём женщинам**	**трём книгам**
	четырём мужчинам	**четырём столам**	**четырём женщинам**	**четырём книгам**
B.	**двух мужчин**	**два стола**	**двух женщин**	**две книги**
	трёх мужчин	**три стола**	**трёх женщин**	**три книги**
	четырёх мужчин	**четыре стола**	**четырёх женщин**	**четыре книги**
N.	**двумя мучжинами**	**двумя столами**	**двумя женщинами**	**двумя книгами**
	тремя мужчинами	**тремя столами**	**тремя женщинами**	**тремя книгами**
	четырьмя мучжинами	**четырьмя столами**	**четырьмя женщинами**	**четырьмя книгами**
Ms.	**двух мужчин**	**двух столов**	**двух женщин**	**двух книг**
	трёх мужчин	**трёх столов**	**трёх женщин**	**трёх книг**
	четырёх мужчин	**четырёх столов**	**четырёх женщин**	**четырёх книг**

Odmiana liczebnika **полтора** (półtora) dla rodzaju męskiego / nijakiego i żeńskiego		
Przypadek	Rodzaj męski / nijaki l.p.	Rodzaj żeński l.p.
M.	**полтора рубля**	**полторы булки**
D.	**полутора**	**полутора**
C.	**полутора**	**полутора**
B.	**полтора рубля**	**полторы булки**
N.	**полутора**	**полутора**
Ms.	**полутора**	**полутора**

Odmiana liczebników z grupy 2: пять, -дцать, -десять z rzeczownikiem i przymiotnikiem

	Rodzaj męski/nijaki	Rodzaj żeński
M.	пять чёрных коней	пять весёлых обезьян
	одиннадцать чёрных коней	одиннадцать весёлых обезьян
	семьдесят чёрных коней	семьдесят весёлых обезьян
D.	пяти чёрных коней	пяти весёлых обезьян
	одиннадцати чёрных коней	одиннадцати весёлых обезьян
	семидесяти чёрных коней	семидесяти весёлых обезьян
C.	пяти чёрным коням	пяти весёлым обезьянам
	одиннадцати чёрным коням	одиннадцати весёлым обезьянам
	семидесяти чёрным коням	семидесяти весёлым обезьянам
B.	пять чёрных коней	пять весёлых обезьян
	одиннадцать чёрных коней	одиннадцать весёлых обезьян
	семьдесят чёрных коней	семьдесят весёлых обезьян
N.	пятью чёрными конями	пятью весёлыми обезьянами
	одиннадцатью чёрными конями	одиннадцатью весёлыми обезьянами
	семьюдесятью чёрными конями	семьюдесятью весёлыми обезьянами
Ms.	пяти чёрных конях	пяти весёлых обезьянах
	одиннадцати чёрных конях	одиннадцати весёлых обезьянах
	семидесяти чёрных конях	семидесяти весёлых обезьянах

Odmiana liczebników z grupy 3: двести, четыреста, -сот z rzeczownikiem i przymiotnikiem

M.	двести гнилых апельсинов
	четыреста гнилых апельсинов
	пятьсот гнилых апельсинов
D.	двухсот гнилых апельсинов
	четырёхсот гнилых апельсинов
	пятисот гнилых апельсинов
C.	двумстам гнилым апельсинам
	четырёмстам гнилым апельсинам
	пятистам гнилым апельсинам
B.	двести гнилых апельсинов
	четыреста гнилых апельсинов
	пятьсот гнилых апельсинов
N.	двумястами гнилыми апельсинами
	четырьмястами гнилыми апельсинами
	пятьюстами гнилыми апельсинами
Ms.	двухстах гнилых апельсинах
	четырёхстах гнилых апельсинах
	пятистах гнилых апельсинах

Odmiana liczebników z grupy 4: **сорок, девяносто** z rzeczownikiem	
M.	**сорок мышей**
	девяносто мух
D.	**сорока мышей**
	девяноста мух
C.	**сорока мышей**
	девяноста мух
B.	**сорок мышей**
	девяносто мух
N.	**сорока мышей**
	девяноста мух
Ms.	**сорока мышей**
	девяноста мух

Odmiana liczebników z grupy 5: **двое, семеро, сколько**		
Z rzeczownikiem nieżywotnym		Z rzeczownikiem żywotnym
M.	**двое ножниц**	**двое детей**
	семеро ножниц	**семеро детей**
	сколько ножниц	**сколько детей**
D.	**двоих ножниц**	**двоих детей**
	семерых ножниц	**семерых детей**
	скольких ножниц	**скольких детей**
C.	**двоим ножницам**	**двоим детям**
	семерым ножницам	**семерым детям**
	скольким ножницам	**скольким детям**
B.	**двое ножниц**	**двоих детей**
	семеро ножниц	**семерых детей**
	сколько ножниц	**скольких детей**
N.	**двоими ножницами**	**двоими детьми**
	семерыми ножницами	**семерыми детьми**
	сколькими ножницами	**сколькими детьми**
Ms.	**двоих ножницах**	**двоих детях**
	семерых ножницах	**семерых детях**
	скольких ножницах	**скольких детях**

Odmiana liczebnika **одиннадцать** (jedenaście)	
M	**одиннадцать**
D	**одиннадцати**
C	**одиннадцати**
B	**одиннадцать**
N	**одиннадцатью**
Ms	**одиннадцати**

Spójnik

Podział spójników		
Rodzaj spójników		Przykłady spójników
współrzędne – **сочинительные**	łączne – **соединительные**	**и** (i), **да** (i), **тоже** (też), **и … и, ни …ни** (ani … ani, ni … ni), **да … да, как … так и** (jak … tak i), **не только … но и** (nie tylko … ale też)
	przeciwstawne – **противительные**	**а** (a), **но** (ale, lecz, a), **да** (ale, lecz) **однако** (jednak, jednakże), **же** (zaś, natomiast), **зато** (za to, natomiast), **а то** (bo, bo inaczej)
	rozłączne – **разделительные**	**либо** (lub, bądź, czy), **или** (albo), **либо … либо** (albo … albo), **или … или** (albo … albo), **то … то** (to … to), **не то … не то** (nie to … nie to), **ли … ли** (czy… czy), **то ли … то ли** (czy … czy, może … może)
podrzędne – **подчинительные**	czasowe – **временные**	**когда** (kiedy), **только** (tylko), **лишь только** (jak tylko, zaledwie), **пока** (tymczasem, dopóki, na razie), **как только** (gdy tylko), **едва** (ledwie, ledwo), **после того как** (po tym jak), **прежде чем** (zanim)
	przyczynowe – **причинные**	**что** (że), **ибо** (bo, bowiem, ponieważ, gdyż), **так как** (ponieważ, gdyż, bowiem), **потому что** (dlatego że), **благодаря тому что** (dzięki temu że), **оттого что** (dlatego że, z tego powodu że), **в связи с тем что** (w związku z tym że)
	docelowe – **целевые**	**чтобы** (żeby, aby), **затем, чтобы** (po to, żeby), **для того чтобы** (po to by)
	warunkowe – **условные**	**если** (jeśli), **ежели** (jeżeli), **коли** (jeżeli, jeśli, jak, kiedy, skoro), **раз** (jak, skoro, jeżeli)
	przyzwalające – **уступительные**	**хотя** (chociaż, choć, jakkolwiek, aczkolwiek), **пускай, пусть** (jeżeli nawet, jeśli nawet, niech, niechaj), **несмотря на то что** (nie zważając na to że)
	porównawcze – **сравнительные**	**как** (jak), **будто, как будто** (niby, jakby, jak gdyby), **словно** (jak, niby, jak gdyby), **точно** (jakby, jak gdyby), **подобно тому как** (podobnie do tego jak)
	wyjaśniające – **изъяснительный**	**что** (że), **чтобы** (żeby), **как** (jak)

Pisownia spójników	
spójniki (pisane łącznie)	inne części mowy (pisane rozdzielnie)
тоже	**то же** (zaimek plus partykuła)
также	**так же** (przysłówek plus partykuła)
затем	**за тем** (przyimek plus zaimek)
чтобы	**что бы** (zaimek plus partykuła)
притом	**при том** (przyimek plus zaimek)
оттого	**от того** (przyimek plus zaimek)
отчего	**от чего** (przyimek plus zaimek)
почему	**по чему** (przyimek plus zaimek)
итак	**и так** (spójnik plus przysłówek)
зато	**за то** (przyimek plus zaimek)

Przyimek

Rekcja przyimków	
Przypadek	Przyimek
D.	**без**, **близ**, **вдоль**, **вместе**, **вне**, **внутри**, **возле**, **вокруг**, **для**, **до**, **из**, **из-за**, **из-под**, **кроме**, **между**, **мимо**, **около**, **от**, **после**, **против**, **ради**, **с** (**со**), **среди**, **у**
C.	**благодаря** (dzięki), **вопреки** (wbrew, na przekór), **к** (**ко**) (do, na, koło, nad, przy), **навстречу** (naprzeciw), **по** (po, z), **подобно** (podobnie jak), **согласно** (zgodnie z, stosownie do)
B.	**в** (**во**), **за**, **на**, **о** (**об**), **по**, **под**, **про**, **с** (**со**), **сквозь** (przez), **через** (przez, poprzez)
N.	**за**, **между**, **над** (**надо**), **перед** , **с** (**со**)
Ms.	**в**, **о** (**об**), **на**, **по**, **при**

Indeks

Corina Bomann
Krähenmann